Linda Urbanneck

Kreative Häkelprojekte für die Kleinsten

Bezaubernde Mobiles, Greifringe, Schnullerketten und Spieluhren

mvgverlag

Bibliografische Information der Deutschen Nationalbibliothek
Die Deutsche Nationalbibliothek verzeichnet diese Publikation in der Deutschen Nationalbibliografie. Detaillierte bibliografische Daten sind im Internet über https://dnb.de abrufbar.

Für Fragen und Anregungen
info@m-vg.de

Originalausgabe
1. Auflage 2024

Türkenstraße 89
80799 München
Tel.: 089 651285-0

Lektorat: Inga Borges, Münster
Umschlaggestaltung: Sonja Vallant
Umschlagabbildungund Aufmacherbilder: SHOT Stills – Katja Schubert, München
Layout und Satz: schere.style.papier, München
Druck: Firmengruppe APPL, aprinta Druck, Wemding
Printed in Germany

ISBN Print 978-3-7474-0612-0
ISBN E-Book (PDF) 978-3-96121-190-6
ISBN E-Book (EPUB, Mobi) 978-3-96121-191-3

Inhaltsverzeichnis

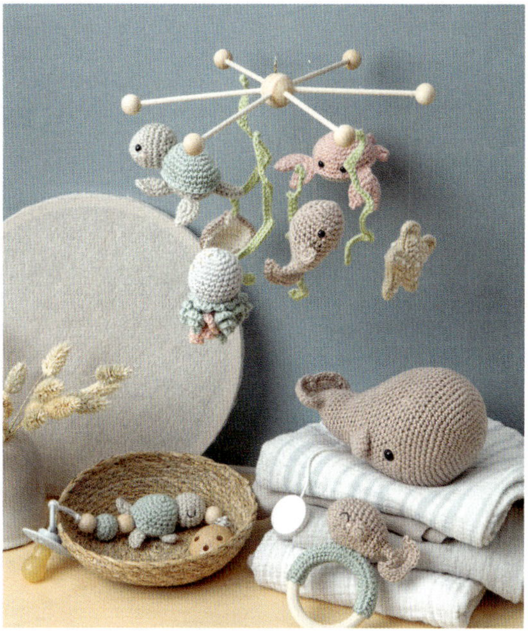

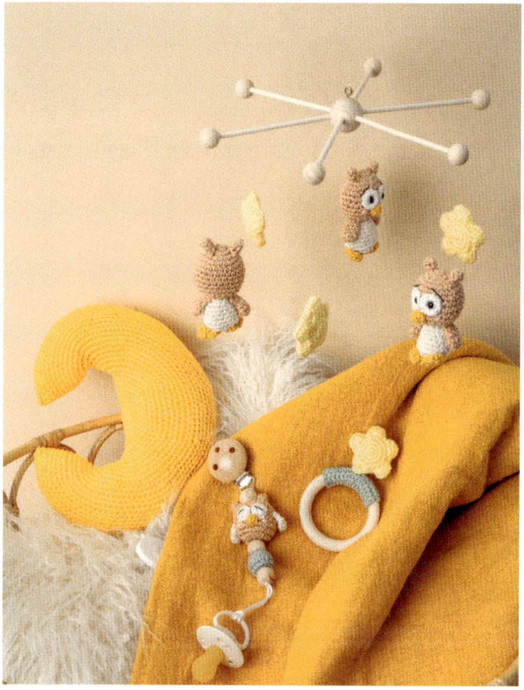

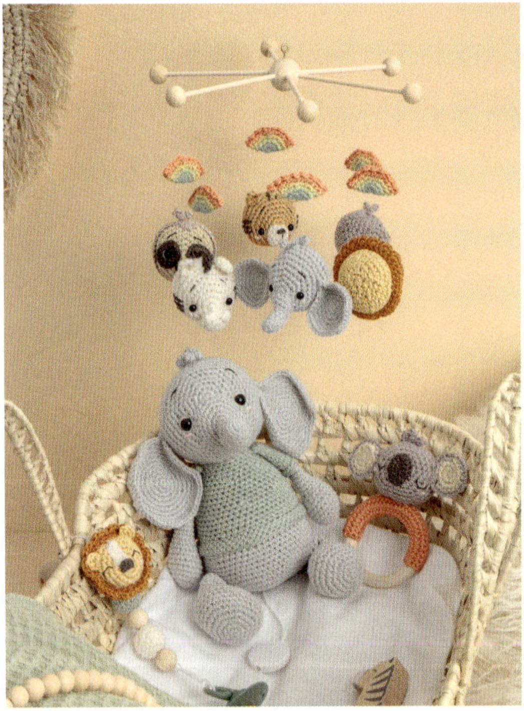

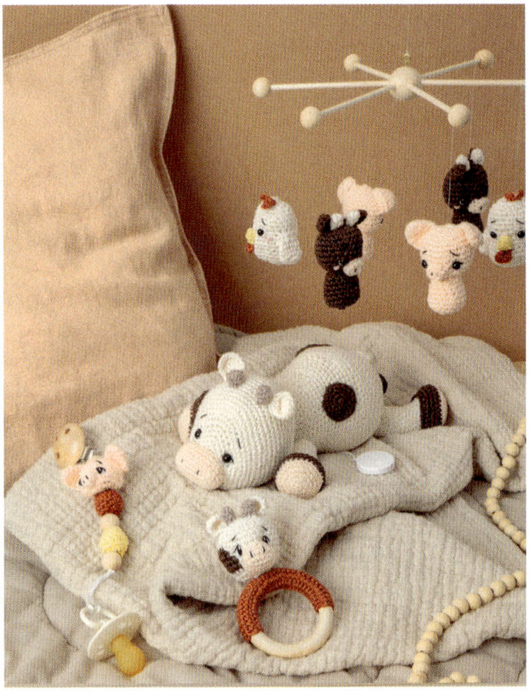

Vorwort

Nachdem inzwischen ganze Welten an Projekten an meinem Tisch entstanden sind, war es an der Zeit, den kreativen Prozess einmal den Kleinsten unter uns zu widmen. Ob Mobile, Greifring, Schnullerkette oder Spieluhr – es sollten Projekte werden, die dazu einladen, alle Amigurumi-Universen zu entdecken, die wir uns nur vorstellen können. Beim Häkeln und beim Spielen. Ob als mutige Wissenschaftler*innen, die quer durch die Antarktis reisen, Meeresbiolog*innen oder auf großer Safari. Den Gedanken und Ideen sind keine Grenzen gesetzt – denn nur wenn wir unsere Wünsche nicht einengen, können sie ihr gesamtes Potenzial entfalten. Entstanden ist ein Buch, das genau diese Wünsche berücksichtigt. Ich bin mir sicher, auch für dich und deinen Herzensmenschen ist das Richtige dabei.

Ich wünsche dir viel Freude beim Erkunden und Eintauchen in die großen Häkelwelten für die Kleinsten unter uns.

Deine

Linda

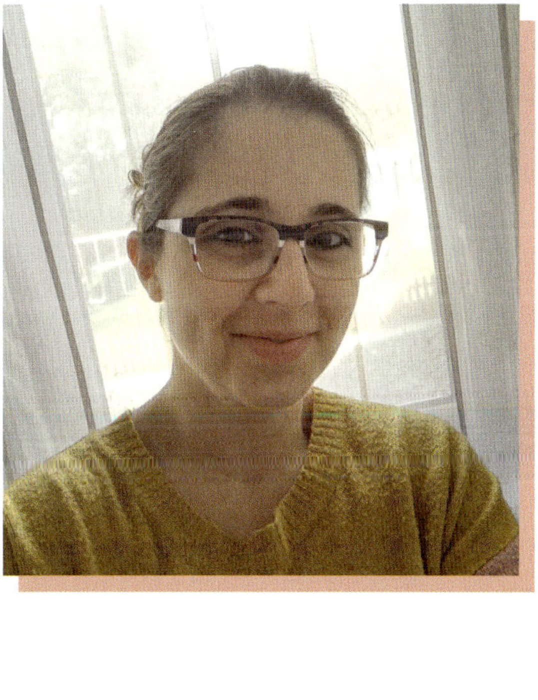

Grundlagen und Techniken

Maschen

Anfangsschlinge

Den Faden zu einer Schlaufe legen. Das Fadenende liegt unterhalb und zeigt nach unten. Die Schlange zwischen Daumen und Zeigefinger fixieren. Mit der Nadel von vorne durch die Schlinge stechen und den Faden durchholen. Am Fadenende ziehen, sodass sich die Schlinge um die Nadel festzieht.

Luftmaschen anschlagen

Den Faden zu einer Schlinge legen. Das Fadenende liegt unterhalb. Mit der Nadel von vorne durch die Schlinge stechen und den Faden durchholen. Am Fadenende ziehen, damit sich die Schlinge um die Nadel festzieht (= Anfangsschlinge). Den Arbeitsfaden durch die Schlinge ziehen, um die erste Luftmasche zu häkeln. So lange wiederholen, bis die gewünschte Anzahl an Luftmaschen erreicht ist.

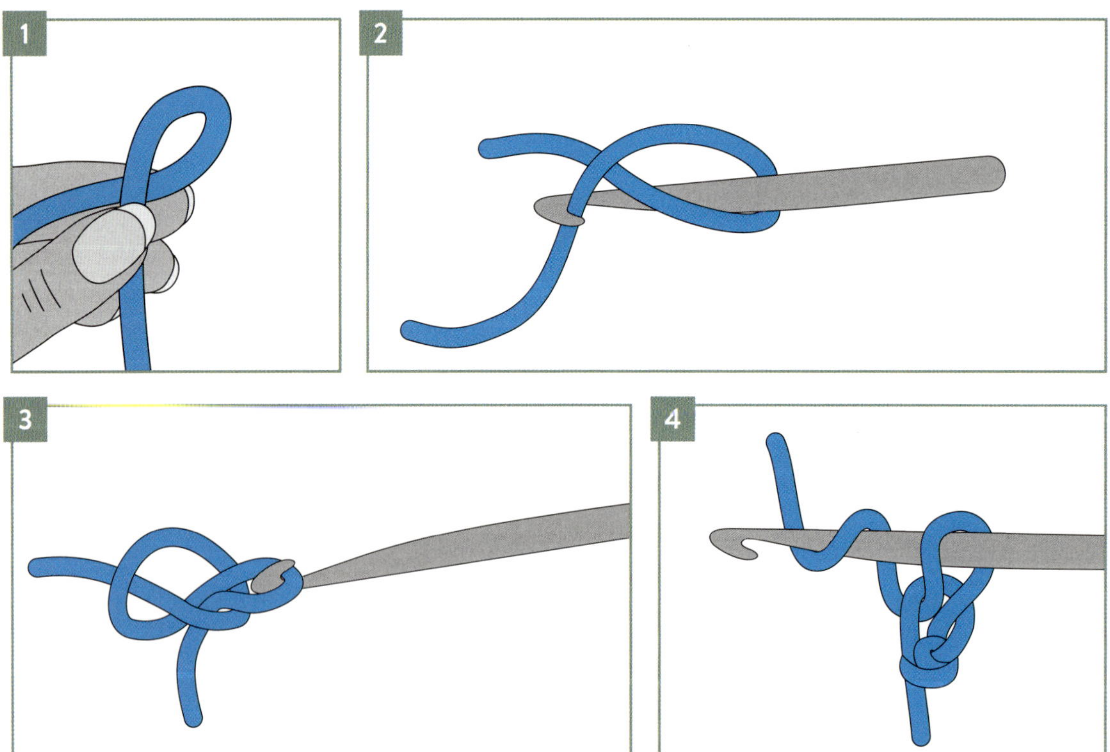

Wendeluftmasche

Am Ende jeder Reihe wird eine Luftmasche gehäkelt und die Arbeit anschließend gewendet.

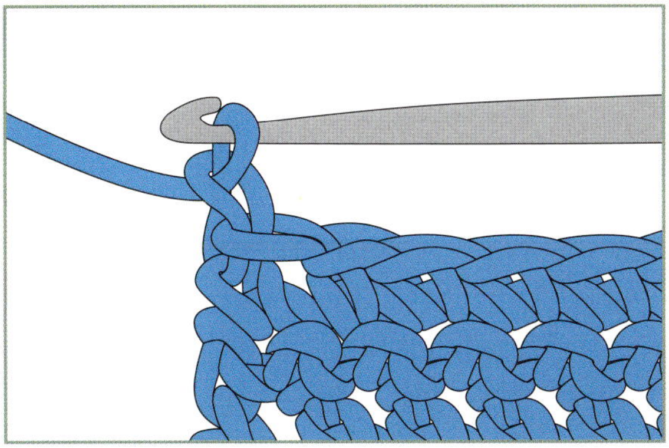

Kettmaschen

Kettmaschen werden vielfältig beim Häkeln eingesetzt. Sie dienen als Verzierung, kommen beim Beenden einer Runde und beim Anmaschen neuer Fäden zum Einsatz. Um eine Kettmasche zu häkeln, durch die Masche stechen und den Faden durchholen. Diese Schlinge durch die auf der Nadel liegende Schlinge hindurchziehen.

1

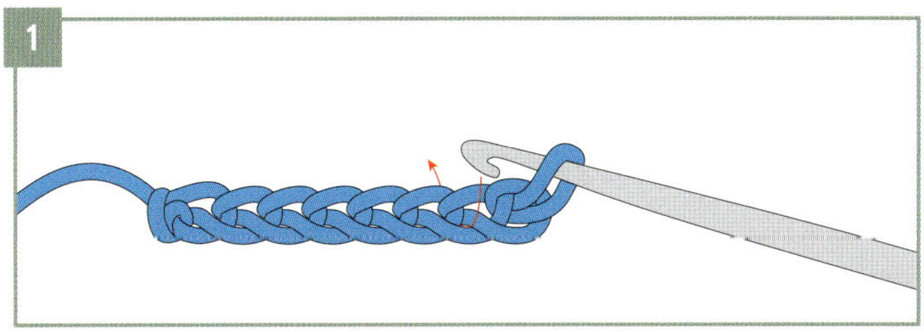

2

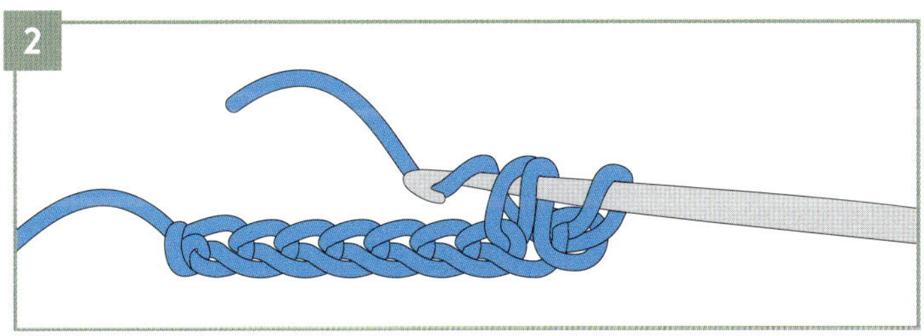

3

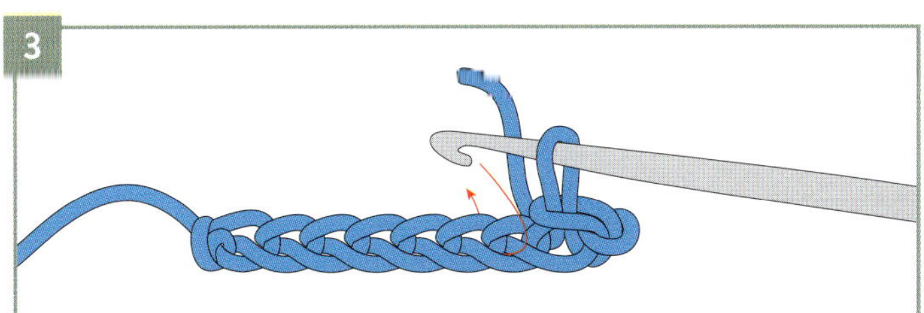

Feste Masche

Mit der Nadel in die folgende Masche stechen und den Faden von oben nach unten um die Nadel legen. Den Faden durchziehen. Auf der Nadel liegen nun zwei Schlingen. Den Arbeitsfaden erneut von oben nach unten um die Nadel legen und dann durch beide Schlingen ziehen (abmaschen).

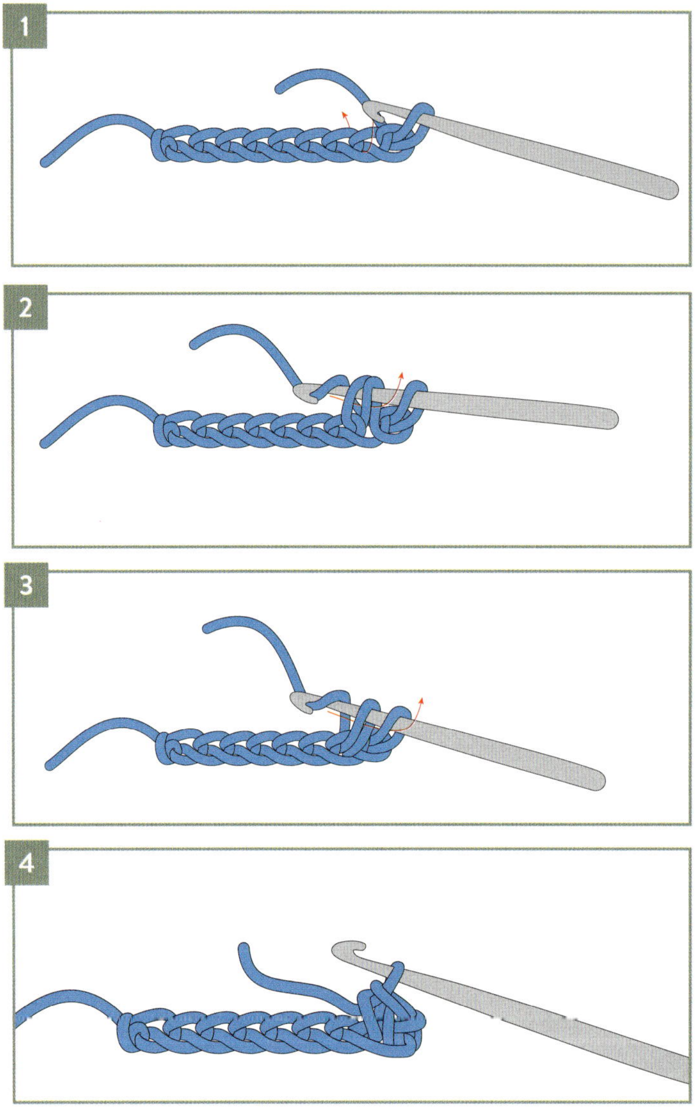

Halbes Stäbchen

Den Faden von hinten nach vorne über die Nadel (Umschlag) legen. In die folgende Masche einstechen und den Faden durchholen. Auf der Nadel liegen nun drei Schlingen. Den Arbeitsfaden durch alle drei Maschen ziehen.

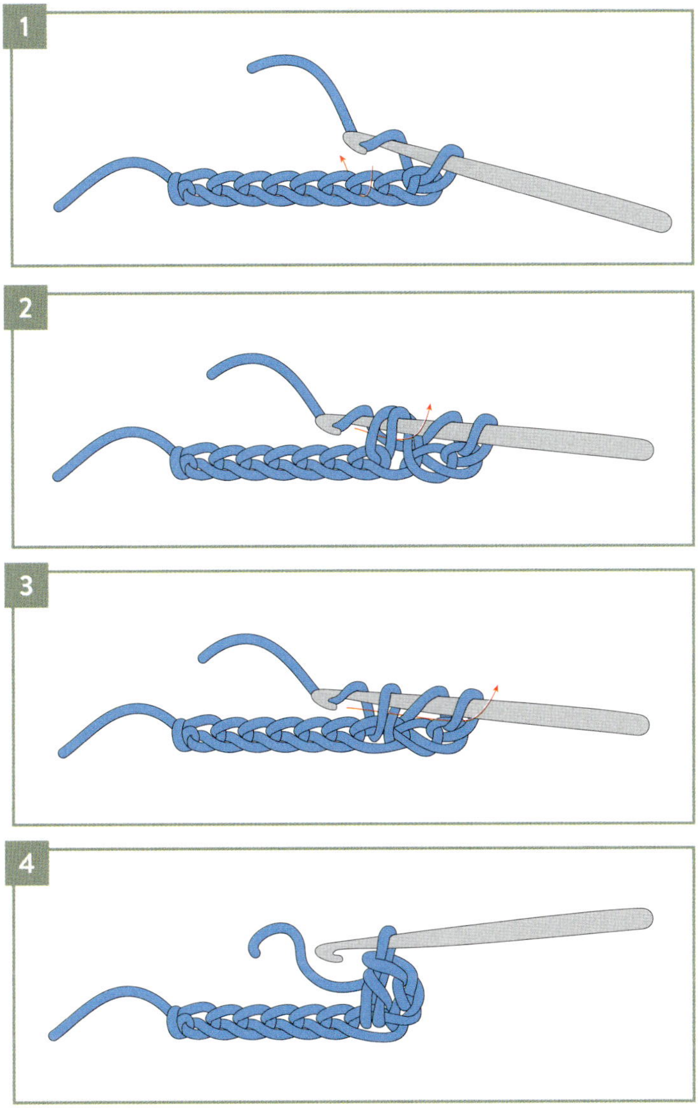

Stäbchen

Den Faden von hinten nach vorne über die Nadel (Umschlag) legen. In die folgende Masche einstechen und den Faden durchholen. Es liegen jetzt drei Schlingen auf der Nadel. Den Faden durch die ersten beiden Schlingen ziehen. Auf der Nadel liegen nun zwei Schlingen. Beide ebenfalls zusammen abmaschen.

1

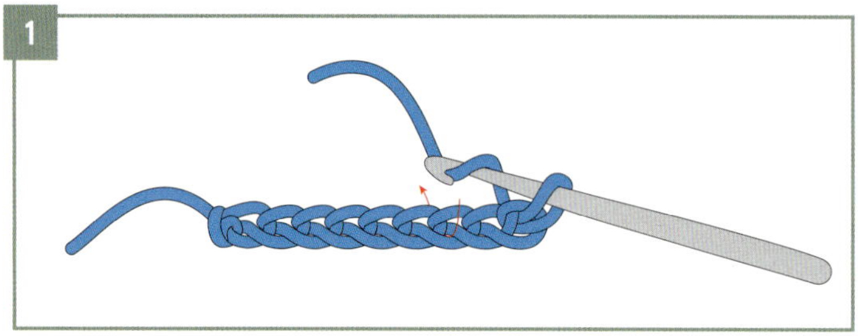

2

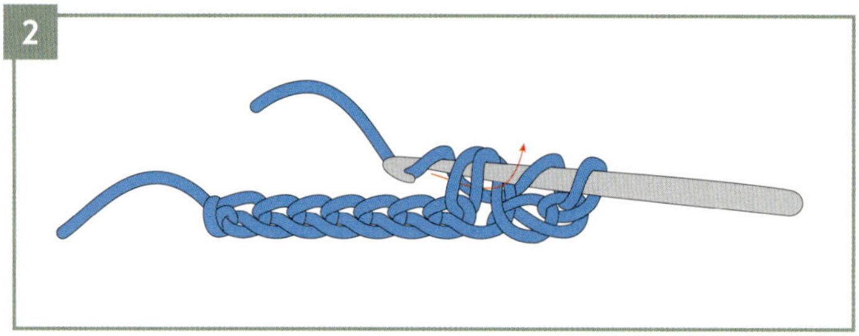

3

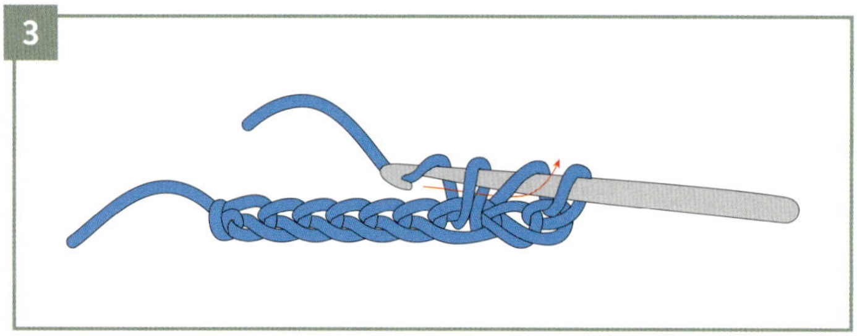

4

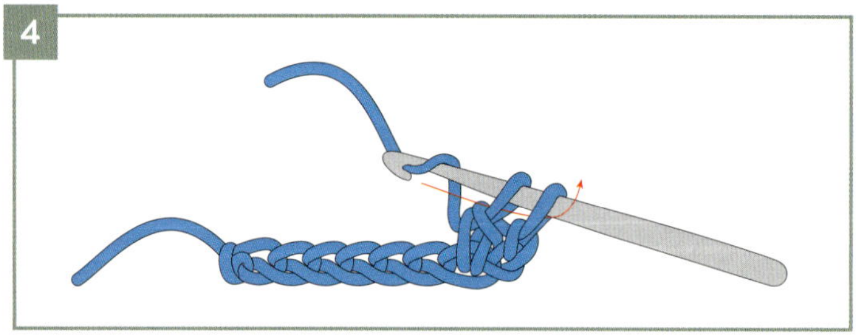

5

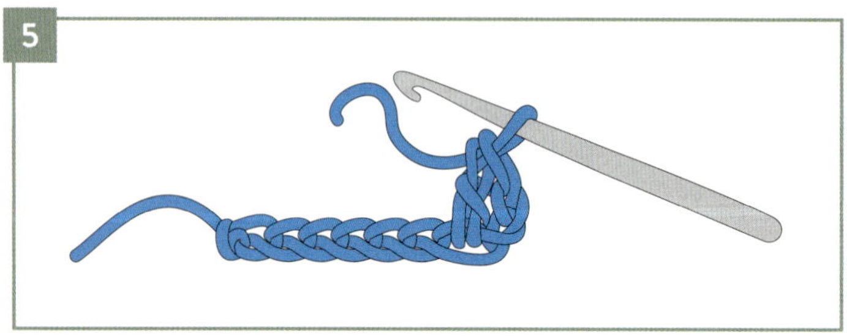

Noppe

Wie bei einem halben Stäbchen beginnen. Die Umschläge auf der Nadel nicht abmaschen, sondern einen neuen Umschlag bilden, zurück in dieselbe Masche stechen und den Faden erneut durchholen. Dies wiederholen, bis die gewünschte Anzahl an halben Stäbchen auf der Nadel liegt. Den Faden durch alle Schlingen ziehen. Eine Noppe kann auch aus Stäbchen gebildet werden. Dazu jeweils die ersten beiden Schlingen auf der Nadel abmaschen, bevor das nächste Stäbchen aufgenommen wird.

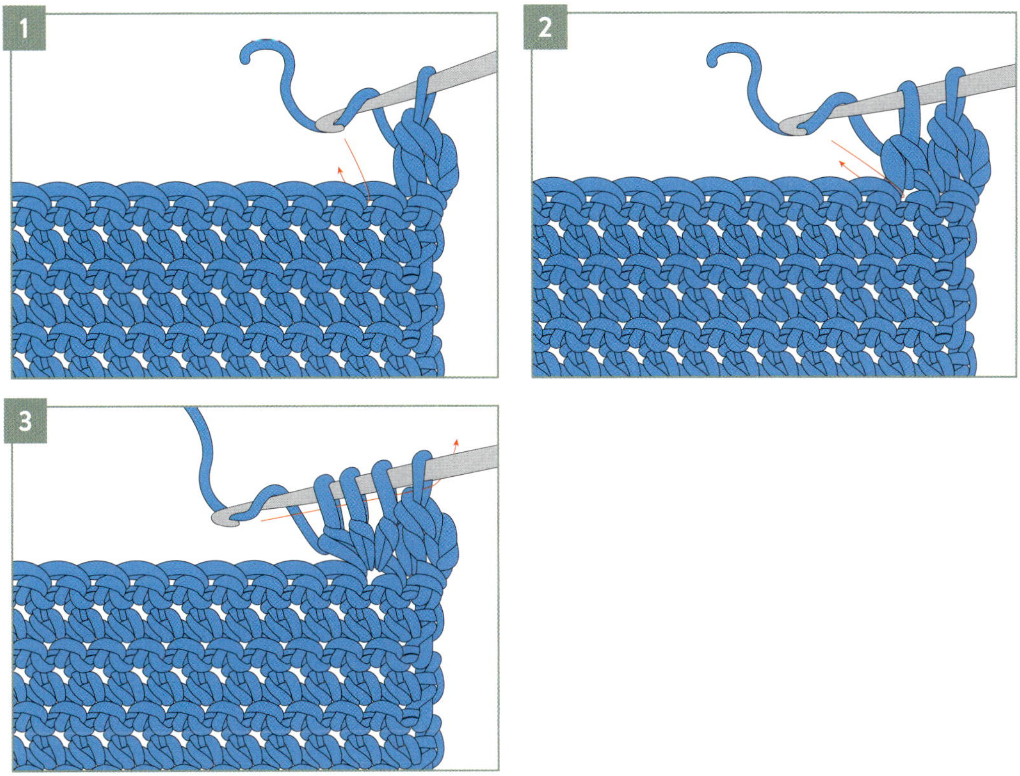

Maschenglieder

Eine Masche besteht aus drei Maschengliedern. Das vordere Maschenglied und hintere Maschenglied bilden dabei die v-förmige Oberseite der Masche. Das rückwärtige Maschenglied liegt auf der Rückseite am Fuß der Masche.

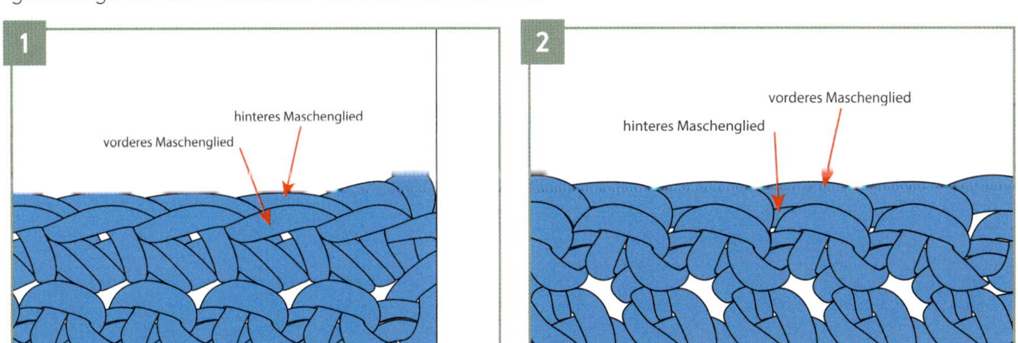

Stickstiche

Knötchenstich

Den Faden ein- oder zweimal über die Nadel schlingen und durchziehen, sodass ein Knoten entsteht. Danach knapp neben der Ausstichstelle einstehen und den Faden durchziehen. Zum Schluss den Faden auf der Rückseite sichern.

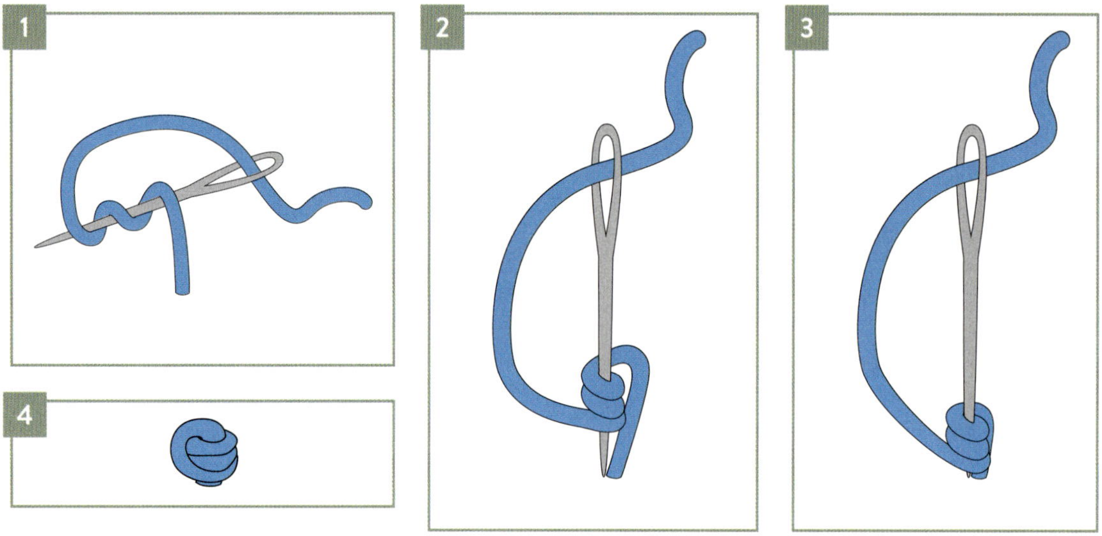

Rückstich

Mit einem einfachen Spannstich beginnen. Dann mit der Nadel im gewünschten Abstand rechts von der Einstichstelle wieder ausstechen. Nun den Faden durch dieselbe Einstichstelle wieder nach innen führen. So lange wiederholen, bis die nötige Länge erreicht ist.

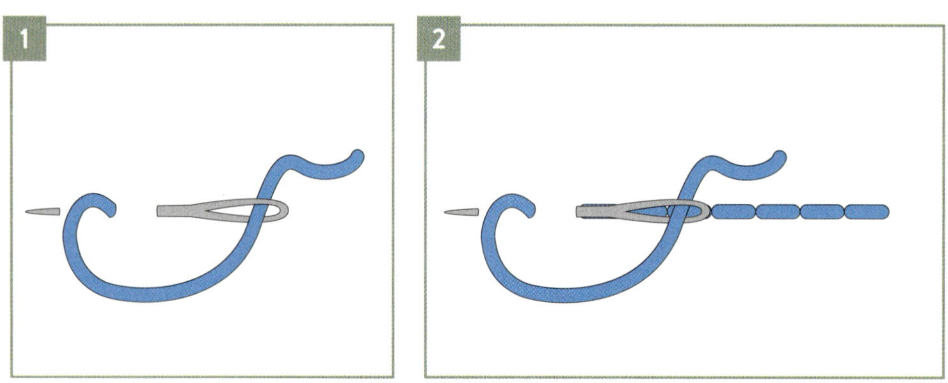

Techniken

In Reihen häkeln

Alle Reihen beginnen mit einer Luftmaschenkette. Auf diese werden die Maschen der ersten Reihe gehäkelt. Nach jeder Reihe wird die Arbeit mit Luftmaschen gewendet, um die entsprechende Höhe der Maschen zu erreichen. Bei festen Maschen wird eine Wendeluftmasche gehäkelt, bei halben Stäbchen zwei Wendeluftmaschen, und bei Stäbchen wird mit drei Luftmaschen gewendet.

In Runden häkeln

Beim Rundenhäkeln wird die Arbeit am Ende nicht gewendet, sondern fortlaufend weitergearbeitet. Begonnen wird dabei mit einem Fadenring oder einer Luftmaschenkette. Jede Runde endet mit einer Kettmasche in die erste Masche der Runde. Am Anfang jeder Runde werden Luftmaschen entsprechend der Höhe der verwendeten Maschen gehäkelt (Steigeluftmasche). Bei festen Maschen wird eine Steigeluftmasche gehäkelt, bei halben Stäbchen zwei, und bei Stäbchen werden drei Steigeluftmaschen zum Beginn gearbeitet.

In Spiralrunden häkeln

Bei Spiralrunden werden die Maschen ununterbrochen immer weiter aufeinandergehäkelt, ohne sie mit einer Kettmasche abzuschließen. Der Rundenübergang ist unsichtbar. Um den Überblick zu behalten, diesen mit einem Faden oder einem Maschenmarkierer kennzeichnen.

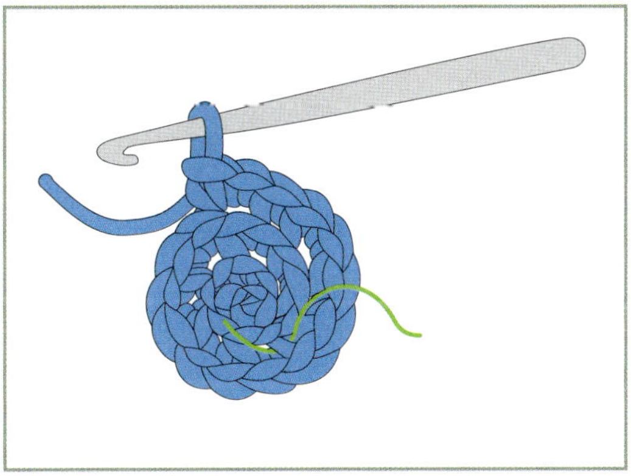

Fadenring

Um einen Fadenring zu bilden, den Faden zu einer Schlaufe legen. Das Fadenende liegt oberhalb und zeigt nach unten. Die Schlaufe mit Daumen und Zeigefinger fixieren und mit der Nadel von vorne hindurchstechen. Den Faden durch die Schlaufe hindurchziehen und mit einer Luftmasche sichern. Erneut durch den Ring stechen und den Faden durchholen. Beide sich auf der Nadel befindlichen Umschläge zu einer festen Masche abmaschen. Nun so viel feste Maschen häkeln, wie in der Anleitung angegeben sind. Um den Ring zu schließen, vorsichtig am Fadenende ziehen, bis sich die Maschen zusammengezogen haben.

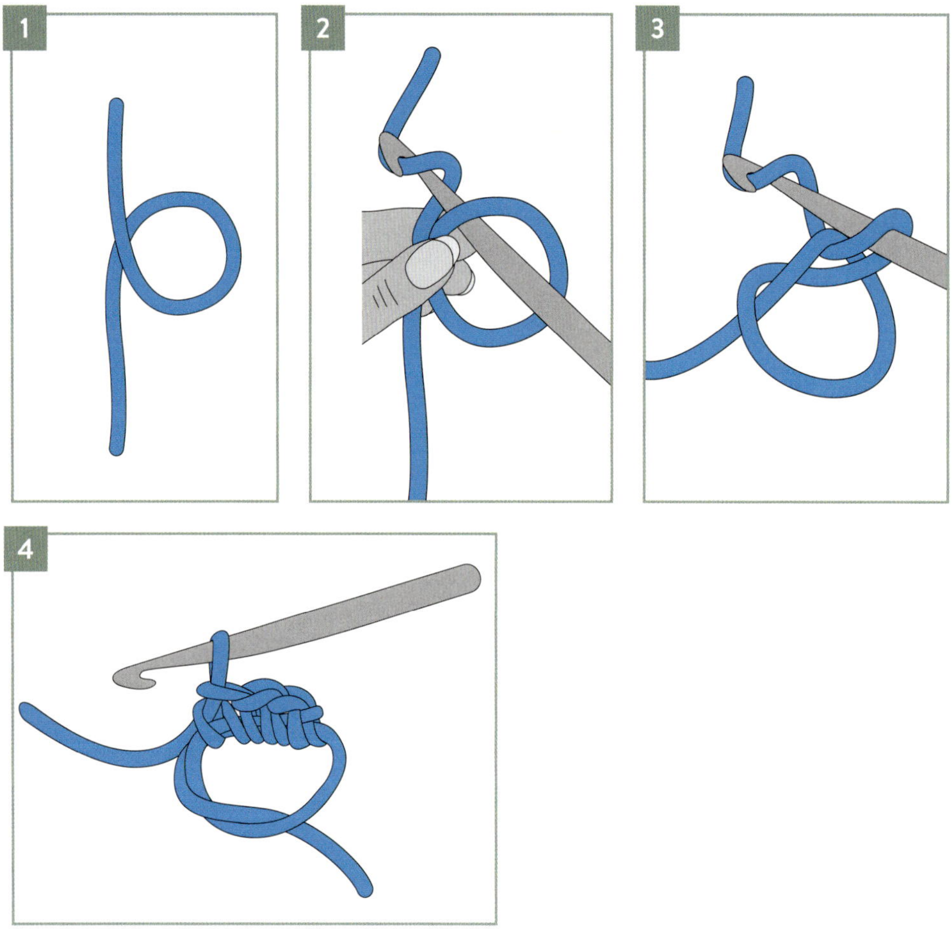

Häkelstück beenden

Um eine Runde/Reihe zu beenden, den Faden fest durch die letzte Masche ziehen und ca. 20 cm lang abschneiden. Das Fadenende mithilfe einer Wollnadel in die Maschen bzw. nach innen vernähen. Wenn der Faden lang abgeschnitten werden soll, mind. 30 cm abschneiden.

Runde unsichtbar abschließen

Die Arbeit mit einem langen Faden abketten. Das Fadenende in eine Vernähnadel fädeln und von oben zwischen die beiden Maschenglieder der zweiten Masche der letzten Runde hindurchstechen. Am Faden ziehen, bis er die gleiche Länge wie die anderen Maschenglieder hat. So wird ein hinteres Maschenglied nachgebildet. Nun mit der Nadel von vorne nach hinten zwischen die Maschenglieder der letzten Masche der Runde stechen. Den Faden erneut durch die Masche ziehen, bis ein vorderes Maschenglied entsteht. Den Faden wie gewohnt vernähen.

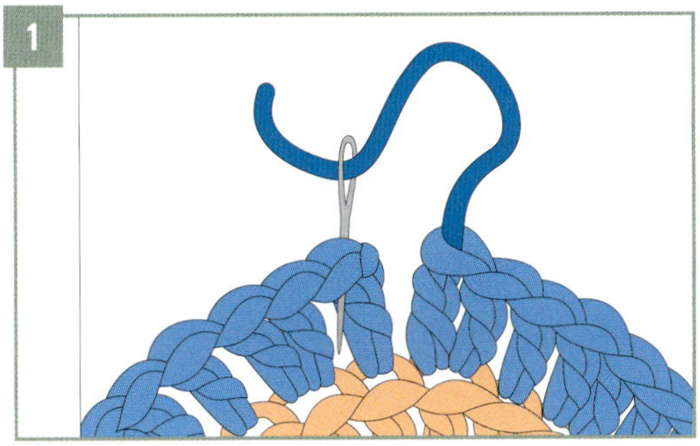

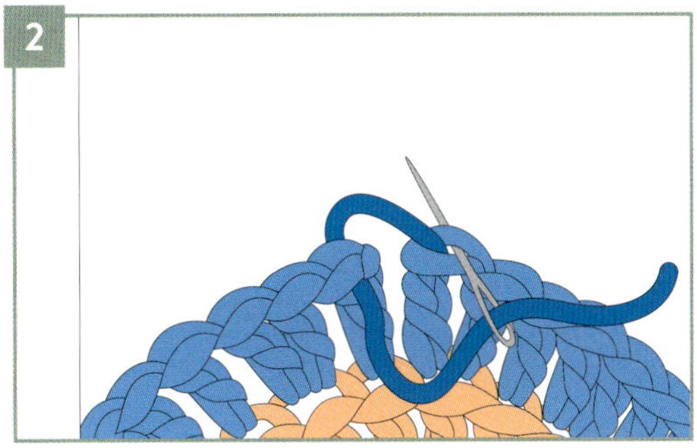

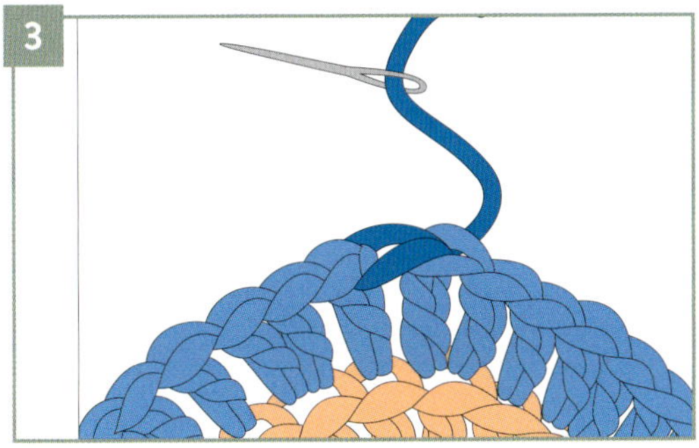

Zunehmen/Verdoppeln

Alle Maschenarten werden auf die gleiche Weise zugenommen: Man häkelt einfach 2 Maschen in eine Einstichstelle. Hierbei spielt es keine Rolle, ob in Reihen oder Runden gehäkelt wird.

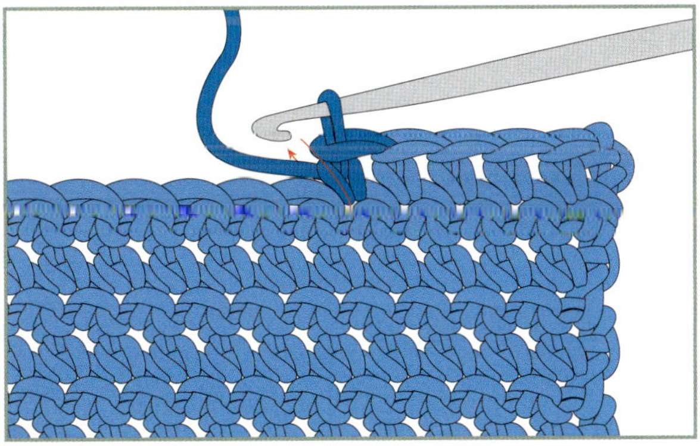

Abnehmen/feste Maschen zusammen abmaschen

Bei der Abnahme von festen Maschen in Runden/Reihen werden zwei feste Maschen zusammen abgemascht, sodass eine neue Masche entsteht. Dazu in die erste abzunehmende Masche einstechen und den Faden durchholen. Es befinden sich nun zwei Schlaufen auf der Nadel. Diese werden aber nicht abgemascht, sondern die Nadel wird durch die nächste Masche gestochen. Wieder den Faden holen. Es befinden sich nun drei Schlingen auf der Nadel. Den Arbeitsfaden durch alle Schlingen ziehen.

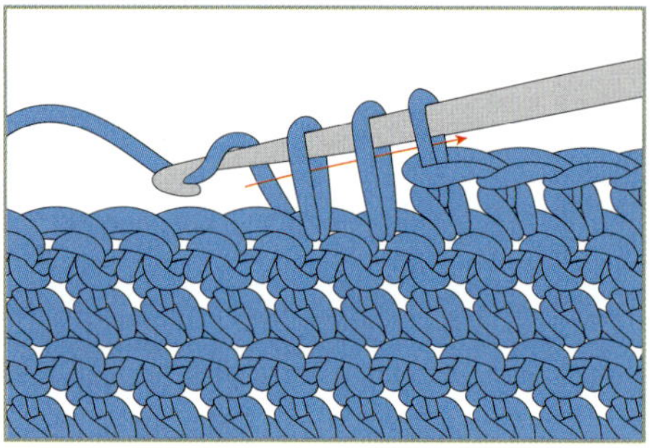

Unsichtbare Abnahme

Die Nadel durch die beiden vorderen Maschenglieder der beiden Maschen stechen, die abgenommen werden sollen. Den Faden durchholen, sodass sich auf der Nadel nun zwei Schlingen befinden. Beide Schlingen zu einer festen Masche abmaschen. Im Maschenbild wirkt diese Abnahme nun wie eine einfache, feste Masche. Diese Art der Abnahme nur beim Häkeln in Runden verwenden.

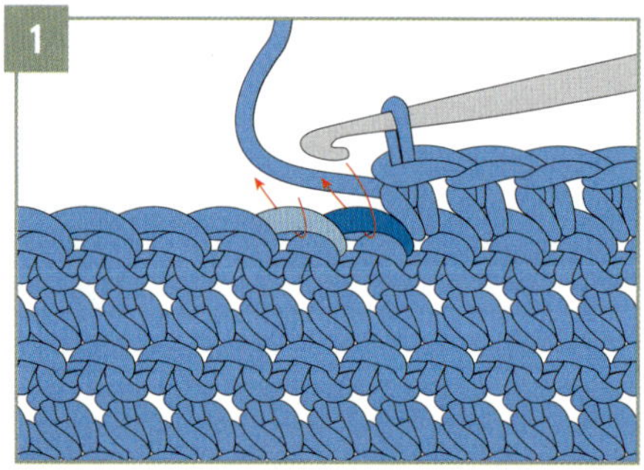

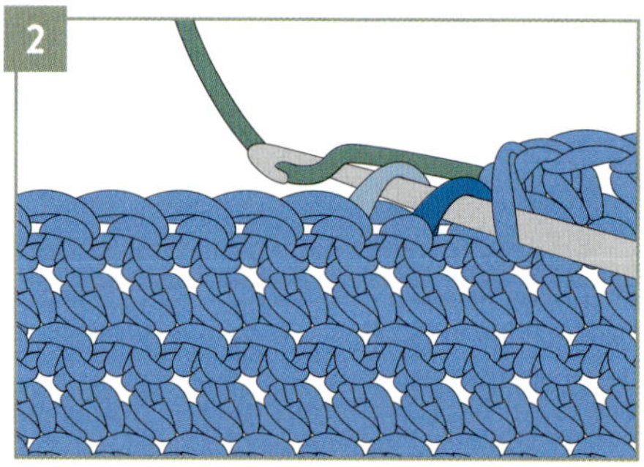

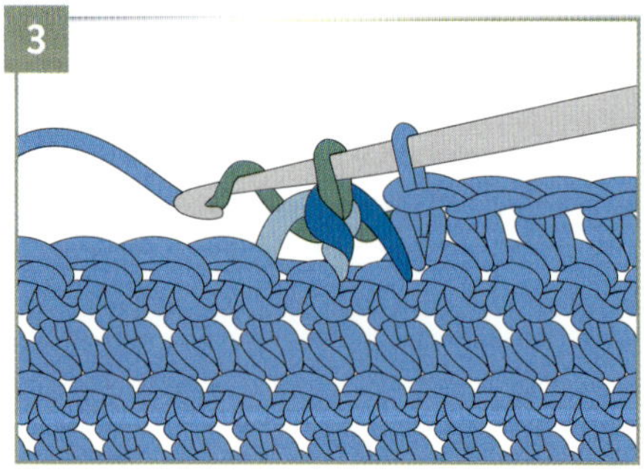

Farbwechsel

Wird eine neue Farbe aufgenommen, in der ersten Farbe bis zur letzten Masche der Runde/Reihe häkeln. Diese nicht abmaschen, sondern beide Schlingen auf der Nadel behalten. Mit der Nadel nun den Faden der neuen Farbe durchholen und damit weiterhäkeln.

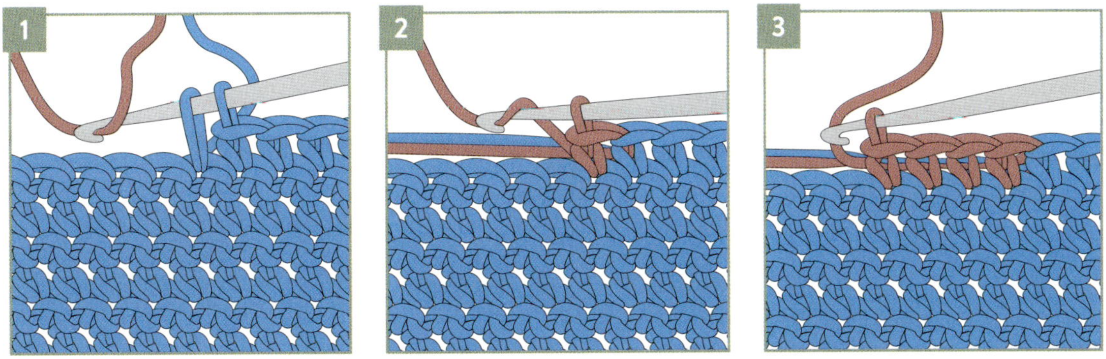

Grundanleitungen

Kugeln umhäkeln (Ø 15 mm)

1. Rd: 6 fM in einen Fadenring häkeln. [6]
2. Rd: 6 x 1 M zun. [12]
3.–6. Rd: 12 fM häkeln.
Die Holzkugel mittig platzieren, das Loch zeigt dabei nach oben.
7. Rd: 6 x 1 M abn. [6]
Den Faden abschneiden, durch die vorderen M-Glieder der letzten Rd fädeln, festziehen und vernähen.

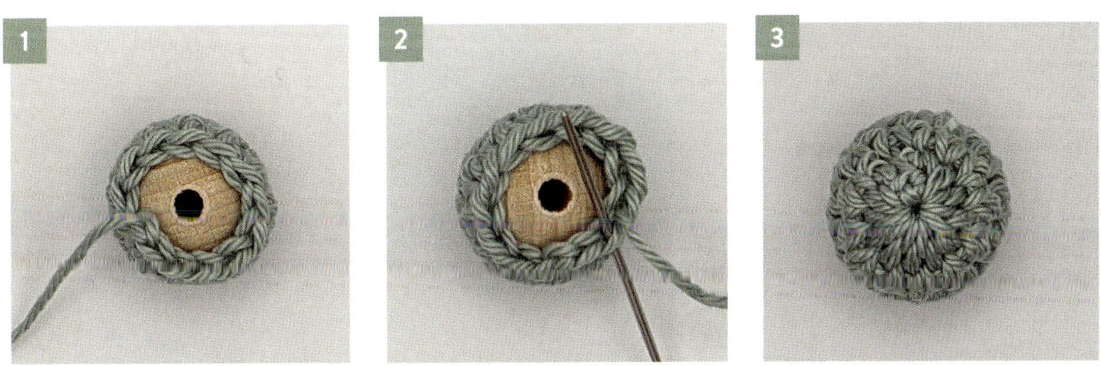

Schnullerkette fertigstellen

Befestige die Fädelschnur am Clip. Lege dazu eine Schlaufe und führe diese durch die Öse hindurch. Anschließend die Schnur durch die Schlaufe führen und mit einem Doppelknoten fest fixieren. Das kurze Ende bis auf wenige Millimeter abschneiden. Um den Knoten zu sichern, kannst du das kurze Ende mithilfe eines Feuerzeugs etwas schmelzen und an den Knoten drücken.

1

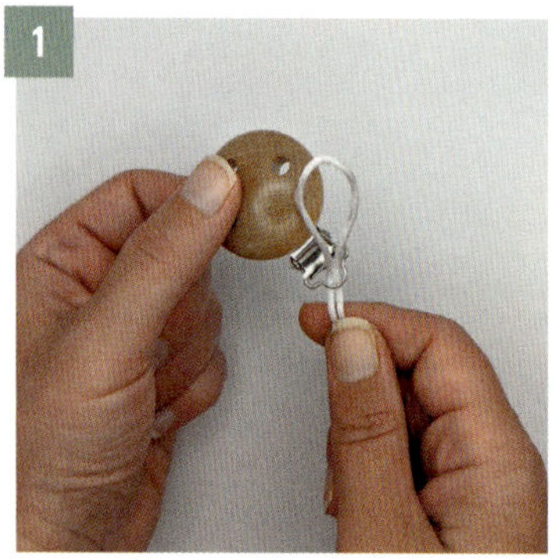

2

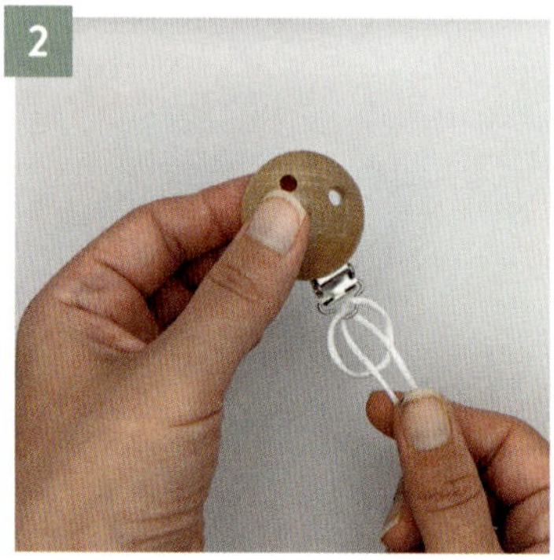

3

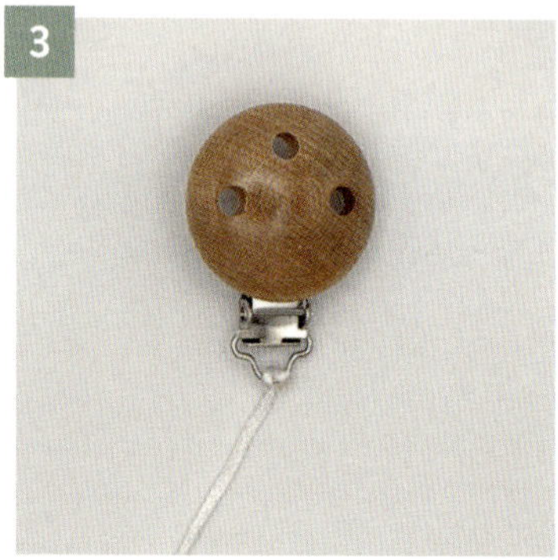

Ziehe zum Test noch einmal fest an der Schnur, um sicherzustellen, dass alles hält. Danach das lange Ende durch eine Stopfnadel führen. Figuren und Kugeln nacheinander auffädeln. Orientiere dich dabei an den Bildern in der jeweiligen Anleitung. Wenn sich die Schnur nicht auf Anhieb durch die Figuren ziehen lässt, stich während des Auffädelns immer wieder aus der Figur heraus und führe den Faden anschließend wieder zurück in die Figur. So die Schnur nach und nach hindurchführen. Wenn alles aufgefädelt ist, am Ende eine Schlaufe legen und diese fest verknoten. Das kurze Ende abschneiden und den Knoten, genau wie beim Clip beschrieben, sichern.

Wichtig: Aus Sicherheitsgründen dürfen Schnullerketten nicht länger als 22 cm (ab dem Clip gemessen) sein.

Mobile fertigstellen

Den Perlonfaden mithilfe einer Stopfnadel durch die Unterseite der ersten Figur fädeln. Den Faden an der Unterseite mit einem festen Knoten fixieren. Anschließend an der oberen Seite der Figur herausstechen und diese locker am Mobile befestigen. Hänge das Mobile zunächst testweise auf, um zu sehen, ob alle Figuren gerade hängen. Anschließend die einzelnen Fäden fest verknoten. Den überstehenden Faden abschneiden. Hänge zunächst nur die Grundfiguren auf, da diese in der Regel schwerer sind und das Gewicht sich so leichter auspendeln lässt. Nachdem die Grundfiguren hängen, kannst du nun zusätzliche Details aus der jeweiligen Anleitung aufhängen. Orientiere dich dabei an den Bildern in der jeweiligen Anleitung.

Hinweis: Das verwendete Zusatzmaterial, wie z. B. Fädelschnur, Füllwatte und Kugeln, findest du bei Rayher.

Abkürzungen

abn – abnehmen/Abnahme(n)
anschl – anschlagen
Fb – Farbe (n)
fM – feste Masche(n)
hStb – halbes Stäbchen
ihM – ins hintere Maschenglied
ivM – ins vordere Maschenglied
Km – Kettmasche(n)
LL – Lauflänge
Lm – Luftmasche(n)
N – Noppe
Nd – Nadel
R – Reihe(n)
Rd – Runde(n)
Stb – Stäbchen
wdh – wiederholen
zun – zunehmen/Zunahme(n)

Schwierigkeitsgrade

Einfach

Mittel

Schwer

Unter dem Meer

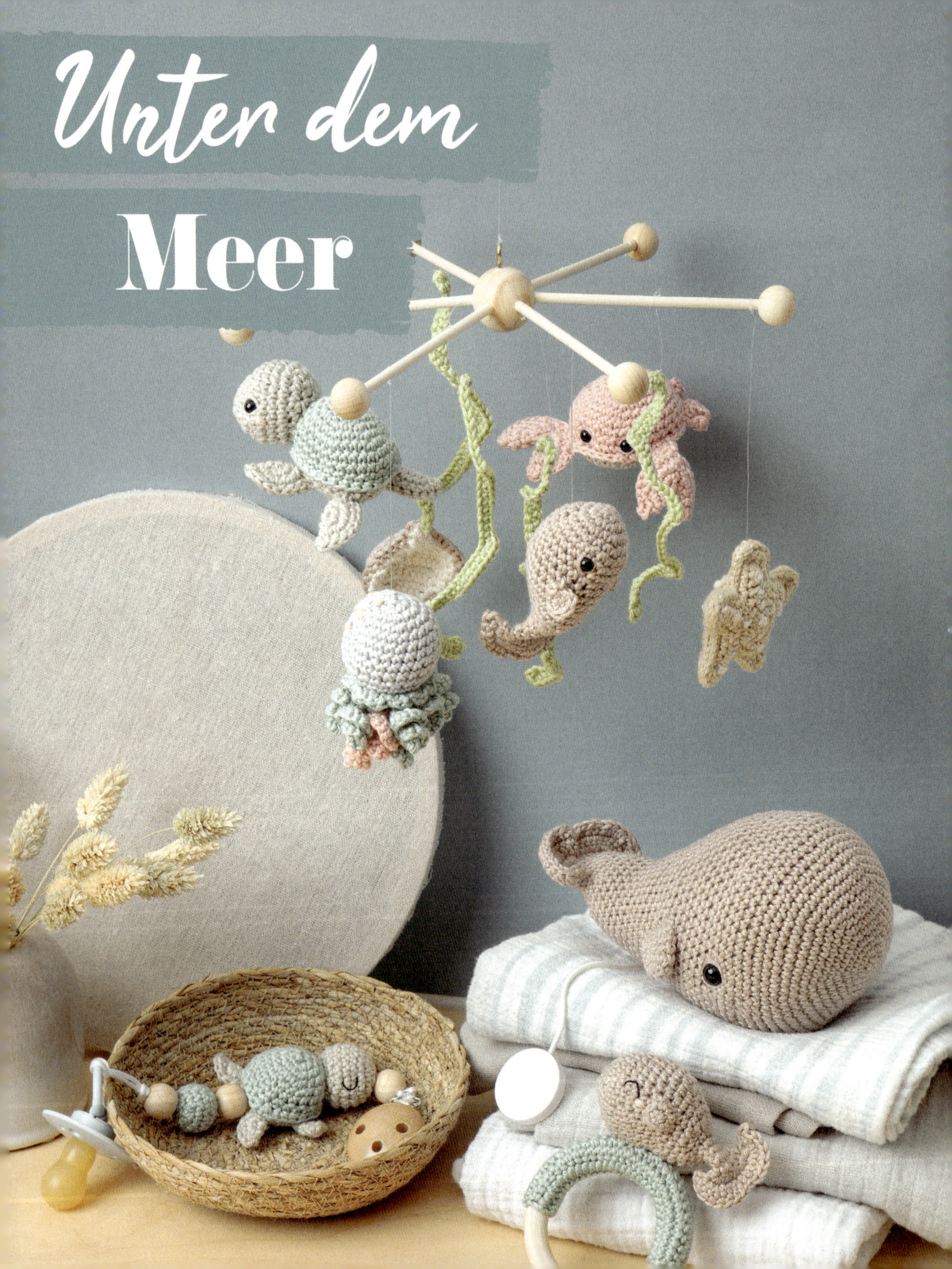

Mobile

Material

» Schachenmayr Catania (100 % Baumwolle, LL 125m/50 g) in
- Reseda (Fb 402), 10 g
- Leinen (Fb 248), 15 g
- Sand (Fb 404), 15 g
- Bast (Fb 257), 10 g
- Altrosa (Fb 408), 10 g
- Crème (Fb 130), 7 g
- Gelbgrün (Fb 392), 5 g
- Nebel (Fb 434), 5 g
- Rosé Gold (Fb 433), ein Rest

» Filetgarn in Schwarz und Weiß
» 6 x Sicherheitsaugen Ø 6 mm
» Mobile Stern aus Holz Ø 23 cm
» Perlonfaden Ø 0,35 mm
» Füllwatte
» Häkelnadel 2,5 mm
» Stecknadeln zum Fixieren
» Stopfnadel zum Vernähen

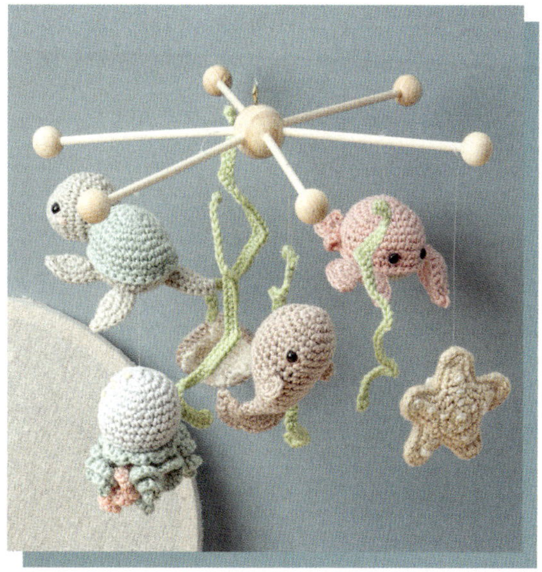

Schildkröte

Panzer und Bauch (in Reseda und Leinen)

Häkle in Spiral-Rd. Beginne in Reseda. Den Körper fortlaufend mit Füllwatte ausstopfen.

1. Rd. 6 fM in einen Fadenring häkeln. [6]
2. Rd: 6 x 1 M zun. [12]
3. Rd: *1 fM, 1 M zun*, von * bis * noch 5 x wdh. [18]
4. Rd: *2 fM, 1 M zun*, von * bis * noch 5 x wdh. [24]
5. Rd: *3 fM, 1 M zun*, von * bis * noch 5 x wdh. [30]
6.–8. Rd: 30 fM.
Fb-Wechsel zu Leinen.
9. Rd: 30 fM ihM häkeln.
10. Rd: *3 fM, 1 M abn*, von * bis * noch 5 x wdh. [24]
11. Rd: 24 fM häkeln.
12. Rd: *2 fM, 1 M abn*, von * bis * noch 5 x wdh. [18]
13. Rd: *1 fM, 1 M abn*, von * bis * noch 5 x wdh. [12]
14. Rd: 6 x 1 M abn. [6]

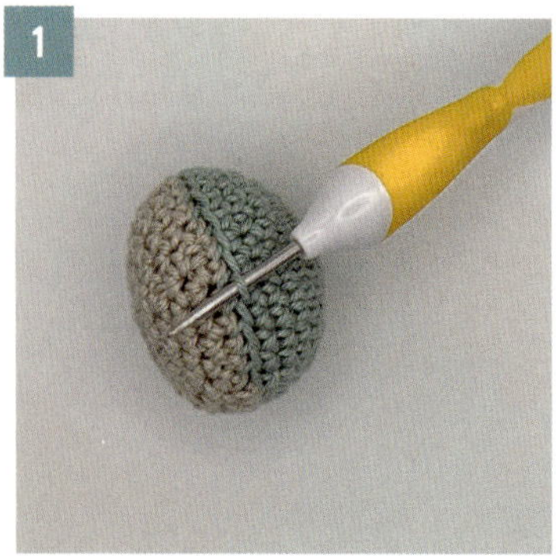

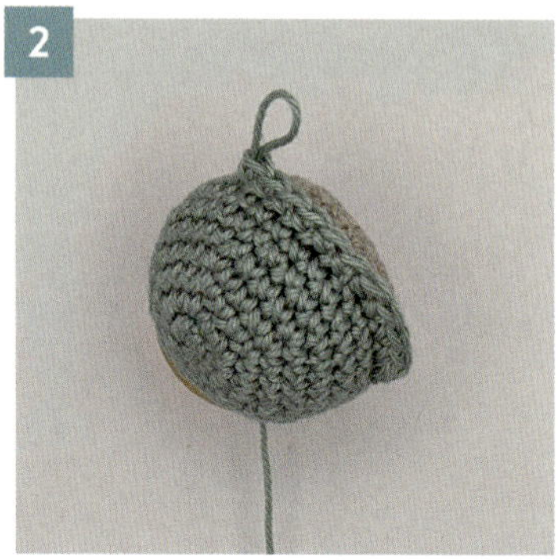

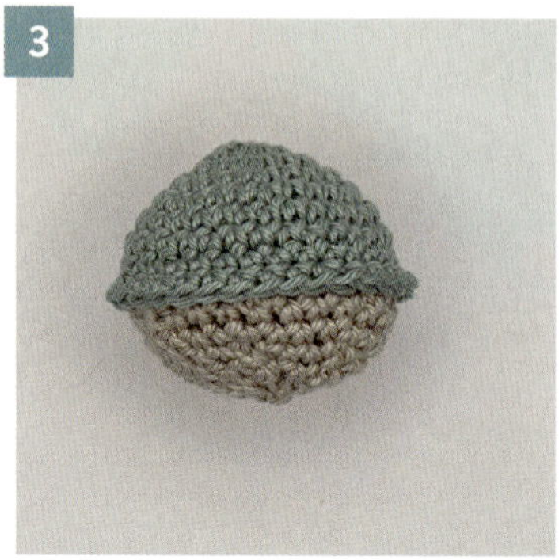

Den Faden lang abschneiden, durch die vorderen M-Glieder der letzten Rd fädeln, festziehen und vernähen. Anschließend den Faden in Reseda ivM aus Rd 9 aufnehmen, von oben einstechen und rundherum 30 fM ivM häkeln **(Bild 1–3)**. Den Faden abschneiden und vernähen.

Kopf (in Leinen)

Häkle in Spiral-Rd.

1. Rd: 6 fM in einen Fadenring häkeln. [6]
2. Rd: 6 x 1 M zun. [12]
3. Rd: *1 fM, 1 M zun*, von * bis * noch 5 x wdh. [18]
4. Rd: *2 fM, 1 M zun*, von * bis * noch 5 x wdh. [24]
5.–8. Rd: 24 fM häkeln.
9. Rd: *2 fM, 1 M abn*, von * bis * noch 5 x wdh. [18]
Die Augen zwischen Rd 4–5 mit 6 M Abstand befestigen. Beginne, den Kopf fortlaufend mit Füllwatte auszustopfen.
10. Rd: *1 fM, 1 M abn*, von * bis * noch 5 x wdh. [12]
11. Rd: 6 x 1 M abn. [6]
Den Faden lang abschneiden, durch die vorderen M-Glieder der letzten Rd fädeln, festziehen und lang abschneiden.

Gesicht fertigstellen

Das Augenweiß mit weißem Filetgarn direkt unter den Augen aufsticken. Die Augenlider in Leinen direkt über den Augen aufsticken. Die Wangen in Rosé Gold neben den Augen über 1 M Breite sticken, dazu ca. 2 x einstechen. Anschließend den Kopf am Körper festnähen.

Flossen (4 x in Leinen)

Häkle in Spiral-Rd. Die Flossen nicht mit Füllwatte ausstopfen.

1. Rd: 6 fM in einen Fadenring häkeln. [6]
2. Rd: 6 x 1 M zun. [12]
3. Rd: *1 fM, 1 M zun*, von * bis * noch 5 x wdh. [18]
Die Flosse mittig falten und mit 9 fM zusammenhäkeln. Den Faden lang abschneiden und damit die Flossen seitlich am Rand zwischen Panzer und Bauch festnähen. Die Falz zeigt dabei jeweils nach vorne.

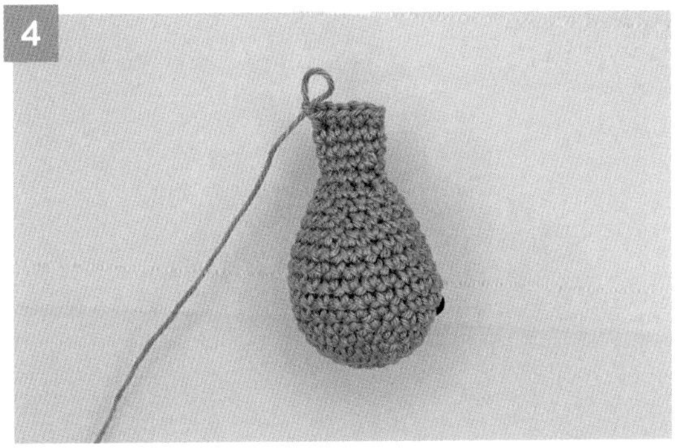

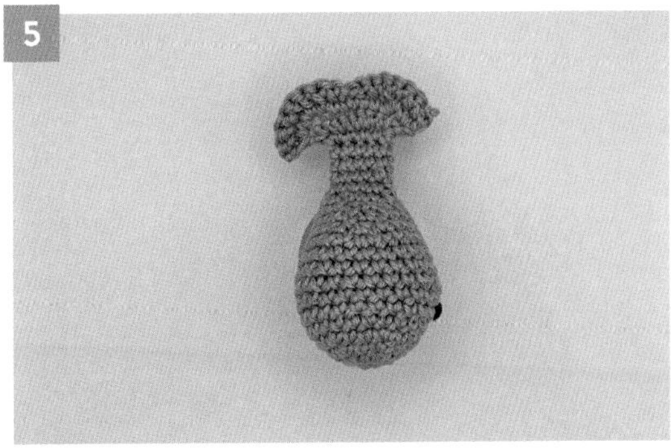

Wal

Körper und Flossen (in Bast)

Häkle in Spiral-Rd. Den Körper fortlaufend mit Füllwatte ausstopfen.

1. Rd: 6 fM in einen Fadenring häkeln. [6]
2. Rd: 6 x 1 M zun. [12]
3. Rd: *1 fM, 1 M zun*, von * bis * noch 5 x wdh. [18]
4. Rd: *2 fM, 1 M zun*, von * bis * noch 5 x wdh. [24]
5.–11. Rd: 24 fM häkeln.
12. Rd: 10 fM, 2 x 1 M abn, 10 fM [22]
13. Rd: 9 fM, 2 x 1 M abn, 9 fM. [20]
14. Rd: 8 fM, 2 x 1 M abn, 8 fM. [18]

Die Augen zwischen Rd 6–7 mit 14 M Abstand befestigen. Die Abnahmen aus den letzten Rd liegen dabei oben.

15. Rd: 18 fM häkeln.
16. Rd: *1 fM, 1 M abn*, von * bis * noch 5 x wdh. [12]
17. Rd: 4 fM, 2 x 1 M abn, 4 fM. [10]

Den Körper nur bis Rd 17 ausstopfen. Ab der 18. Rd wird nicht mehr weiter gestopft.

18.–20. Rd: 10 fM häkeln.

Das Ende zusammendrücken und mit 5 fM zusammenhäkeln. Achte darauf, dass das Rd-Ende dabei außen liegt. Häkle in R weiter. **(Bild 4)**

21. R: 5 x 1 M zun, 1 Lm, wenden. [10]
22. R: 2 x 3 fM in eine M häkeln, 6 fM, 2 x 3 fM in eine M häkeln, 1 Lm, wenden. [18]
23. R: 8 fM, 2 Km, 8 fM. [18]

Den Faden abschneiden und vernähen. **(Bild 5)**

Seitenflossen (2 x in Bast)

Häkle in Spiral-Rd. Die Seitenflossen nicht mit Füllwatte ausstopfen.

1. Rd: 6 fM in einen Fadenring häkeln. [6]
2. Rd: 3 fM, die restlichen M bleiben frei. [3]

Mit 1 Km in die folgende M beenden. Den Faden lang abschneiden und damit die Seitenflossen 2 Rd neben den Augen festnähen.

Gesicht fertigstellen

Das Augenweiß mit weißem Filetgarn direkt unter den Augen aufsticken. Die Augenlider in Bast direkt über den Augen aufsticken. Die Wangen in Rosé Gold über 1 M Breite direkt neben den Augen aufsticken, dazu ca. 2 x einstechen.

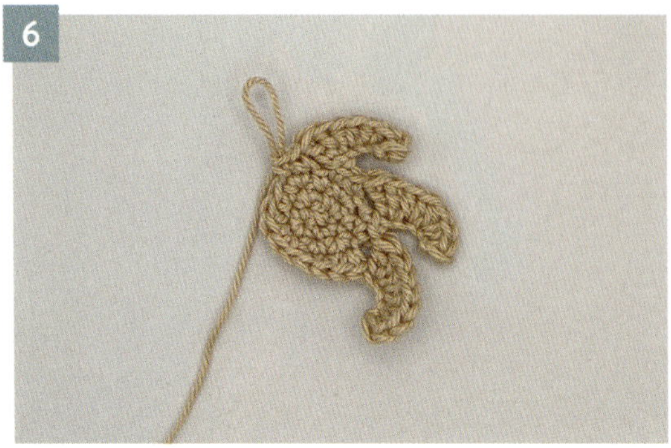

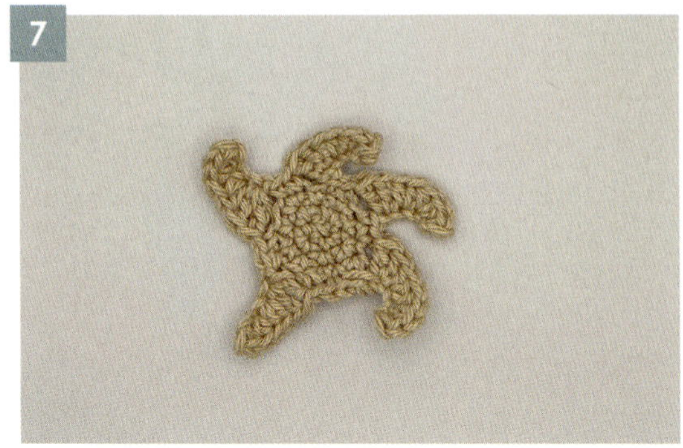

Seestern

(in Sand und Crème)
Häkle in Spiral-Rd. Den Seestern fortlaufend mit Füllwatte ausstopfen.
1. Rd: 5 fM in einen Fadenring häkeln. [5]
2. Rd: 5 x 1 M zun. [10]
3. Rd: *1 fM, 1 M zun*, von * bis * noch 4 x wdh. [15]
Es folgen die Zacken. Häkle dazu wie folgt weiter:
4. Rd: *5 Lm, in die 2. Lm von der Nd aus einstechen und 1 fM, 2 x 1 hStb zun, 1 Stb zun entlang der Lm-Kette häkeln, 1 M überspringen und 2 fM entlang der Vor-Rd des Sterns häkeln*, von * bis * noch 4 x wdh. So insgesamt 5 Zacken häkeln **(Bild 6–7)**. Anschließend den Stern mit ca. 65 fM umhäkeln. Die genaue M-Anzahl kann dabei auch etwas abweichen, wichtig ist nur, dass beide Teile mit der gleichen Anzahl an fM umrundet werden, damit du sie problemlos miteinander verbinden kannst. Den Faden abschneiden und vernähen. Einen identischen zweiten Stern häkeln, jedoch nicht abketten. Beide Teile mit den Rückseiten aufeinanderlegen, durch die fM der Umrandung beider Sterne stechen und sie so mit 1 Rd Km zusammenhäkeln. Währenddessen mit Füllwatte ausstopfen. Den Faden abschneiden und vernähen.

Details Seestern
Die Punkte in Crème mithilfe des Knötchenstichs aufsticken. Sollten durch die übersprungenen M Löcher entstanden sein, kannst du diese ggf. noch mit ein paar Stichen zunähen.

Rochen

(in Bast und Crème)
Häkle in R. Beginne in Crème. Den Rochen nicht mit Füllwatte ausstopfen.
5 Lm anschl, in die 2. Lm von der Nd aus einstechen und wie folgt häkeln:
1. R: 4 fM, 1 Lm, wenden. [4]
2. R: 1 M zun, 2 fM, 1 M zun, 1 Lm, wenden. [6]
3. R: 6 fM, 1 Lm, wenden. [6]
4. R: 2 x 1 M zun, 2 fM, 2 x 1 M zun, 1 Lm, wenden. [10]
5. R: 3 fM in eine M, 1 M zun, 6 fM, 1 M zun, 3 fM in eine M, 1 Lm, wenden. [16]
6.–7. R: 16 fM, 1 Lm, wenden.
8. R: 1 M abn, 12 fM, 1 M abn, 1 Lm, wenden. [14]

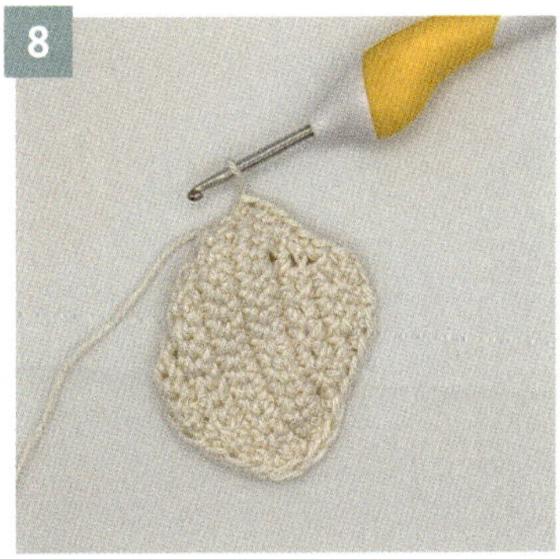

8

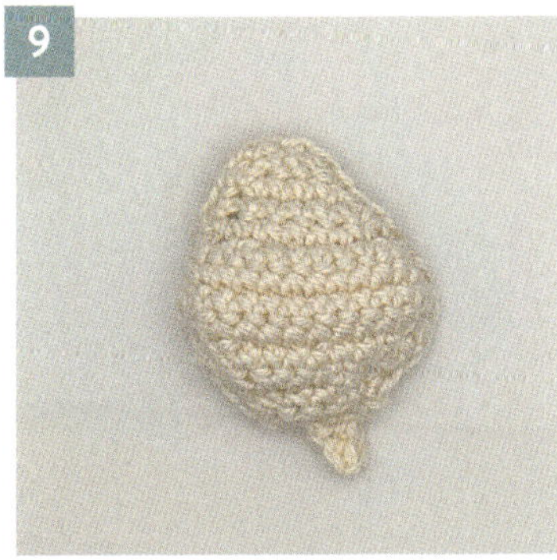

9

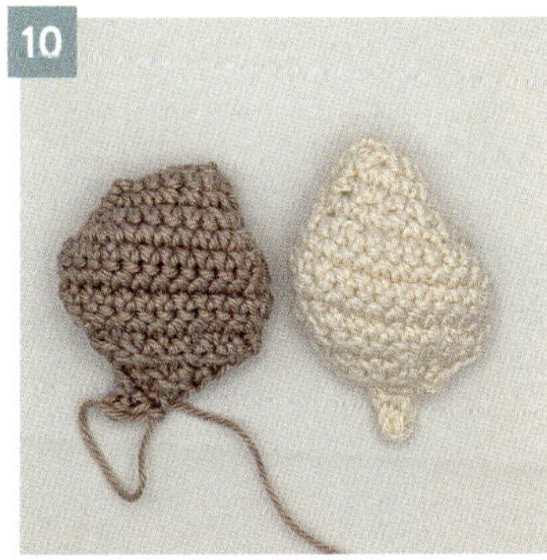

10

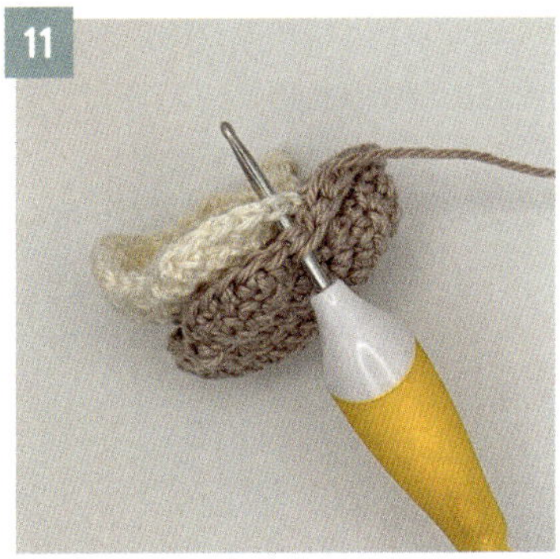

11

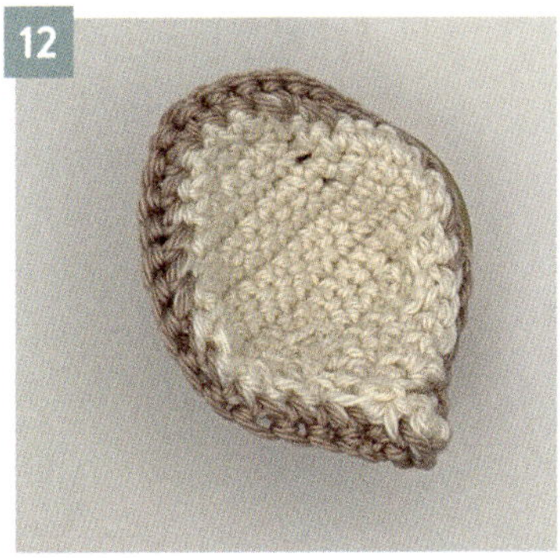

12

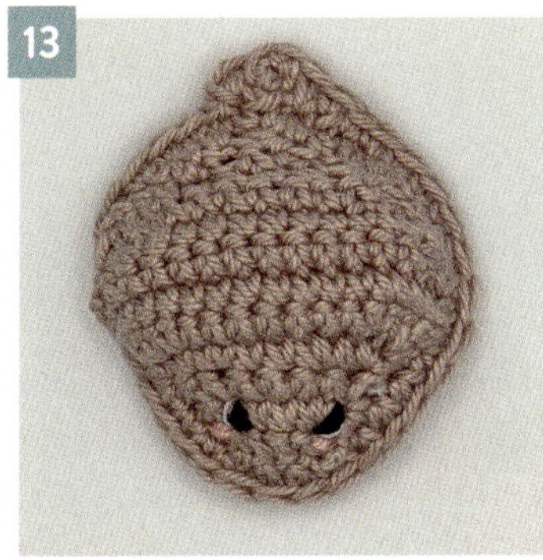

13

9. R: 2 x 1 M abn, 6 fM, 2 x 1 M abn, 1 Lm, wenden. [10]
10. R: 2 x 1 M abn, 2 fM, 2 x 1 M abn, 1 Lm, wenden. [6]
11. R: 1 M abn, 2 fM, 1 M abn, 1 Lm, wenden. [4]
12. R: 2 x 1 M abn, 1 Lm, wenden. [2]
Das Häkelstück anschließend mit 30 fM umhäkeln. Dazu je 12 fM in den R-Enden, 4 fM an der Unterseite und 2 fM am oberen Bereich häkeln **(Bild 8)**. Danach, ohne abzuketten, 3 Lm anschl, in die 2. Lm einstechen und 2 fM entlang der Lm-Kette häkeln, 1 fM in die nächste M des Körpers. So entsteht der Schwanz **(Bild 9)**. Einen identischen zweiten Teil in Bast häkeln, jedoch nicht abketten **(Bild 10)**.

Rochen fertigstellen

Beide Körperteile aufeinanderlegen. Wichtig ist, dass die fM der Ränder genau aufeinanderliegen. Stich anschließend durch die fM der Umrandung beider Teile hindurch und häkle sie so mit 32 fM zusammen **(Bild 11–12)**. Den Rochen währenddessen nicht mit Füllwatte ausstopfen. Den Faden abschneiden und vernähen. Den Teil des Körpers in Crème nach innen drücken. Die Augen mit schwarzem Filetgarn über Rd 2 des Körperteils in Bast aufsticken, dazu ca. 7 x einstechen. Der Abstand zwischen den Augen beträgt 2 fM. Das Augenweiß mit weißem Filetgarn direkt neben den Augen aufsticken. Die Wangen in Rosé Gold über 1 fM direkt unter den Augen aufsticken, dazu ca. 2 x einstechen **(Bild 13)**.

14

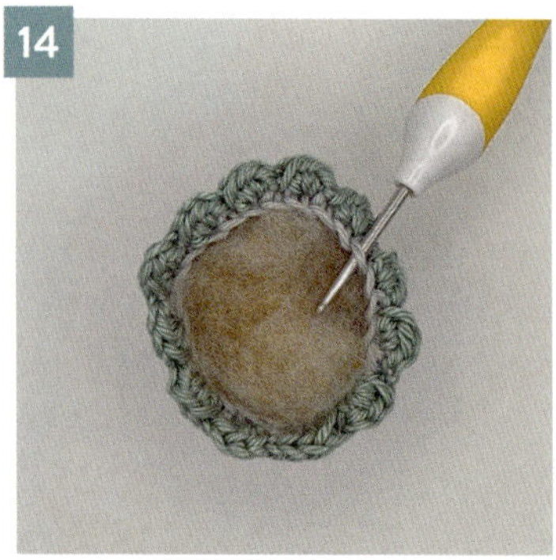

15

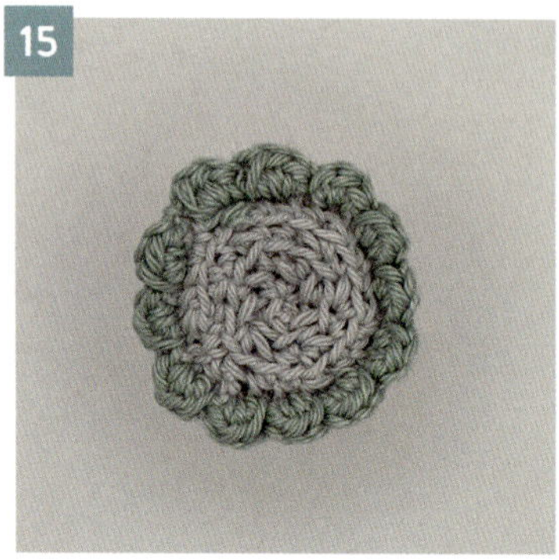

16

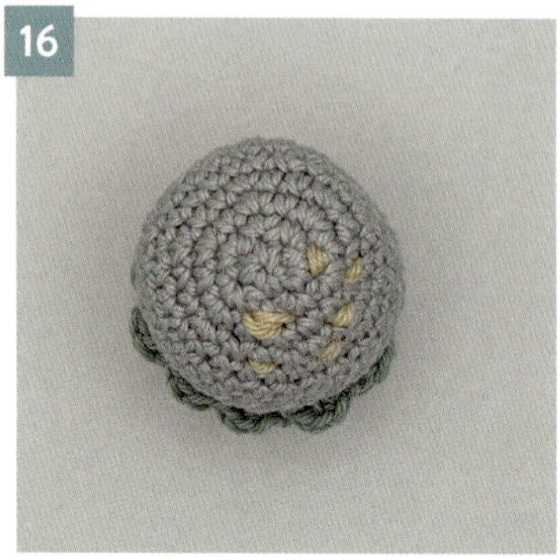

Oktopus

(in Nebel, Reseda und Altrosa)

Häkle in Spiral-Rd. Beginne in Nebel. Den Oktopus fortlaufend mit Füllwatte ausstopfen.

1. Rd: 6 fM in einen Fadenring häkeln. [6]

2. Rd: 6 x 1 M zun. [12]

3. Rd: *1 fM, 1 M zun*, von * bis * noch 5 x wdh. [18]

4. Rd: *2 fM, 1 M zun*, von * bis * noch 5 x wdh. [24]

5.–11. Rd: 24 fM häkeln.

Fb-Wechsel zu Reseda.

12. Rd: alle ivM, *3 hStb in eine M, 1 Km* von * bis * noch 11 x wdh. [48]

Den Faden abschneiden und vernähen. Den Faden in Nebel ihM aus Rd 12 aufnehmen, von oben einstechen und wie folgt weiterhäkeln **(Bild 14)**:

13. Rd: *2 fM, 1 M abn*, von * bis * noch 5 x wdh. [18]

14. Rd: alles ihM, *1 fM, 1 M abn*, von * bis * noch 5 x wdh. [12]

15. Rd: 6 x 1 M abn ihM. [6]

Den Faden abschneiden, durch die vorderen M-Glieder der letzten Rd fädeln, festziehen und vernähen **(Bild 15)**.

Nesseln (in Reseda und Altrosa)

Beginne in Reseda. Den Faden ivM aus Rd 14 des Körpers aufnehmen, von oben einstechen und *13 Lm anschl, in die 2. Lm von der Nd aus einstechen und 12 x 1 M zun entlang der Lm-Kette häkeln. 1 fM direkt unter die Lm-Kette und in das nächste vordere M-Glied des Körpers*. Von * bis * noch 8 x wdh. Fb-Wechsel zu Altrosa. *15 Lm anschl, in die 2. Lm von der Nd aus einstechen und 14 x 1 M zun entlang der Lm-Kette häkeln. 1 fM unter die Lm-Kette und in die nächste M entlang des Körpers häkeln*. Von * bis * noch 3 x wdh. Erneut 15 Lm anschl, in die 2. Lm von der Nd aus einstechen und 14 x 1 M zun entlang der Lm-Kette häkeln. Die restlichen vorderen M-Glieder, die sichtbar sind, bleiben frei. Den Faden abschneiden und vernähen. Die Flecken am Kopf in Sand über 1 M aufsticken, dazu ca. 3 x einstechen **(Bild 16)**.

17

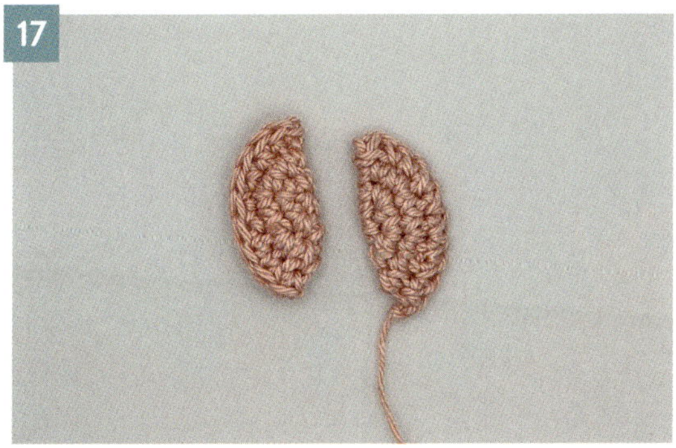

18

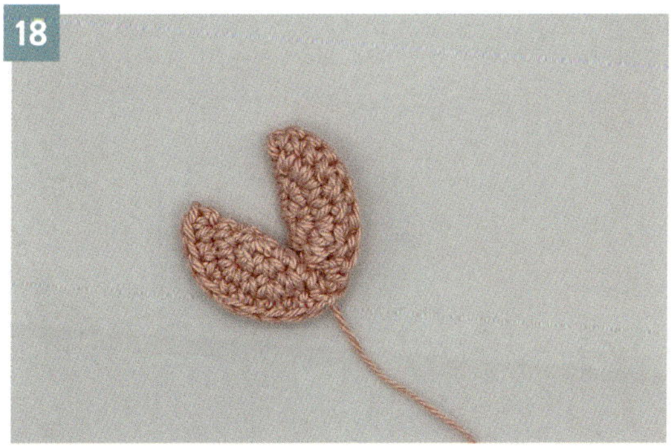

Krebs

Bauch (in Leinen)

Häkle in Spiral-Rd. Den Bauch nicht mit Füllwatte ausstopfen.

1. Rd: 6 fM in einen Fadenring häkeln. [6]

2. Rd: 6 x 1 M zun. [12]

3. Rd: *1 fM, 1 M zun*, von * bis * noch 5 x wdh. [18]

4. Rd: *2 fM, 1 M zun*, von * bis * noch 5 x wdh. [24]

5. Rd: *3 fM, 1 M zun*, von * bis * noch 5 x wdh. [30]

6. Rd: 30 fM häkeln.

Den Faden abschneiden und vernähen.

Oberkörper (in Altrosa)

Häkle in Spiral-Rd. Rd 1–5 des Bauchs wdh. Nicht abketten, sondern wie folgt weiterhäkeln:

6.–9. Rd: 30 fM häkeln.

Die Augen zwischen Rd 8–9 mit 3 M Abstand befestigen. Das Augenweiß mit weißem Filetgarn direkt unter den Augen aufsticken. Anschließend den Bauch und den Oberkörper aufeinanderlegen. Stich anschließend durch die fM der 9. Rd beider Körperteile hindurch und häkle sie so mit 30 fM zusammen. Währenddessen den Krebs fortlaufend mit Füllwatte ausstopfen. Den Faden abschneiden und vernähen.

Scheren (4 x in Altrosa)

Häkle in Spiral-Rd. Die Scheren nicht mit Füllwatte ausstopfen.

1. Rd: 6 fM in einen Fadenring häkeln. [6]

2. Rd: 6 x 1 M zun. [12]

3. Rd: *1 fM, 1 M zun*, von * bis * noch 5 x wdh. [18]

Das Häkelstück mittig falten, durch die gegenüberliegenden M stechen und die Seiten mit 9 fM zusammenhäkeln. Anschließend den Faden abschneiden und vernähen. Einen identischen zweiten Teil häkeln, den Faden jedoch lang abschneiden. Damit die unteren Kanten beider Teile mit ein paar Stichen zusammennähen. Die runden Seiten liegen dabei außen **(Bild 17–18)**. Eine zweite Schere auf dieselbe Weise häkeln. Beide jeweils seitlich direkt an der Kante des Körpers festnähen.

Beine (2 x in Altrosa)

4 Lm anschl, *in die 2. Lm von der Nd aus einstechen und 3 x 1 M zun entlang der Lm-Kette häkeln*. Ohne abzuketten, 4 Lm anschl und

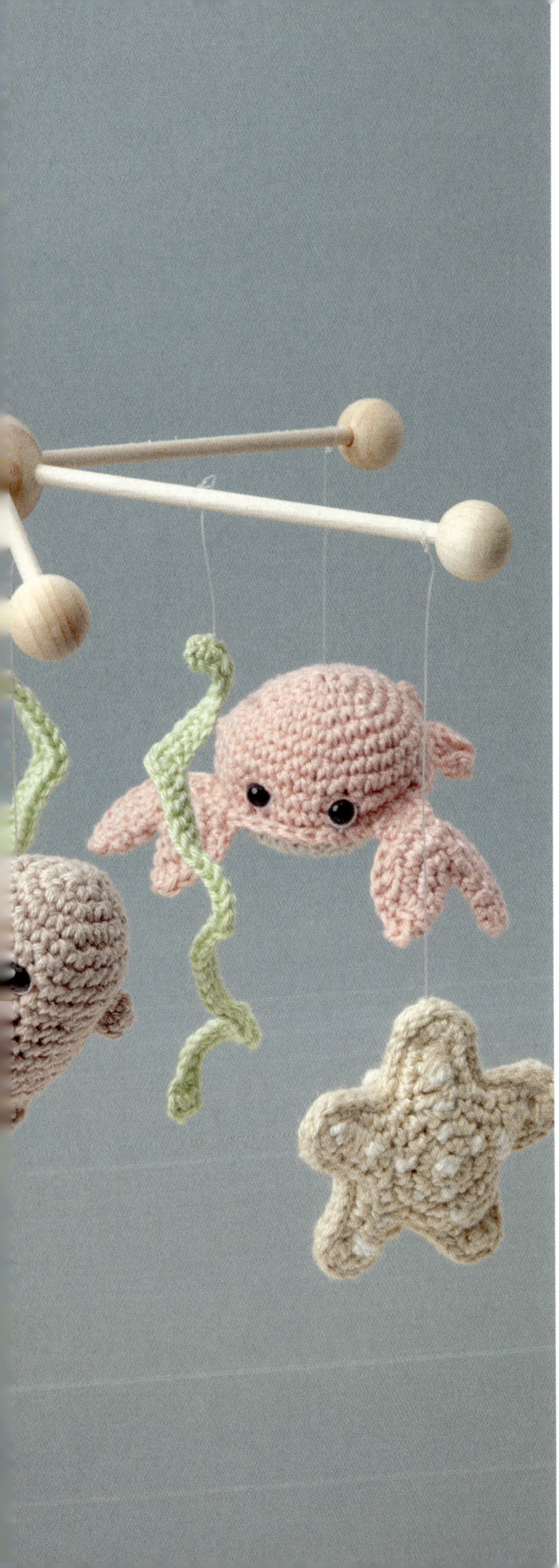

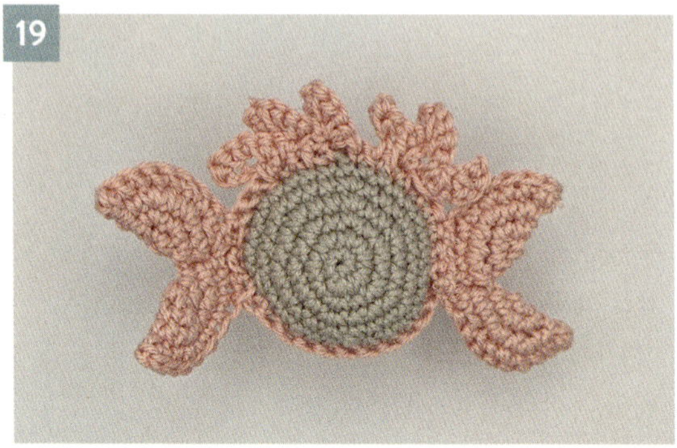

19

von * bis * wdh. Nicht abketten, 4 Lm anschl und von * bis * wdh. Den Faden lang abschneiden und ein identisches zweites Bein häkeln. Die Beine 2 M hinter den Scheren festnähen **(Bild 19)**.

Seealgen (4 x in Gelbgrün)

Häkle in R. 41 Lm anschl, in die 2. Lm von der Nd aus einstechen und wie folgt häkeln:

1. R: *3 fM in eine M, 9 fM*, von * bis * noch 3 x wdh. [48]

Den Faden abschneiden und vernähen.

Mobile fertigstellen

Folge dazu der Anleitung zum Fertigstellen des Mobiles auf S. 19 der Grundanleitungen.

Schnullerkette

Material

- Schachenmayr Catania (100 % Baumwolle, LL 125m/50 g) in
  - Reseda (Fb 402), 8 g
  - Leinen (Fb 248), 5 g

- Filetgarn in Schwarz
- Holzclip Ø 37 mm
- 4 x Rohholzkugeln gebohrt Ø 15 mm
- Fädelschnur
- Füllwatte
- Häkelnadel 2,5 mm
- Stecknadeln zum Fixieren
- Stopfnadel zum Vernähen

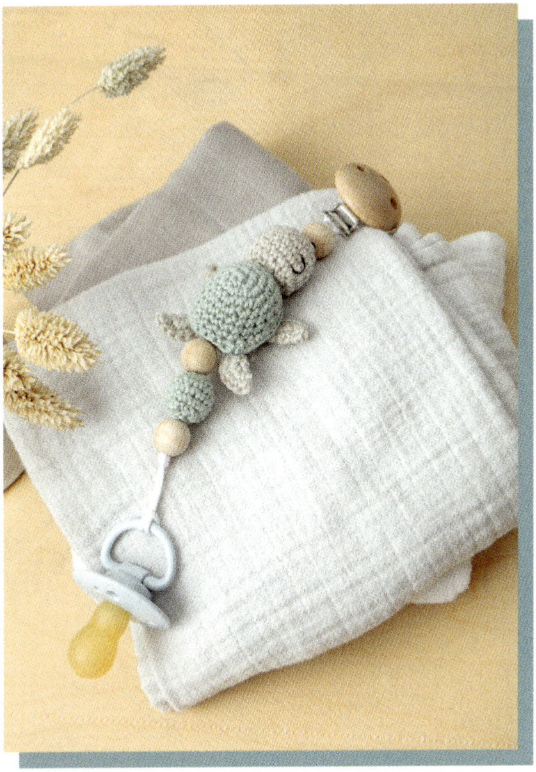

Schildkröte

Panzer und Bauch (in Reseda und Leinen)

Häkle in Spiral-Rd. Beginne in Reseda. Den Körper fortlaufend mit Füllwatte ausstopfen.

1. Rd: 6 fM in einen Fadenring häkeln. [6]

2. Rd: 6 x 1 M zun. [12]

3. Rd: *1 fM, 1 M zun*, von * bis * noch 5 x wdh. [18]

4. Rd: *2 fM, 1 M zun*, von * bis * noch 5 x wdh. [24]

5.–7. Rd: 24 fM häkeln.

Fb-Wechsel zu Leinen.

8. Rd: 24 fM ihM häkeln.

9. Rd: *2 fM, 1 M abn*, von * bis * noch 5 x wdh. [18]

10. Rd: 18 fM häkeln.

11. Rd: *1 fM, 1 M abn*, von * bis * noch 5 x wdh. [12]

12. Rd: 6 x 1 M abn. [6]

Den Faden abschneiden, durch die vorderen M-Glieder der letzten Rd fädeln, festziehen und vernähen. Den Faden in Reseda ivM aus Rd 8 aufnehmen, von oben einstechen und rundherum 24 fM ivM häkeln. Den Faden abschneiden und vernähen.

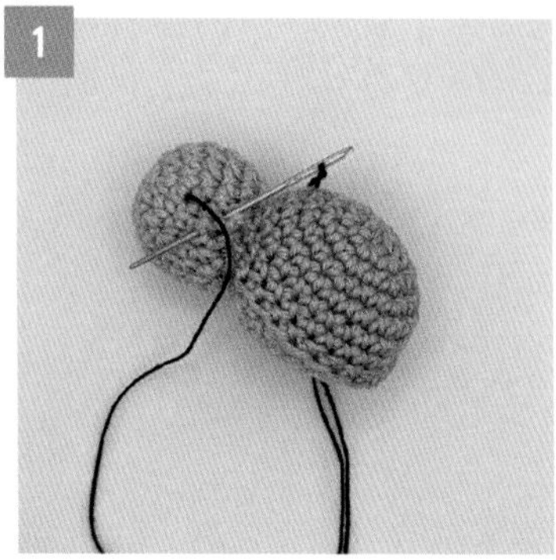

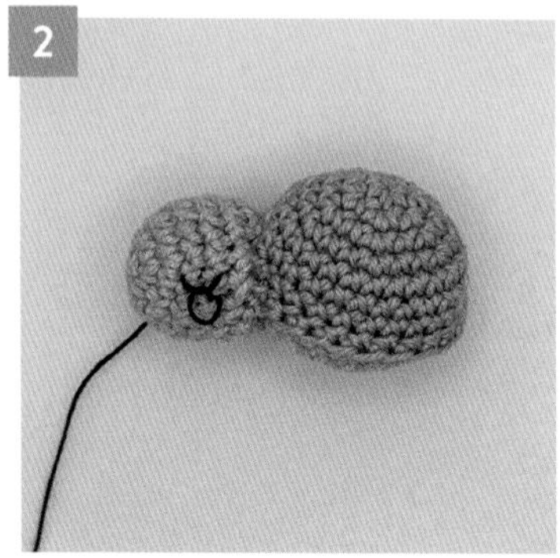

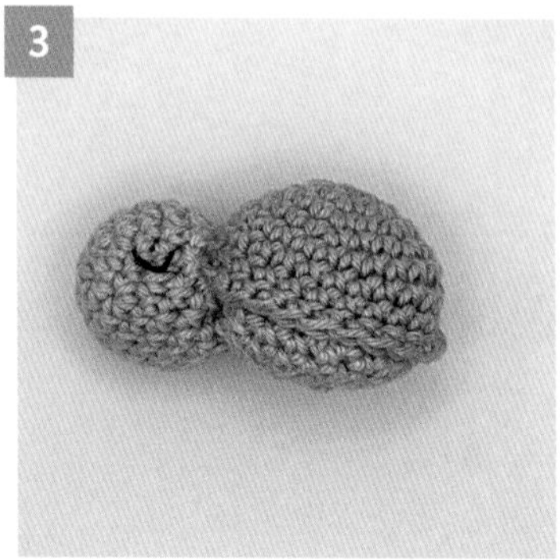

Kopf (in Leinen)

Häkle in Spiral-Rd. Den Kopf fortlaufend mit Füllwatte ausstopfen.

1. Rd: 6 fM in einen Fadenring häkeln. [6]
2. Rd: 6 x 1 M zun. [12]
3. Rd: *1 fM, 1 M zun*, von * bis * noch 5 x wdh. [18]
4.–7. Rd: 18 fM häkeln.
8. Rd: *1 fM, 1 M abn*, von * bis * noch 5 x wdh. [12]
9. Rd: 6 x 1 M abn. [6]

Den Faden abschneiden, durch die vorderen M-Glieder der letzten Rd fädeln, festziehen und den Kopf am Körper festnähen.

Details

Die Augen mit schwarzem Filetgarn über Rd 5–6 des Kopfs sticken. Anschließend 1 Rd unter dem Auge herausstechen und den Faden mit einer Schlaufe nach unten ziehen **(Bild 1–3)**.

Flossen (4 x in Leinen)

Häkle in Spiral-Rd. Die Flossen nicht mit Füllwatte ausstopfen.

1. Rd: 6 fM in einen Fadenring häkeln. [6]
2. Rd: 6 x 1 M zun. [12]

Das Ende zusammendrücken und mit 6 fM zusammenhäkeln. Den Faden lang abschneiden und damit die Flossen seitlich am Körper festnähen.

Kugel umhäkeln (in Reseda)

Folge dazu der Anleitung Kugeln Umhäkeln auf S. 17 der Grundanleitungen.

Schnullerkette fertigstellen

Folge dazu der Anleitung zum Fertigstellen der Schnullerkette auf S. 18 der Grundanleitungen.

Greifring

Material

- Schachenmayr Catania (100 % Baumwolle, LL 125m/50 g) in
  - Bast (Fb 257), 15 g
  - Reseda (Fb 402), 8 g
- Rosé Gold (Fb 433), ein Rest
- Filetgarn in Schwarz
- Opry Holzring Ø 70 mm
- Füllwatte
- Häkelnadel 2,5 mm
- Stecknadeln zum Fixieren
- Stopfnadel zum Vernähen

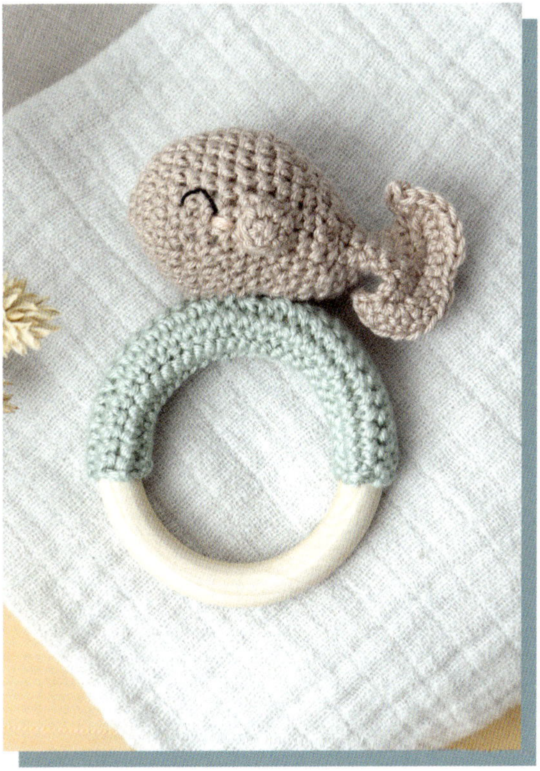

1

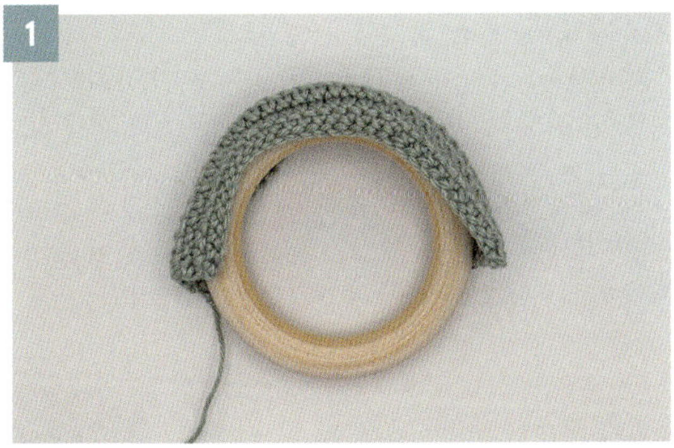

2

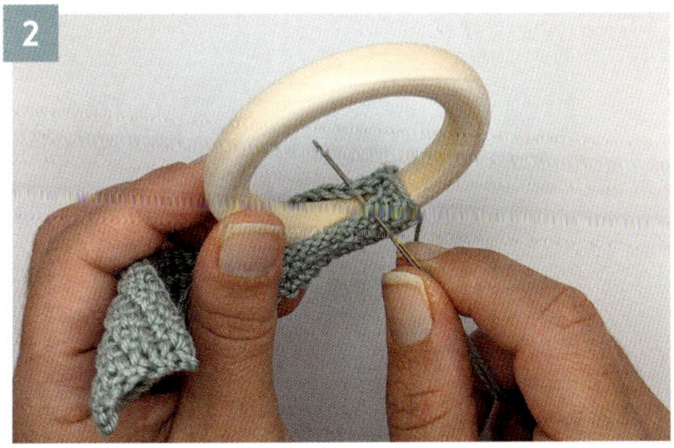

Ring umhäkeln (in Reseda)

Häkle in R. 31 Lm anschl, in die 2. Lm von der Nd aus einstechen und wie folgt häkeln:

1.–8. R: 30 fM, 1 Lm, wenden. [30]

Den Faden lang abschneiden und das Häkelstück um den Ring legen **(Bild 1)**. Die gegenüberliegenden Enden M für M zusammennähen, um das Häkelstück so am Ring zu befestigen **(Bild 2)**. Achte darauf, beim Zusammennähen immer nur von einer Seite aus einzustechen (also nicht über Kreuz). Den Faden abschneiden und vernähen.

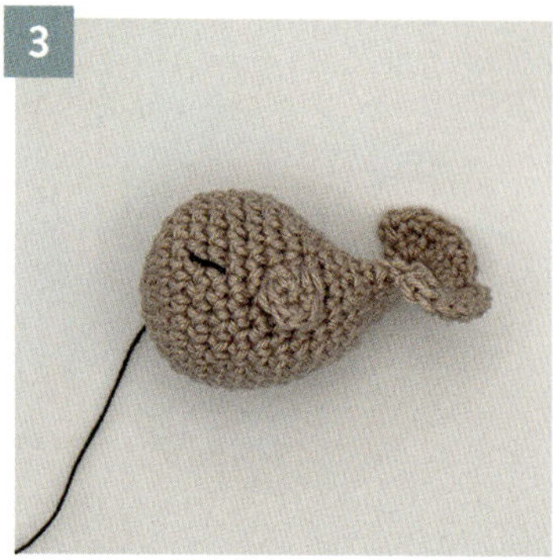

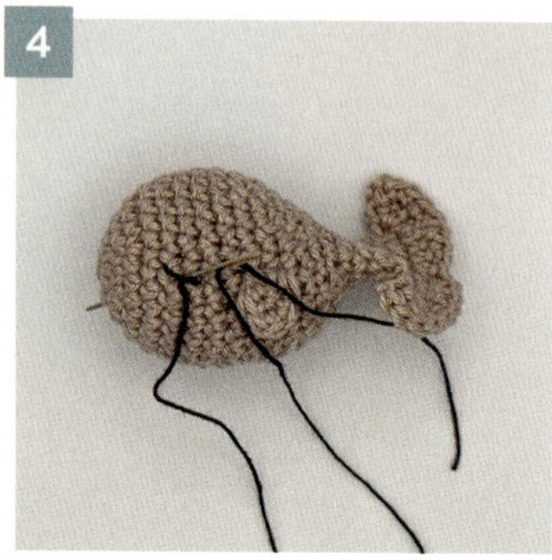

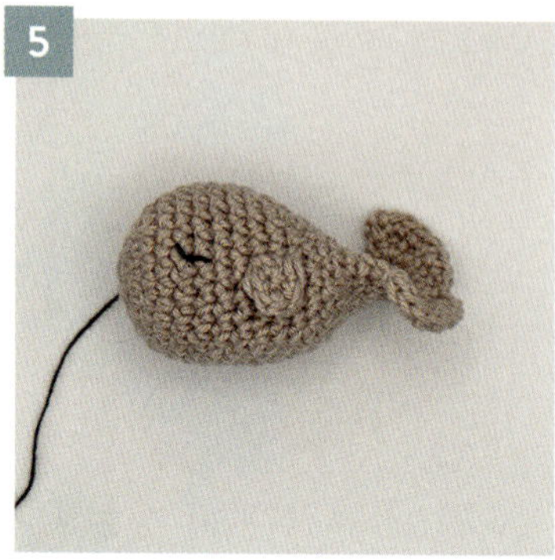

Wal

Körper und Flossen (in Bast)

Häkle in Spiral-Rd.

1. Rd: 6 fM in einen Fadenring häkeln. [6]

2. Rd: 6 x 1 M zun. [12]

3. Rd: *1 fM, 1 M zun*, von * bis * noch 5 x wdh. [18]

4. Rd: *2 fM, 1 M zun*, von * bis * noch 5 x wdh. [24]

5.–11. Rd: 24 fM häkeln.

12. Rd: 10 fM, 2 x 1 M abn, 10 fM. [22]

13. Rd: 9 fM, 2 x 1 M abn, 9 fM. [20]

14. Rd: 8 fM, 2 x 1 M abn, 8 fM. [18]

15. Rd: 18 fM häkeln.

16. Rd: *1 fM, 1 M abn*, von * bis * noch 5 x wdh. [12]

17. Rd: 4 fM, 2 x 1 M abn, 4 fM. [10]

Den Körper nur bis Rd 17 ausstopfen. Ab der 18. Rd wird nicht mehr weiter gestopft.

18.–20. Rd: 10 fM häkeln.

Das Ende zusammendrücken und mit 5 fM zusammenhäkeln. Achte darauf, dass das Rd-Ende dabei außen liegt. Häkle in R weiter.

21. R: 5 x 1 M zun, 1 Lm, wenden. [10]

22. R: 2 x 3 fM in eine M häkeln, 6 fM, 2 x 3 fM in eine M häkeln, 1 Lm, wenden. [18]

23. R: 8 fM, 2 Km, 8 fM. [18]

Den Faden abschneiden und vernähen.

Seitenflossen (2 x in Bast)

Häkle in Spiral-Rd. Die Seitenflossen nicht mit Füllwatte ausstopfen.

1. Rd: 6 fM in einen Fadenring häkeln. [6]

2. Rd: 3 fM, die restlichen M bleiben frei. [3]

Mit einer Km in die nächste M beenden. Den Faden lang abschneiden und damit die Seitenflossen über Rd 9–10 seitlich am Körper festnähen.

Gesicht fertigstellen

Die Augen 1 M vor den Seitenflossen über 2 M Breite aufsticken und mit einer Schlaufe 1 Rd nach oben ziehen **(Bild 3–5)**. Die Wangen in Rosé Gold direkt neben den Augen über 1 M Breite aufsticken, dazu ca. 2 x einstechen.

Spieluhr

Material

- Schachenmayr Catania (100 % Baumwolle, LL 125m/50 g) in
  - Bast (Fb 257), 35 g
  - Rosé Gold (Fb 433), ein Rest
  - Crème (Fb 130), ein Rest
- 2 x Sicherheitsaugen Ø 10 mm
- Spieluhr „River flows in you“ von Glückswolke
- Füllwatte
- Häkelnadel 2,5 mm
- Stecknadeln zum Fixieren
- Stopfnadel zum Vernähen

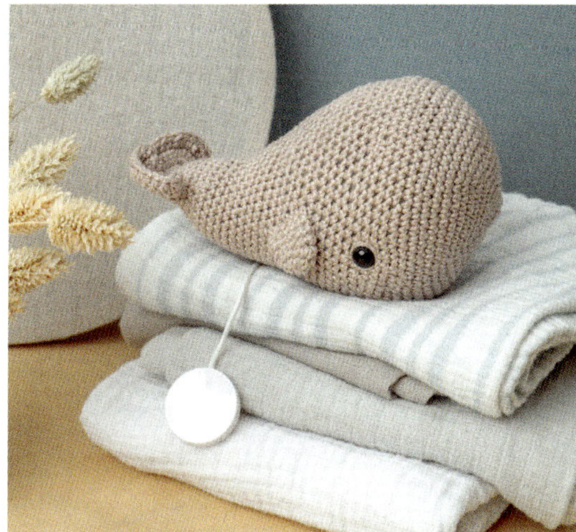

Wal (in Bast)

Häkle in Spiral-Rd. Den Wal fortlaufend mit Füllwatte ausstopfen.

1. Rd: 6 fM in einen Fadenring häkeln. [6]

2. Rd: 6 x 1 M zun. [12]

3. Rd: *1 fM, 1 M zun*, von * bis * noch 5 x wdh. [18]

4. Rd: *2 fM, 1 M zun*, von * bis * noch 5 x wdh. [24]

5. Rd: *3 fM, 1 M zun*, von * bis * noch 5 x wdh. [30]

6. Rd: *4 fM, 1 M zun*, von * bis * noch 5 x wdh. [36]

7. Rd: *5 fM, 1 M zun*, von * bis * noch 5 x wdh. [42]

8. Rd: *6 fM, 1 M zun*, von * bis * noch 5 x wdh. [48]

9. Rd: *7 fM, 1 M zun*, von * bis * noch 5 x wdh. [54]

10. Rd: *8 fM, 1 M zun*, von * bis * noch 5 x wdh. [60]

11.–18. Rd: 60 fM häkeln.

19. Rd: *8 fM, 1 M abn*, von * bis * noch 5 x wdh. [54]

20.–23. Rd: 54 fM häkeln.

24. Rd: 23 fM, 4 x 1 M abn, 23 fM. [50]

Die Augen zwischen Rd 18–19 mit 34 M Abstand befestigen. Die Abnahmen aus Rd 24 liegen dabei oben mittig.

25. Rd: 50 fM häkeln.

Fülle etwa ein Drittel des Körpers mit Füllwatte. Stecke die Spieluhr in den Körper, mit der Schnur nach unten zeigend. Stopfe nun weitere Füllwatte rund um die Spieluhr, bis sie von außen nicht mehr zu fühlen ist. In der nächsten Rd wird die Schnur mit eingehäkelt. Lege sie dazu beim Häkeln der Rd zwischen 2 fM nach außen. Die Schnur wird dabei an der Unterseite des Körpers nach unten herausgeführt.

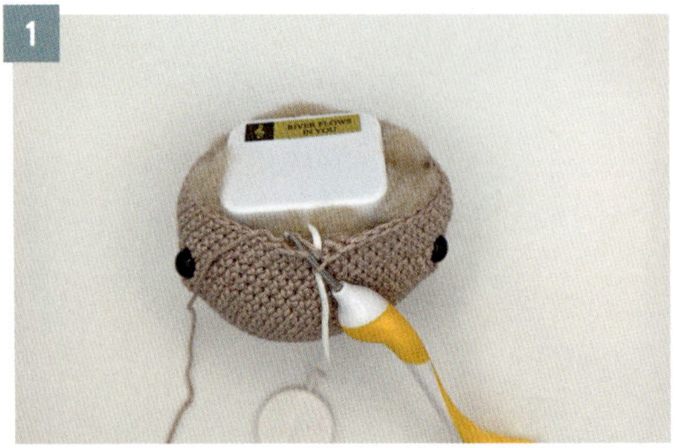

1

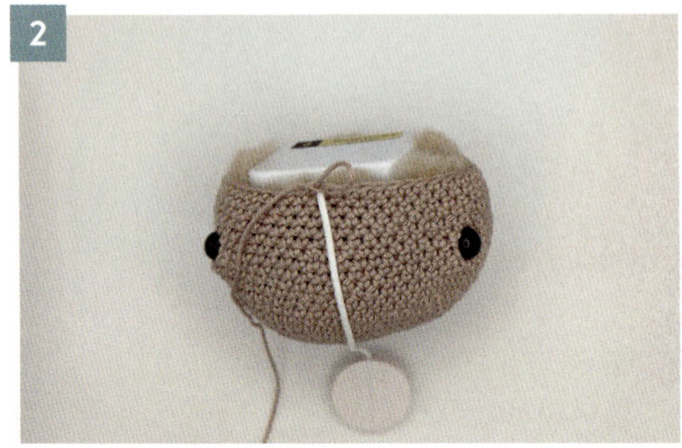

2

26. Rd: 50 fM häkeln (hier die Schnur mit einhäkeln). **(Bild 1–2)**
Drücke die Spieluhr in den weiteren Rd nun immer wieder nach innen und stopfe Füllwatte nach.
27. Rd: 21 fM, 4 x 1 M abn, 21 fM. [46]
28.–30. Rd: 46 fM häkeln.
31. Rd: 21 fM, 2 x 1 M abn, 21 fM. [44]
32. Rd: 20 fM, 2 x 1 M abn, 20 fM. [42]
33. Rd: 19 fM, 2 x 1 M abn, 19 fM. [40]
34. Rd: 18 fM, 2 x 1 M abn, 18 fM. [38]
35. Rd: 17 fM, 2 x 1 M abn, 17 fM. [36]
36. Rd: 16 fM, 2 x 1 M abn, 16 fM. [34]
37. Rd: 15 fM, 2 x 1 M abn, 15 fM. [32]
38. Rd: 14 fM, 2 x 1 M abn, 14 fM. [30]
39.–41. Rd: 30 fM häkeln.
42. Rd: *3 fM, 1 M abn*, von * bis * noch 5 x wdh. [24]
43. Rd: 1 M abn, 20 fM, 1 M abn. [22]
44. Rd: 1 M abn, 18 fM, 1 M abn. [20]
Ab der nächste Rd nicht mehr weiter mit Füllwatte ausstopfen.
45. Rd: 1 M abn, 16 fM, 1 M abn. [18]
46.–47. Rd: 18 fM häkeln.
Das Ende zusammendrücken, jeweils durch die gegenüberliegenden M stechen und wie folgt zusammenhäkeln. Der Rd-Anfang sollte dabei rechts außen liegen. Weiter in R häkeln.
48. R: 9 x 1 M zun, 1 Lm, wenden. [18]
49. R: 3 x 3 fM in eine M, 12 fM, 3 x 3 fM in eine M, 1 Lm, wenden. [30]
50. R: 30 fM, 1 Lm, wenden.
51. R: 13 hStb, 4 Km, 13 hStb. [30]
Den Faden abschneiden und vernähen.

Seitenflossen (2 x in Bast)

Häkle in Spiral-Rd. Die Seitenflossen nicht mit Füllwatte ausstopfen.
1. Rd: 6 fM in einen Fadenring häkeln. [6]
2. Rd: 6 x 1 M zun. [12]
3. Rd: *1 M zun, 5 fM*, von * bis * noch 1 x wdh. [14]
4. Rd: *1 M abn, 5 fM*, von * bis * noch 1 x wdh. [12]
5. Rd: *1 M abn, 4 fM*, von * bis * noch 1 x wdh. [10]
Das Ende zusammendrücken und mit 5 fM zusammenhäkeln. Den Faden lang abschneiden und damit die Flossen 3 Rd neben den Augen leicht schräg festnähen.

Details

Das Augenweiß in Crème direkt unter die Augen sticken. Die Augenlider direkt über den Augen in Bast aufsticken, dazu ca. 3 x einstechen.

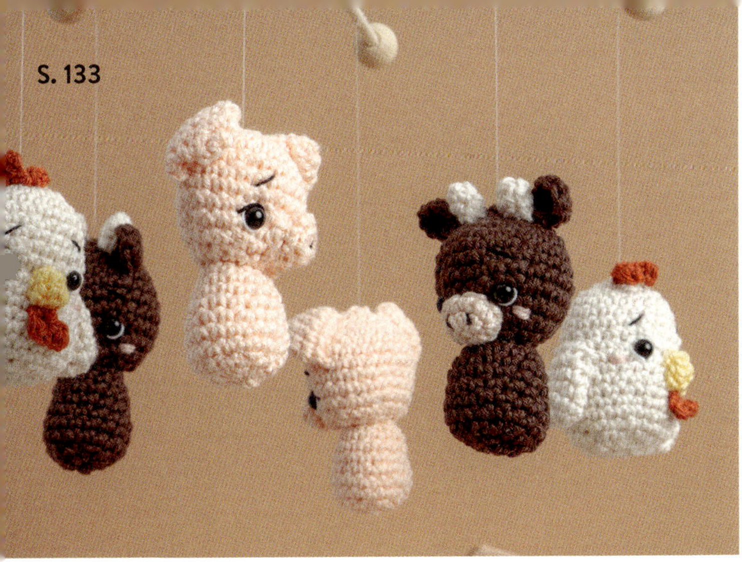
S. 133

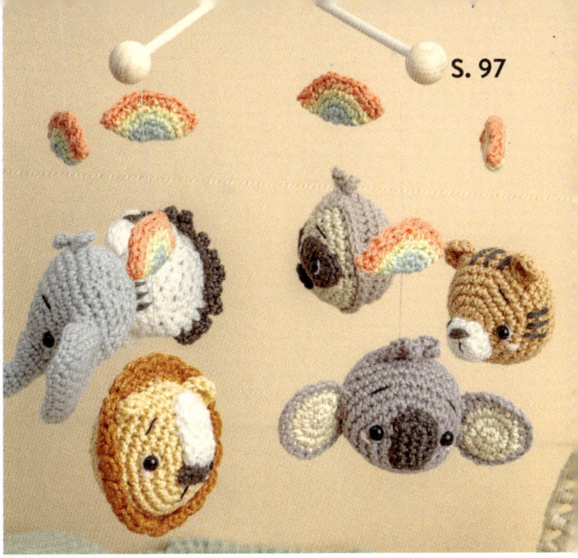
S. 97

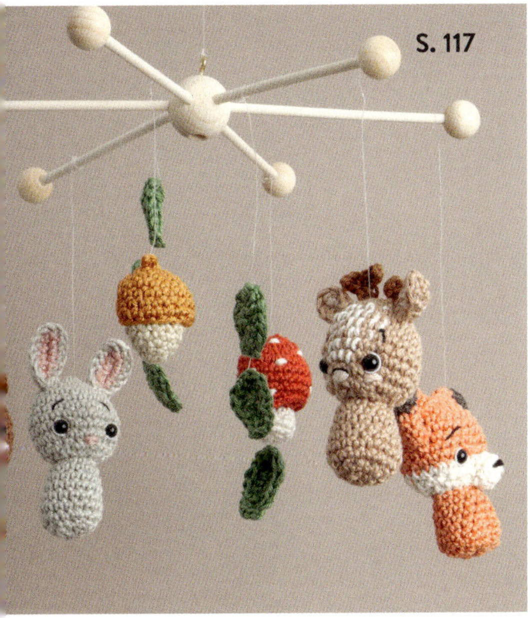
S. 117

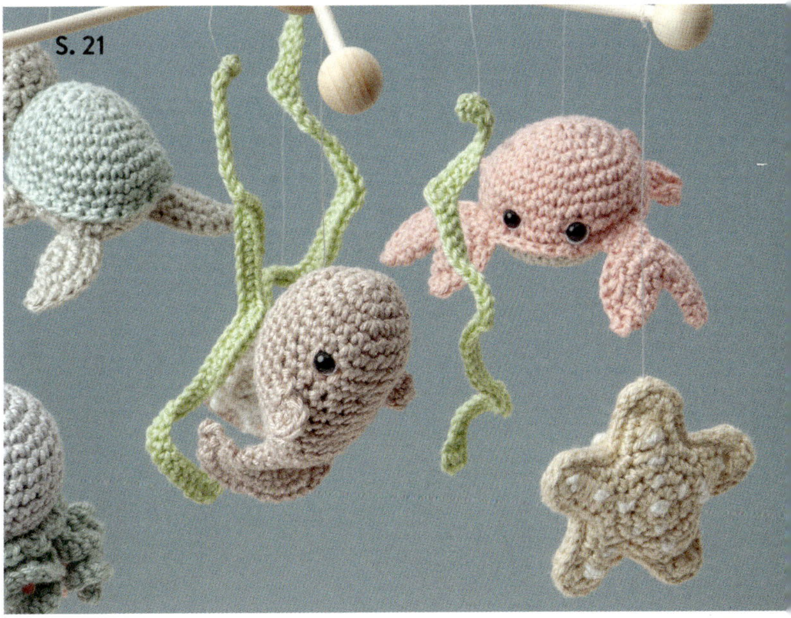
S. 21

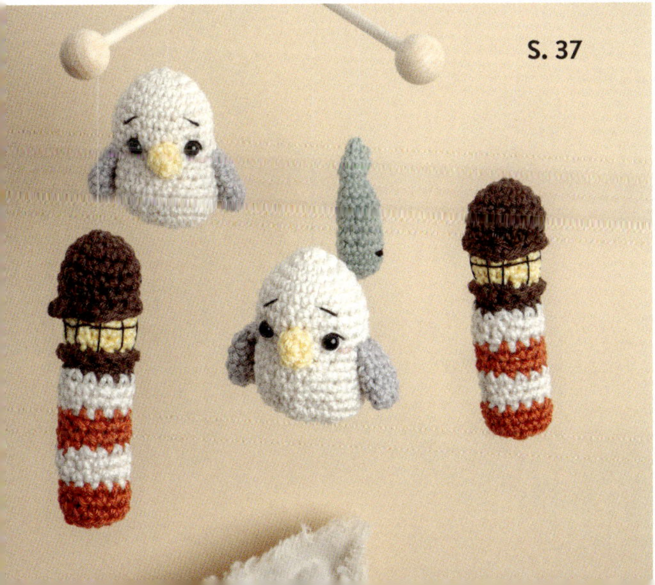
S. 37

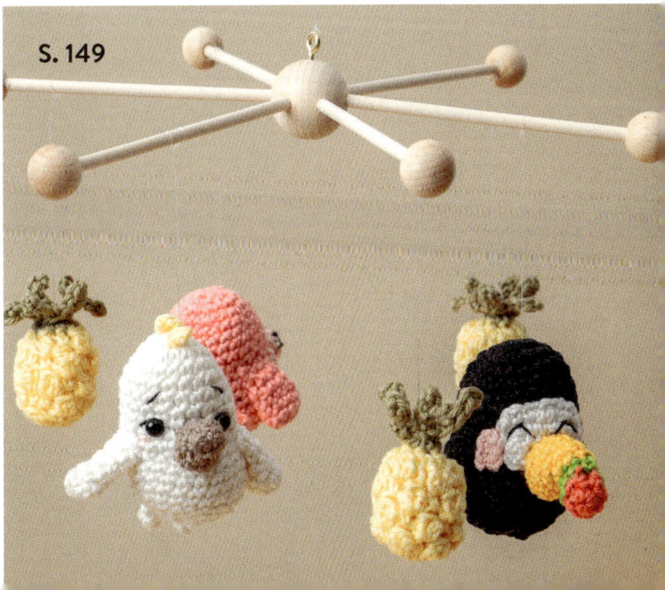
S. 149

In der Antarktis

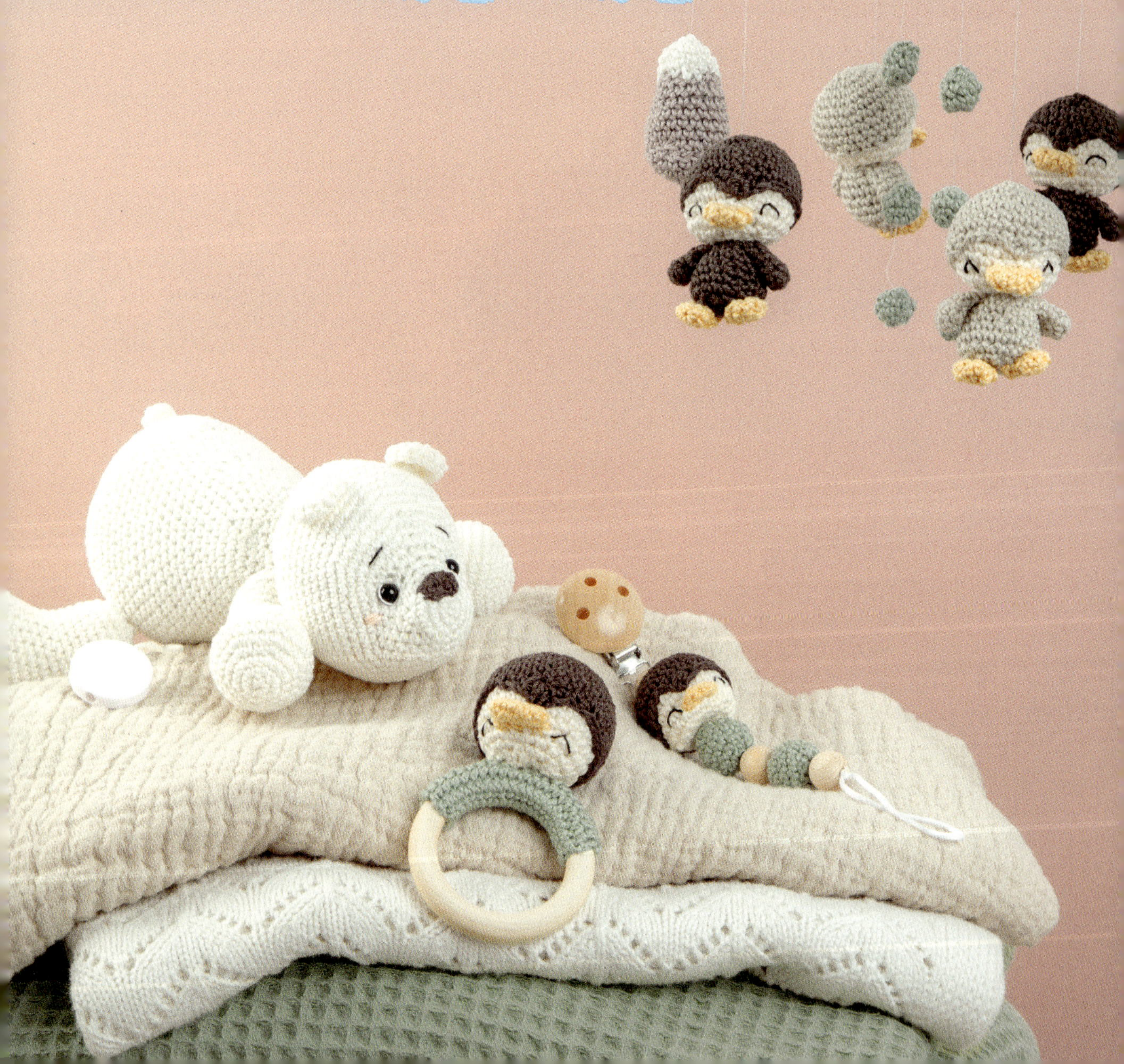

Mobile

Material

- » Schachenmayr Catania (100 % Baumwolle, LL 125m/50 g) in
  - Crème (Fb 130), 20 g
  - Leinen (Fb 248), 13 g
  - Zartbitter (Fb 415), 12 g
  - Schlamm (Fb 406), 8 g
  - Honig (Fb 206), 6 g
  - Natur (Fb 105), ein Rest
  - Reseda (Fb 402), ein Rest
- » Filetgarn in Schwarz
- » Mobile Stern aus Holz Ø 23 cm
- » Perlonfaden Ø 0,35 mm
- » Füllwatte
- » Häkelnadel 2,5 mm
- » Stecknadeln zum Fixieren
- » Stopfnadel zum Vernähen

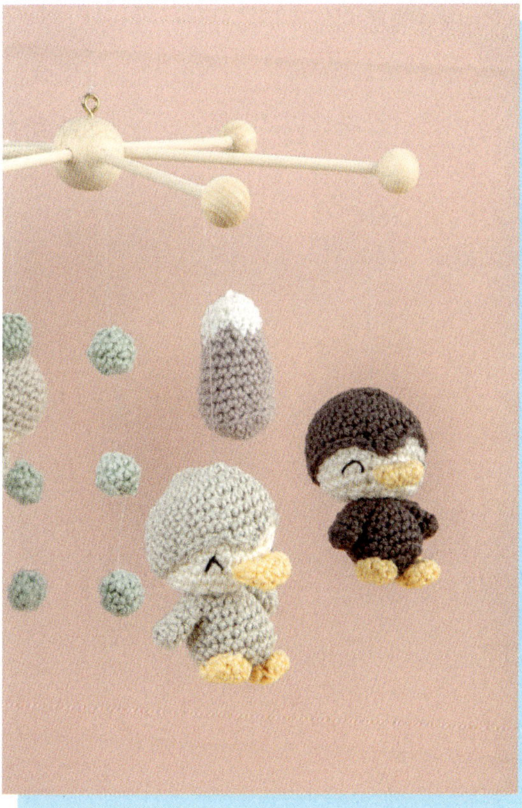

Hinweis: Es werden jeweils zwei Pinguine in Zartbitter und Crème sowie zwei Pinguine in Leinen und Crème gehäkelt.

Pinguin

Kopf (in Crème)

Häkle in Spiral-Rd. Den Kopf fortlaufend mit Füllwatte ausstopfen.

1. Rd: 6 fM in einen Fadenring häkeln. [6]

2. Rd: 6 x 1 M zun. [12]

3. Rd: *1 fM, 1 M zun*, von * bis * noch 5 x wdh. [18]

4. Rd: *2 fM, 1 M zun*, von * bis * noch 5 x wdh. [24]

5.–10. Rd: 24 fM.

11. Rd: *2 fM, 1 M abn*, von * bis * noch 5 x wdh. [18]

12. Rd: *1 fM, 1 M abn*, von * bis * noch 5 x wdh. [12]

13. Rd: 6 x 1 M abn ihM. [6]

Den Faden lang abschneiden, durch die vorderen M-Glieder der letzten Rd fädeln, festziehen und vernähen.

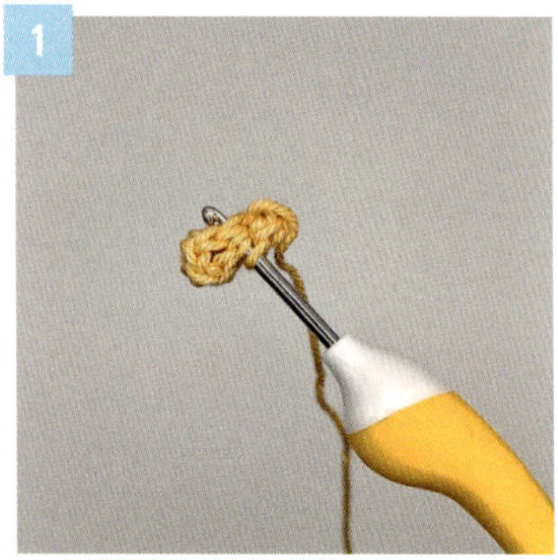

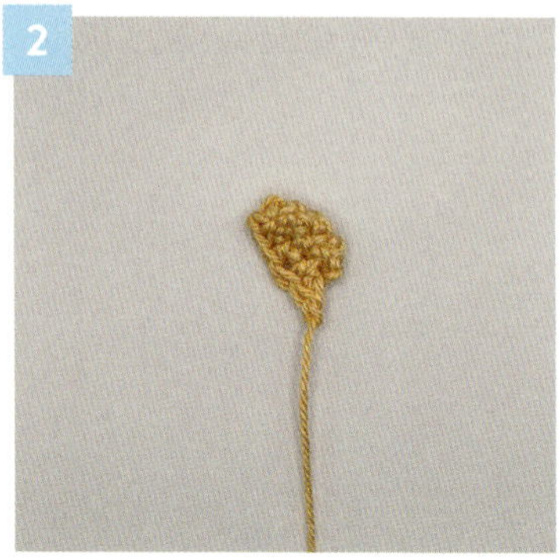

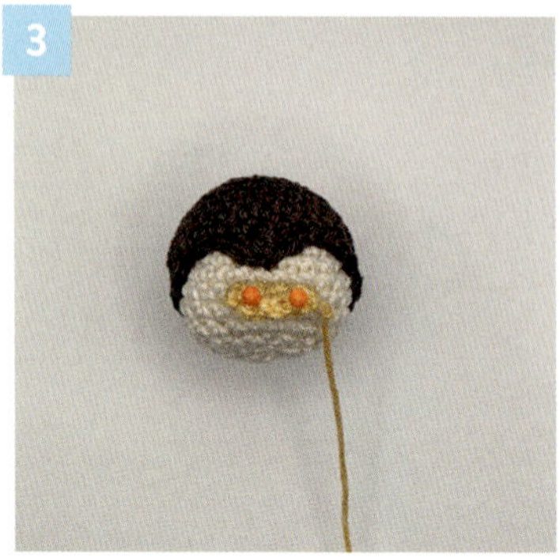

Haube (in Zartbitter oder Leinen)

Häkle in Spiral-Rd. Rd 1–4 des Kopfs wdh. Nicht abketten, sondern wie folgt weiterhäkeln:

5. Rd: *11 fM, 1 M zun*, von * bis * noch 1 x wdh. [26]

6.–9. Rd: 26 fM häkeln.

10. Rd: 8 fM, 4 Km, 1 fM, 2 hStb in eine M, 1 Lm, 1 fM, 4 Km, 7 fM. [27]

Mit 1 Km in die 1. M beenden, den Faden lang abschneiden und damit die Haube auf dem Kopf festnähen.

Schnabel (in Honig)

Häkle in Spiral-Rd. Den Schnabel nicht mit Füllwatte ausstopfen. 4 Lm anschl, in die 2. Lm von der Nd aus einstechen und wie folgt um die Lm-Kette herumhäkeln:

1. Rd: 2 fM, 3 fM in eine M, 1 fM, 1 M zun. [8]

2. Rd: 8 fM häkeln.

Das Ende zusammendrücken und mit 4 fM zusammenhäkeln **(Bild 1–2)**. Den Faden lang abschneiden und damit den Schnabel 1 Rd unter der Spitze der Haube festnähen **(Bild 3)**.

Gesicht fertigstellen

Die Augen mit schwarzem Filetgarn über 2 M Breite neben dem Schnabel aufsticken und mit einer Schlaufe 1 Rd nach oben ziehen.

Hinweis: Eine bebilderte Anleitung zum Sticken der Augen findest du in der Anleitung der Schnullerkette Schildkröte auf S. 30.

Körper (in Zartbitter oder Leinen)

Häkle in Spiral-Rd. Den Körper fortlaufend mit Füllwatte ausstopfen. Den Faden ivM aus Rd 13 des Kopfs wieder aufnehmen, dabei von oben einstechen und wie folgt weiterhäkeln:

1. Rd: 12 fM häkeln. [12]

2. Rd: *3 fM, 1 M zun*, von * bis * noch 2 x wdh. [15]

3.–4. Rd: 15 fM häkeln. [15]

5. Rd: *4 fM, 1 M zun*, von * bis * noch 2 x wdh. [18]

6.–7. Rd: 18 fM häkeln. [18]

8. Rd: *1 fM, 1 M abn*, von * bis * noch 5 x wdh. [12]

9. Rd: 6 x 1 M abn. [6]

Den Faden lang abschneiden, durch die vorderen M-Glieder der letzten Rd fädeln, festziehen und vernähen.

Flügel (2 x in Zartbitter oder Leinen)

Häkle in Spiral-Rd. Die Flügel nicht mit Füllwatte ausstopfen. 3 Lm anschl, in die 2. Lm von der Nd aus einstechen und wie folgt um die Lm-Kette herumhäkeln:

1. Rd: 1 fM, 3 fM in eine M, 1 M zun. [6]

2.–4. Rd: 6 fM häkeln.

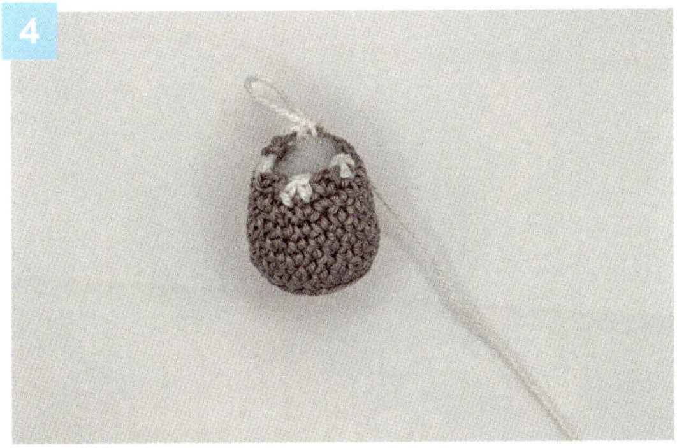

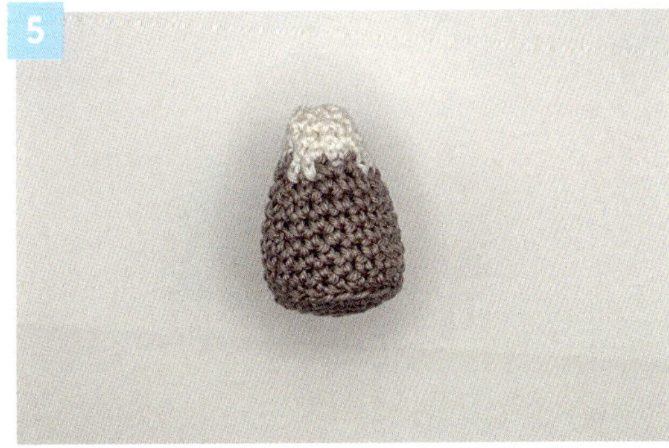

Das Ende zusammendrücken und mit 3 fM zusammenhäkeln. Den Faden lang abschneiden und damit die Flügel direkt unter dem Kopf seitlich am Körper festnähen.

Füße (2x in Honig)

Häkle in Spiral-Rd. Die Füße nicht mit Füllwatte ausstopfen. Rd 1–3 des Flügels wdh. Nicht abketten. Das Ende zusammendrücken und mit 3 fM zusammenhäkeln. Den Faden lang abschneiden und damit die Füße direkt unter dem Körper festnähen.

Schneeberg (2x in Schlamm und Natur)

Häkle in Spiral-Rd. Beginne in Schlamm. Die Schneeberge fortlaufend mit Füllwatte ausstopfen.

1. Rd: 6 fM in einen Fadenring häkeln. [6]
2. Rd: 6x 1 M zun. [12]
3. Rd: *1 fM, 1 M zun*, von * bis * noch 5x wdh. [18]
4. Rd: *8 fM, 1 M zun*, von * bis * noch 1x wdh. [20]
5.–7. Rd: 20 fM häkeln.
8. Rd: *8 fM, 1 M abn*, von * bis * noch 1x wdh. [18]
9. Rd: 18 fM häkeln.
10. Rd: *7 fM, 1 M abn*, von * bis * noch 1x wdh. [16]
11. Rd: *2 fM, Fb-Wechsel zu Natur, 2 fM, Fb-Wechsel zu Schlamm*, von * bis * noch 4x wdh. [16] **(Bild 4)**
Ab der folgenden Rd in Natur weiterhäkeln.
12. Rd: 16 fM häkeln.
13. Rd: *6 fM, 1 M abn*, von * bis * noch 1x wdh. [14]
14. Rd: *5 fM, 1 M abn*, von * bis * noch 1x wdh. [12]
15. Rd: 6x 1 M abn. [6]
Den Faden lang abschneiden, durch die vorderen M-Glieder der letzten Rd fädeln, festziehen und vernähen **(Bild 5)**.

Kugeln (6x in Reseda)

Häkle in Spiral-Rd. Die Kugeln fortlaufend mit Füllwatte ausstopfen.

1. Rd: 6 fM in einen Fadenring häkeln. [6]
2. Rd: *1 fM, 1 M zun*, von * bis * noch 2x wdh. [9]
3. Rd: 9 fM häkeln.
Den Faden lang abschneiden, durch die vorderen M-Glieder der letzten Rd fädeln, festziehen und vernähen.

Mobile fertigstellen

Folge dazu der Anleitung zum Fertigstellen des Mobiles auf S. 19 der Grundanleitungen.

Schnullerkette

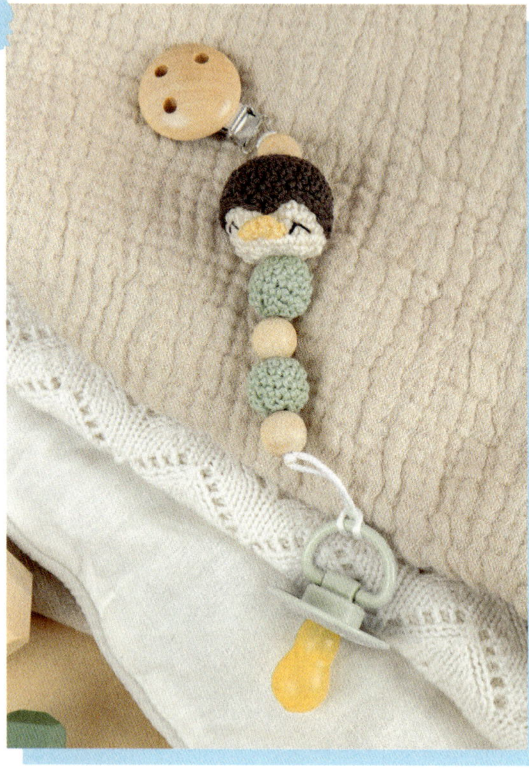

Material

- Schachenmayr Catania (100 % Baumwolle, LL 125m/50 g) in
  - Crème (Fb 130), 8 g
  - Zartbitter (Fb 415), 5 g
  - Honig (Fb 206), ein Rest
  - Reseda (Fb 402), ein Rest
- Filetgarn in Schwarz
- Holzclip Ø 37 mm
- 5 x Rohholzkugeln gebohrt Ø 15 mm
- Fädelschnur
- Füllwatte
- Häkelnadel 2,5 mm
- Stecknadeln zum Fixieren
- Stopfnadel zum Vernähen

Kopf (in Crème)

Häkle in Spiral-Rd. Den Kopf fortlaufend mit Füllwatte ausstopfen.

1. Rd: 6 fM in einen Fadenring häkeln. [6]

2. Rd: 6 x 1 M zun. [12]

3. Rd: *1 fM, 1 M zun*, von * bis * noch 5 x wdh. [18]

4. Rd: *8 fM, 1 M zun*, von * bis * noch 1 x wdh. [20]

5.–9. Rd: 20 fM häkeln.

10. Rd: *8 fM, 1 M abn*, von * bis * noch 1 x wdh. [18]

11. Rd: *5 fM, 1 M abn*, von * bis * noch 1 x wdh. [12]

12. Rd: 6 x 1 M abn. [6]

Den Faden lang abschneiden, durch die vorderen M-Glieder der letzten Rd fädeln, festziehen und vernähen.

Haube (in Zartbitter)

Häkle in Spiral-Rd. Rd 1–4 des Kopfs wdh. Nicht abketten, sondern wie folgt weiterhäkeln:

5. Rd: *9 fM, 1 M zun*, von * bis * noch 1 x wdh. [22]

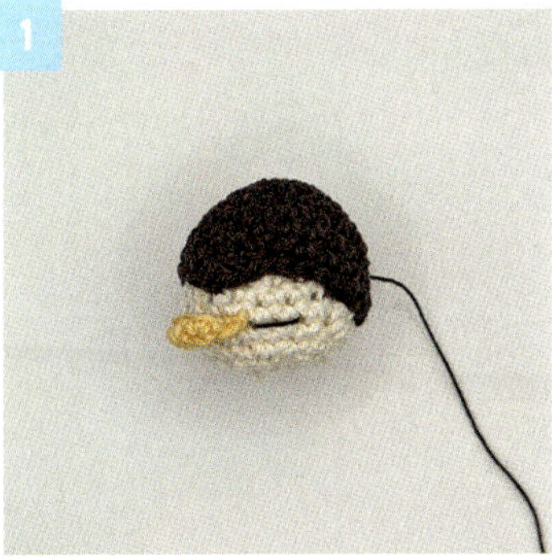
1

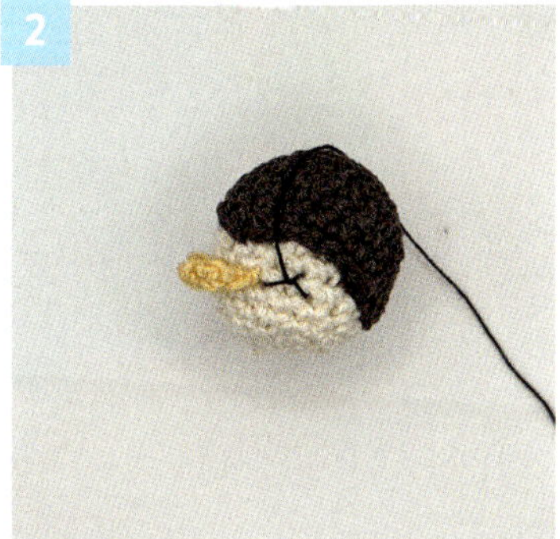
2

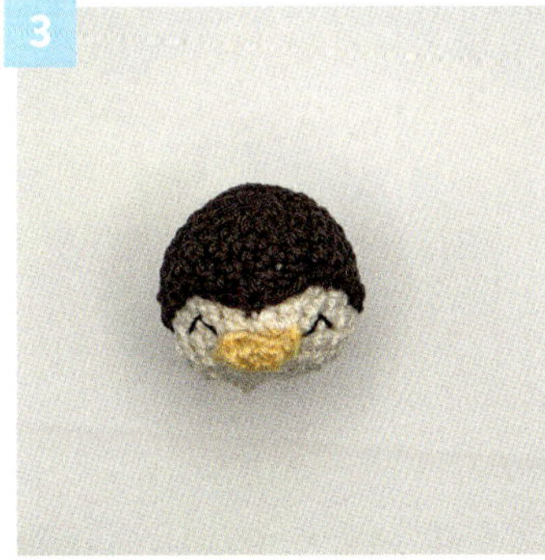
3

6.–8. Rd: 22 fM häkeln.
9. Rd: 5 fM, 4 Km, 1 fM, 2 hStb in eine M, 1 Lm, 1 fM, 4 Km, 6 fM. [23]
Mit 1 Km in die 1. M beenden, den Faden lang abschneiden und damit die Haube auf dem Kopf festnähen.

Schnabel (in Honig)

Häkle in Rd. Den Schnabel nicht mit Füllwatte ausstopfen. 3 Lm anschl, in die 2. Lm von der Nd aus einstechen und wie folgt um die Lm-Kette herumhäkeln:
1. Rd: 1 fM, 3 fM in eine M, 1 M zun. [6]
Mit 1 Km in die 1. M beenden. Das Ende zusammendrücken und mit 3 fM zusammenhäkeln. Den Faden lang abschneiden und damit den Schnabel unter der Spitze der Haube festnähen.

Gesicht fertigstellen

Die Augen mit schwarzem Filetgarn über 2 M Breite neben dem Schnabel aufsticken und mit einer Schlaufe 1 Rd nach oben ziehen **(Bild 1–3)**.

Kugeln umhäkeln (2 x in Reseda)

Folge dazu der Anleitung Kugeln Umhäkeln auf S. 17 der Grundanleitungen.

Schnullerkette fertigstellen

Folge dazu der Anleitung zum Fertigstellen der Schnullerkette auf S. 18 der Grundanleitungen.

Greifring

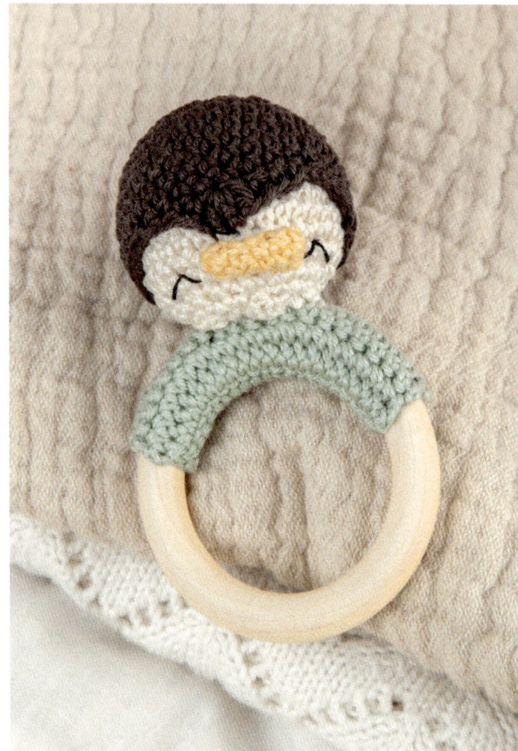

Material

» Schachenmayr Catania (100 % Baumwolle, LL 125m/50 g) in
- Zartbitter (Fb 415), 10 g
- Crème (Fb 130), 10 g
- Reseda (Fb 402), 5 g
- Honig (Fb 206), 4 g

» Filetgarn in Schwarz
» Opry Holzring Ø 70 mm
» Füllwatte
» Häkelnadel 2,5 mm
» Stecknadeln zum Fixieren
» Stopfnadel zum Vernähen

Hinweis: Eine bebilderte Anleitung zum Umhäkeln des Rings findest du in der Anleitung Greifring Wal auf S. 31.

Ring umhäkeln (in Khaki)

Häkle in R. 21 Lm anschl, in die 2. Lm von der Nd aus einstechen und wie folgt häkeln:
1.–8. R: 20 fM, 1 Lm, wenden. [20]
Den Faden lang abschneiden und das Häkelstück um den Ring legen. Die gegenüberliegenden Enden M für M zusammennähen, um das Häkelstück so am Ring zu befestigen. Achte darauf, beim Zusammennähen immer nur von einer Seite aus einzustechen (also nicht über Kreuz). Den Faden abschneiden und vernähen.

Kopf (in Crème)

Häkle in Spiral-Rd. Den Kopf fortlaufend mit Füllwatte ausstopfen.
1. Rd: 6 fM in einen Fadenring häkeln. [6]
2. Rd: 6 x 1 M zun. [12]
3. Rd: *1 fM, 1 M zun*, von * bis * noch 5 x wdh. [18]
4. Rd: *2 fM, 1 M zun*, von * bis * noch 5 x wdh. [24]
5. Rd: *3 fM, 1 M zun*, von * bis * noch 5 x wdh. [30]
6.–11. Rd: 30 fM häkeln.

12. Rd: *3 fM, 1 M abn*, von * bis * noch 5x wdh. [24]
13. Rd: *2 fM, 1 M abn*, von * bis * noch 5x wdh. [18]
14. Rd: *1 fM, 1 M abn*, von * bis * noch 5x wdh. [12]
15. Rd: 6x 1 M abn ihM. [6]
Den Faden lang abschneiden, durch die vorderen M-Glieder der letzten Rd fädeln, festziehen und den Faden zum Annähen lang abschneiden.

Haube (in Zartbitter)

Häkle in Spiral-Rd. Rd 1–5 des Kopfs wdh. Nicht abketten, sondern wie folgt weiterhäkeln:
6. Rd: *14 fM, 1 M zun*, von * bis * noch 1x wdh. [32]
7.–11. Rd: 32 fM häkeln.
12. Rd: 6 fM, 6 Km, 3 fM, 3 hStb in eine M, 1 Lm, 3 fM, 6 Km, 7 fM. [34]
Mit 1 Km in die 1. M beenden, den Faden lang abschneiden und damit die Haube festnähen.

Schnabel (in Honig)

Häkle in Spiral-Rd. Den Schnabel nicht mit Füllwatte ausstopfen. 5 Lm anschl, in die 2. Lm von der Nd aus einstechen und wie folgt um die Lm-Kette herumhäkeln:
1. Rd: 3 fM, 3 fM in eine M, 2 fM, 1 M zun. [10]
2. Rd: 10 fM häkeln.
Das Ende zusammendrücken und mit 5 fM zusammenhäkeln. Den Faden lang abschneiden und damit den Schnabel am Kopf festnähen.

Gesicht fertigstellen

Die Augen mit schwarzem Filetgarn über 2 M Breite neben dem Schnabel aufsticken und mit einer Schlaufe 1 Rd nach oben ziehen. Anschließend den Kopf am Ring festnähen.
Hinweis: Eine bebilderte Anleitung zum Sticken der Augen findest du in der Anleitung der Schnullerkette Schildkröte auf S. 30.

Spieluhr

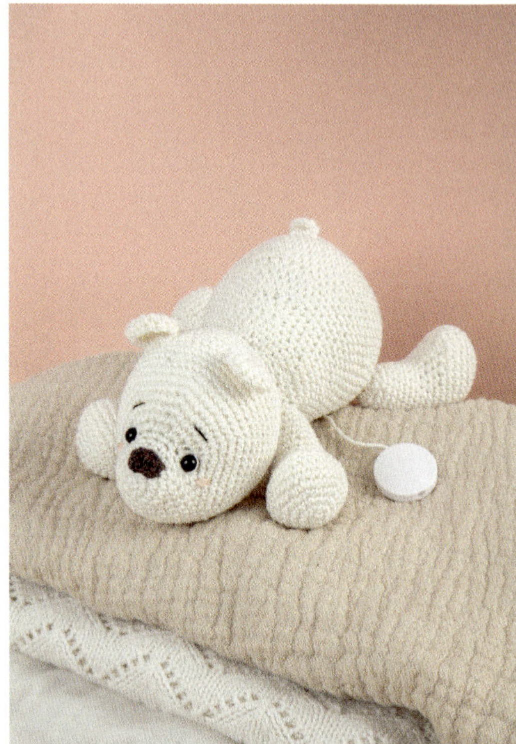

Material

» Schachenmayr Catania (100 % Baumwolle, LL 125m/50 g) in
  - Natur (Fb 105), 85 g
  - Zartbitter (Fb 415), ein Rest
  - Rosé Gold (Fb 433), ein Rest

» Filetgarn in Schwarz und Weiß
» 2 x Sicherheitsaugen Ø 8 mm
» Spieluhr „Let it go" von Glückswolke
» Füllwatte
» Häkelnadel 2,5 mm
» Stecknadeln zum Fixieren
» Stopfnadel zum Vernähen

Kopf (in Natur)

Häkle in Spiral-Rd.
1. Rd: 6 fM in einen Fadenring häkeln. [6]
2. Rd: 6 x 1 M zun. [12]
3. Rd: *1 fM, 1 M zun*, von * bis * noch 5 x wdh. [18]
4.–6. Rd: 18 fM häkeln.
7. Rd: *2 fM, 1 M zun*, von * bis * noch 5 x wdh. [24]
8. Rd: 9 fM, 6 x 1 M zun, 9 fM. [30]
9. Rd: 9 fM, *1 fM, 1 M zun*, von * bis * noch 5 x wdh, 9 fM. [36]
10. Rd: 9 fM, *2 fM, 1 M zun*, von * bis * noch 5 x wdh, 9 fM. [42]
11. Rd: *6 fM, 1 M zun*, von * bis * noch 5 x wdh. [48]
12. Rd: *7 fM, 1 M zun*, von * bis * noch 5 x wdh. [54]
13. Rd: *8 fM, 1 M zun*, von * bis * noch 5 x wdh. [60]
14.–23. Rd: 60 fM häkeln.
24. Rd: *8 fM, 1 M abn*, von * bis * noch 5 x wdh. [54]
25. Rd: *7 fM, 1 M abn*, von * bis * noch 5 x wdh. [48]

26. Rd: *6 fM, 1 M abn*, von * bis * noch 5 x wdh. [42]

Die Augen zwischen Rd 8–9 mit 9 M Abstand befestigen. Beginne, den Kopf fortlaufend mit Füllwatte auszustopfen.

27. Rd: *5 fM, 1 M abn*, von * bis * noch 5 x wdh. [36]

28. Rd: *4 fM, 1 M abn*, von * bis * noch 5 x wdh. [30]

29. Rd: *3 fM, 1 M abn*, von * bis * noch 5 x wdh. [24]

30. Rd: *2 fM, 1 M abn*, von * bis * noch 5 x wdh. [18]

31. Rd: *1 fM, 1 M abn*, von * bis * noch 5 x wdh. [12]

32. Rd: 6 x 1 M abn. [6]

Den Faden lang abschneiden, durch die vorderen M-Glieder der letzten Rd fädeln, festziehen und vernähen.

Nase (in Zartbitter)

Häkle in Rd. 4 Lm anschl, in die 2. Lm von der Nd aus einstechen und wie folgt um die Lm-Kette herumhäkeln:

1. Rd: 2 fM, 3 fM in eine M, 1 fM, 1 M zun. [8]

Mit 1 Km in die 1. M beenden. Den Faden lang abschneiden und damit die Nase über Rd 3–4 mittig unterhalb der Augen festnähen.

Gesicht fertigstellen

Das Augenweiß mit weißem Filetgarn direkt unter den Augen aufsticken. Die Augenbrauen mit schwarzem Filetgarn 2 Rd über den Augen über 3 M Breite sticken. Die Wangen in Rosé Gold direkt unter den Augen über 2 M Breite sticken, dazu ca. 3 x einstechen.

Ohren (2 x in Natur)

Häkle in Spiral-Rd. Die Ohren nicht mit Füllwatte ausstopfen.

1. Rd: 5 fM in einen Fadenring häkeln. [5]

2. Rd: 5 x 1 M zun. [10]

3. Rd: *1 fM, 1 M zun*, von * bis * noch 4 x wdh. [15]

4. Rd: 15 fM häkeln.

Mit 1 Km in die 1. M beenden, den Faden lang abschneiden und damit die Ohren über Rd 19–20 mit 10 M Abstand auf dem Kopf festnähen.

Körper (in Natur)

Häkle in Spiral-Rd.

1. Rd: 6 fM in einen Fadenring häkeln. [6]

2. Rd: 6 x 1 M zun. [12]

3. Rd: *1 fM, 1 M zun*, von * bis * noch 5 x wdh. [18]

4. Rd: *2 fM, 1 M zun*, von * bis * noch 5 x wdh. [24]

5. Rd: *3 fM, 1 M zun*, von * bis * noch 5 x wdh. [30]

6. Rd: *4 fM, 1 M zun*, von * bis * noch 5 x wdh. [36]

7. Rd: *5 fM, 1 M zun*, von * bis * noch 5 x wdh. [42]

8. Rd: *6 fM, 1 M zun*, von * bis * noch 5 x wdh. [48]

9. Rd: *7 fM, 1 M zun*, von * bis * noch 5 x wdh. [54]

10. Rd: *8 fM, 1 M zun*, von * bis * noch 5 x wdh. [60]

11.–20. Rd: 60 fM häkeln.

21. Rd: *8 fM, 1 M abn*, von * bis * noch 5 x wdh. [54]

22. Rd: 54 fM häkeln.

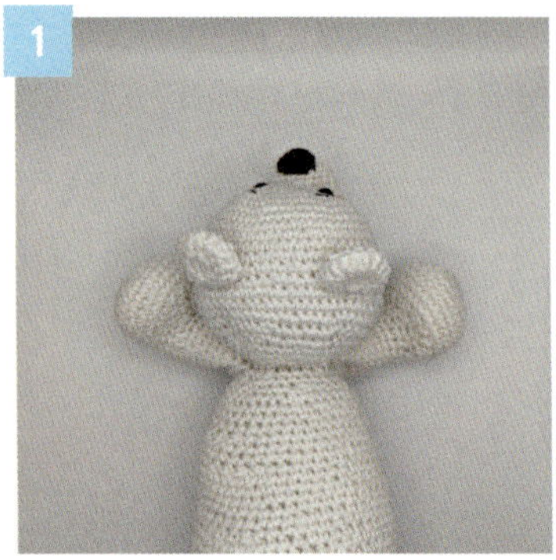

1

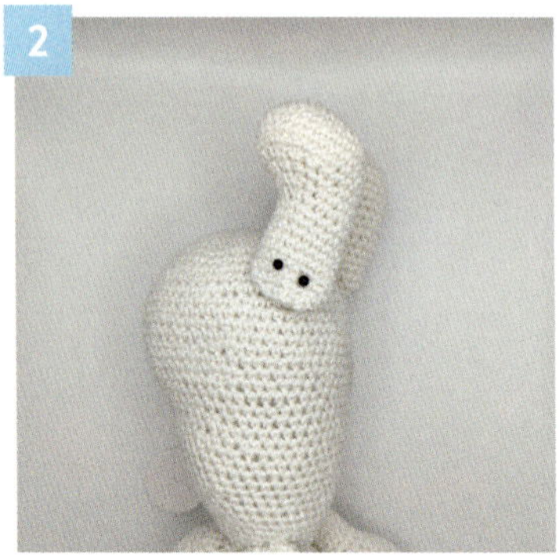

2

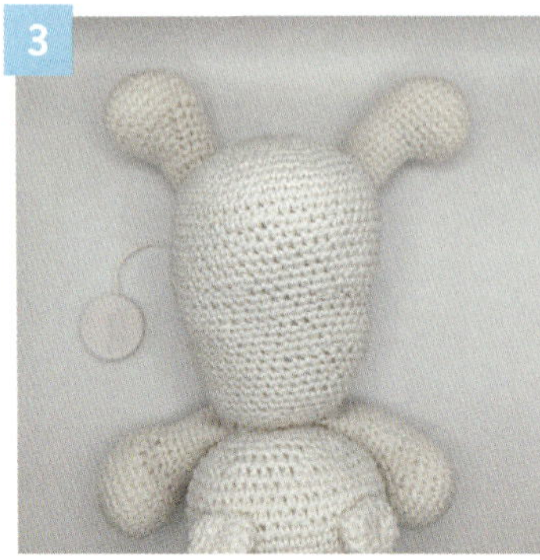

3

23. Rd: 23 fM, 4 x 1 M abn, 23 fM. [50]
24.–25. Rd: 50 fM häkeln.
Fülle etwa ein Drittel des Körpers mit Füllwatte. Stecke die Spieluhr in den Körper, mit der Schnur nach unten zeigend. Stopfe nun weitere Füllwatte rund um die Spieluhr, bis sie von außen nicht mehr zu fühlen ist. In der nächsten Rd wird die Schnur mit eingehäkelt. Lege sie dazu beim Häkeln der Rd zwischen 2 fM nach außen. Die Schnur wird dabei an der Unterseite des Körpers nach unten herausgeführt.
Hinweis: Eine bebilderte Anleitung zum Einhäkeln der Schnur findest du in der Anleitung der Spieluhr Wal auf S. 34.
26. Rd: 50 fM häkeln (hier die Schnur mit einhäkeln).
Drücke die Spieluhr in den weiteren Rd nun immer wieder nach innen und stopfe Füllwatte nach.
27.–28. Rd: 50 fM häkeln.
29. Rd: 21 fM, 4 x 1 M abn, 21 fM. [46]
30.–31. Rd: 46 fM häkeln.
32. Rd: 19 fM, 4 x 1 M abn, 19 fM. [42]
33.–35. Rd: 42 fM häkeln.
36. Rd: *5 fM, 1 M abn*, von * bis * noch 5 x wdh. [36]
37. Rd: *4 fM, 1 M abn*, von * bis * noch 5 x wdh. [30]
38. Rd: 30 fM häkeln.
39. Rd: *3 fM, 1 M abn*, von * bis * noch 5 x wdh. [24]
Mit 1 Km in die 1. M beenden, den Faden lang abschneiden und damit den Kopf am Körper festnähen.

Arme und Beine (4 x in Natur)

Häkle in Spiral-Rd. Arme und Beine fortlaufend mit Füllwatte ausstopfen.
1. Rd: 6 fM in einen Fadenring häkeln. [6]
2. Rd: 6 x 1 M zun. [12]
3. Rd: *1 fM, 1 M zun*, von * bis * noch 5 x wdh. [18]
4. Rd: *2 fM, 1 M zun*, von * bis * noch 5 x wdh. [24]
5. Rd: *3 fM, 1 M zun*, von * bis * noch 5 x wdh. [30]
6.–9. Rd: 30 fM häkeln.
10. Rd: 9 fM, 6 x 1 M abn, 9 fM. [24]
11. Rd: 10 fM, 2 x 1 M abn, 10 fM. [22]
12. Rd: 9 fM, 2 x 1 M abn, 9 fM. [20]
13. Rd: 8 fM, 2 x 1 M abn, 8 fM. [18]
14.–21. Rd: 18 fM häkeln.
22. Rd: 9 x 1 M abn. [9]
Den Faden lang abschneiden, durch die vorderen M-Glieder der letzten Rd fädeln und festziehen. Die Arme und Beine so an den Körper nähen, dass der Eisbär auf dem Bauch liegt. **(Bild 1–3)**.

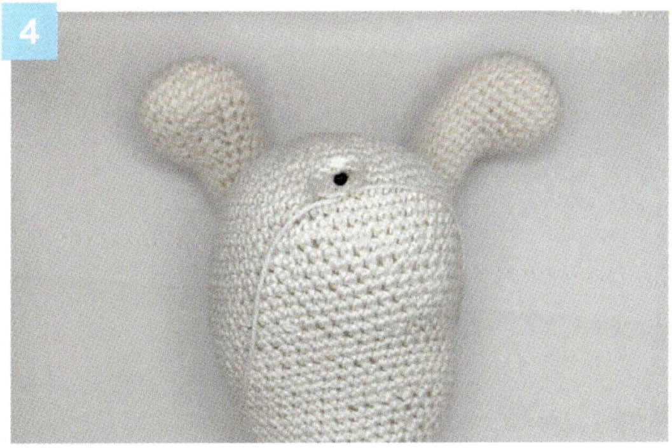

Schwanz (in Natur)

Häkle in Rd. 10 hStb in einen Fadenring häkeln. Mit 1 Km in die 1. Rd beenden. Den Faden lang abschneiden und damit den Schwanz zwischen Rd 13–14 am Körper festnähen **(Bild 4)**.

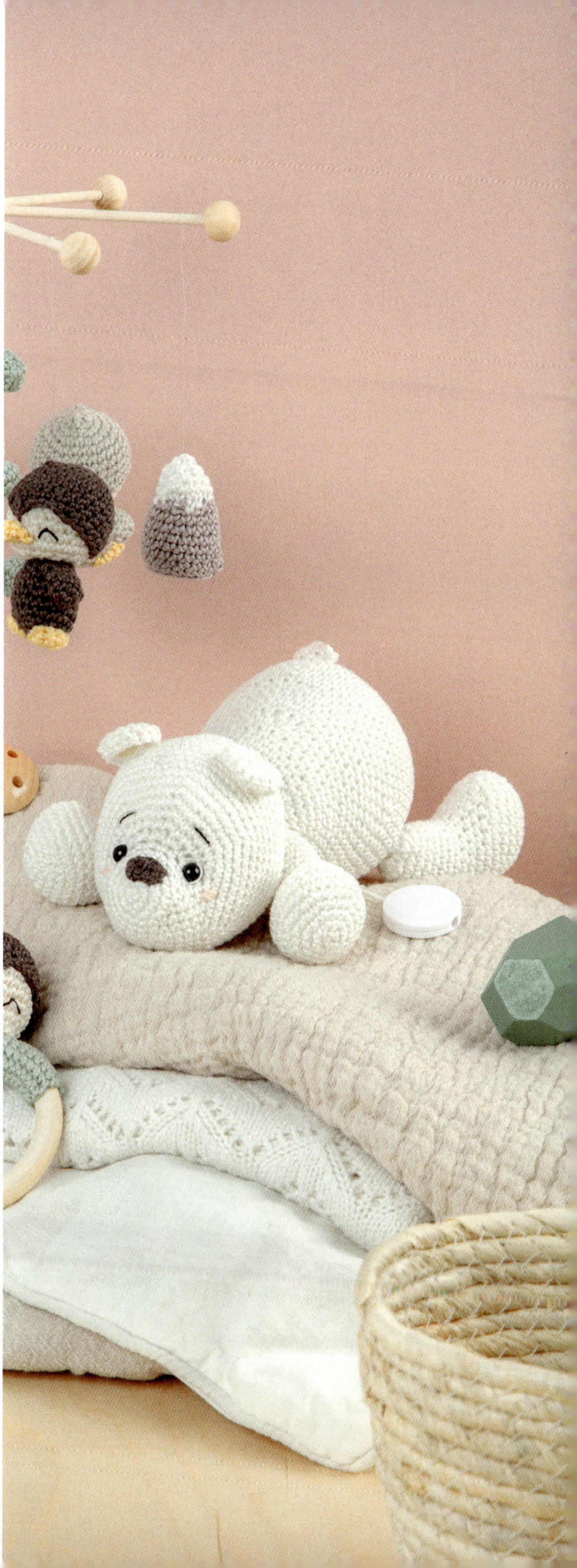

Am Strand

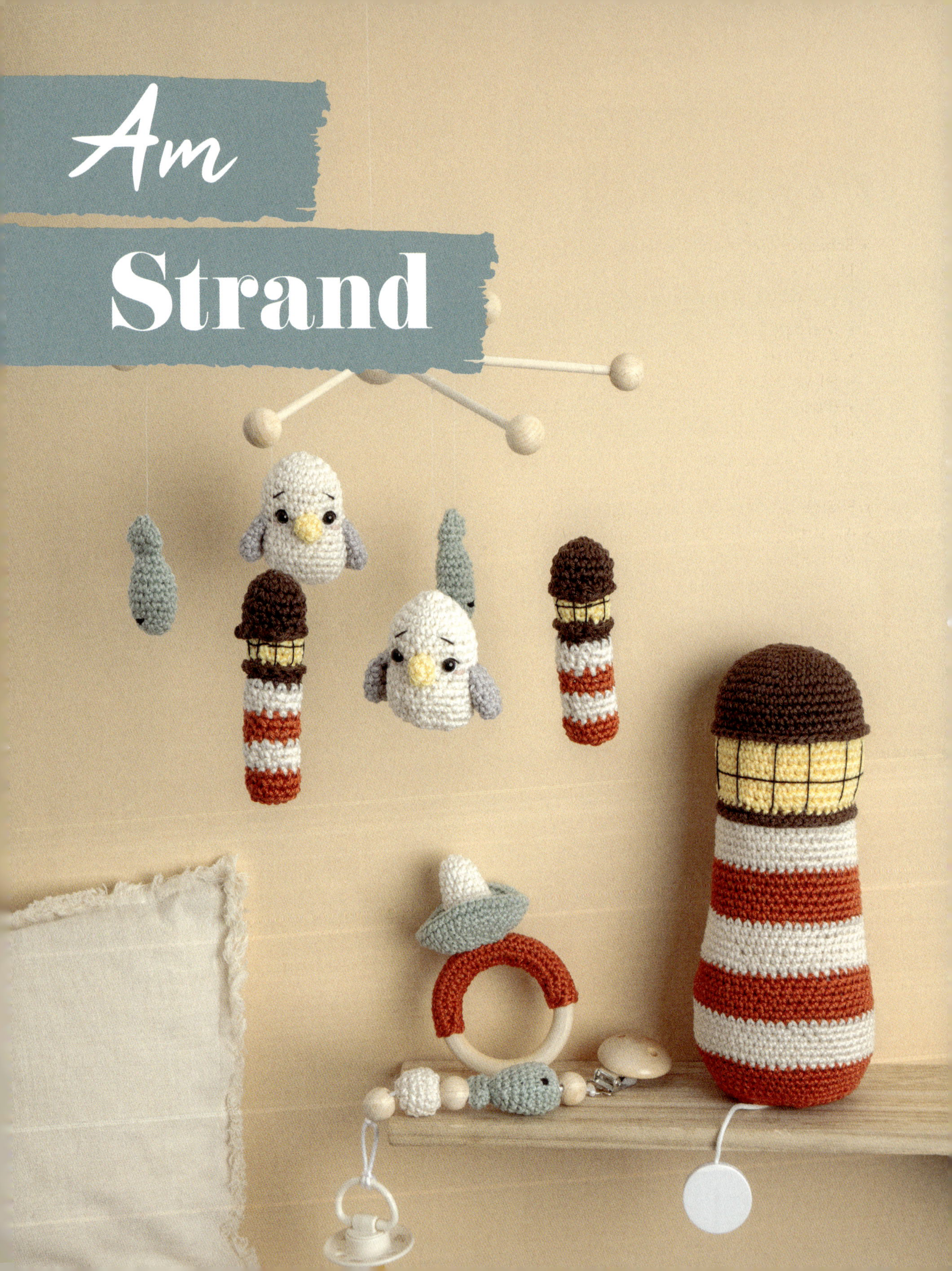

Mobile

Material

- Scheepjes Catona (100 % Baumwolle, LL 125m/50 g) in
  - Old Lace (Fb 130), 15 g
  - Mercury (Fb 074), 10 g
  - Primrose (Fb 522), 8 g
  - Silver Green (Fb 402), 8 g
  - Black Coffee (Fb 162), 8 g
  - Rust (Fb 388), 5 g
  - Old Rose (Fb 408), ein Rest
- Filetgarn in Schwarz und Weiß
- 4 x Sicherheitsaugen Ø 6 mm
- Mobile Stern aus Holz Ø 23 cm
- Perlonfaden Ø 0,35 mm
- Füllwatte
- Häkelnadel 2,5 mm
- Stecknadeln zum Fixieren
- Stopfnadel zum Vernähen

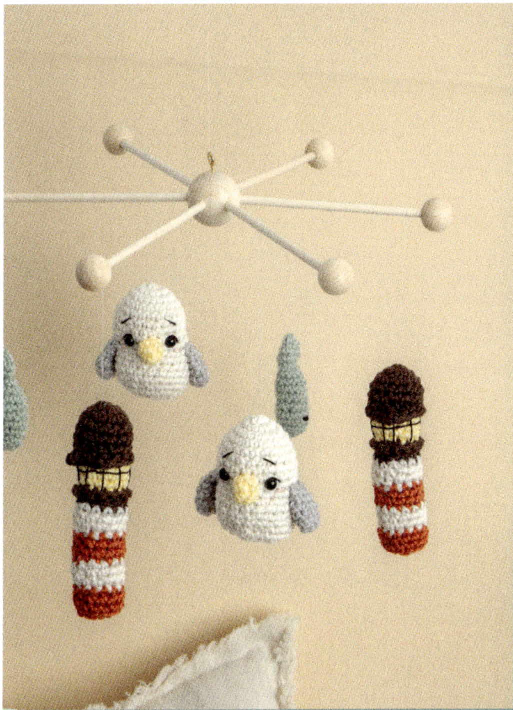

Möwe

Körper (in Old Lace)

Häkle in Spiral-Rd.

1. Rd: 7 fM in einen Fadenring häkeln. [7]

2. Rd: 7 x 1 M zun. [14]

3. Rd: *1 fM, 1 M zun*, von * bis * noch 6 x wdh. [21]

4.–16. Rd: 21 fM häkeln.

Die Augen zwischen Rd 8–9 mit 4 M Abstand befestigen. Beginne, den Kopf fortlaufend mit Füllwatte auszustopfen.

17. Rd: *1 fM, 1 M abn*, von * bis * noch 6 x wdh. [14]

18. Rd: 7 x 1 M abn. [7]

Den Faden abschneiden, durch die vorderen M-Glieder der letzten Rd fädeln, festziehen und vernähen.

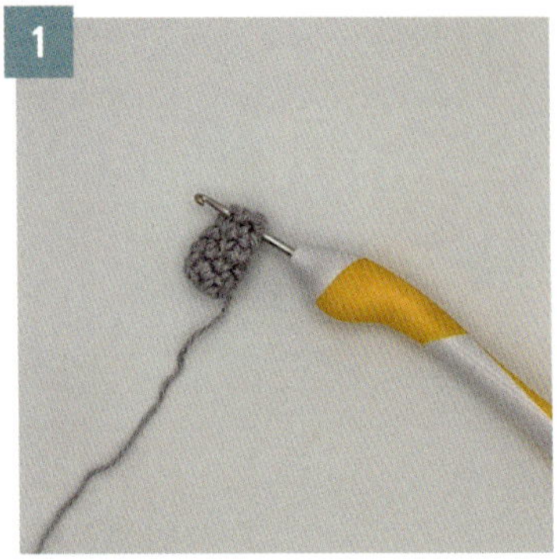

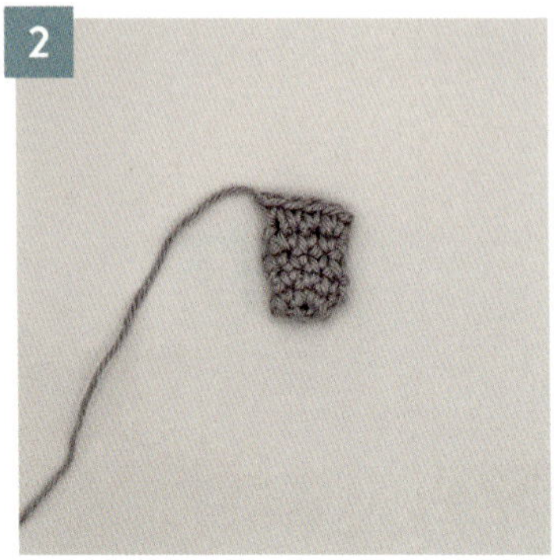

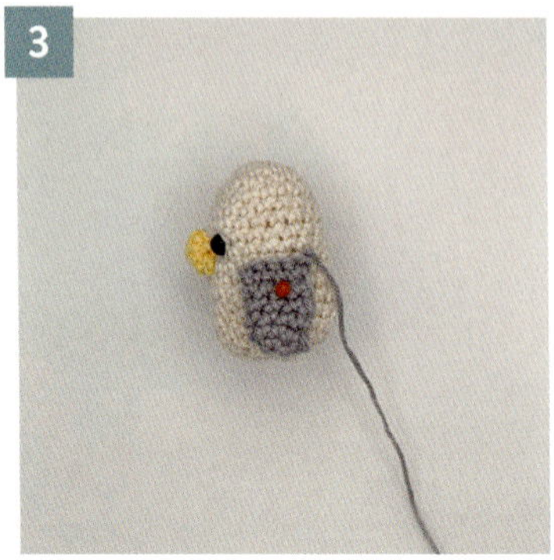

Schnabel (in Primrose)

Häkle in Spiral-Rd. Den Schnabel nur leicht mit Füllwatte ausstopfen.

1. Rd: 6 fM in einen Fadenring häkeln. [6]
2. Rd: 6 fM häkeln.
Mit 1 Km in die 1. M beenden, den Faden lang abschneiden und damit den Schnabel zwischen den Augen festnähen.

Flügel (2 x in Mercury)

Häkle in Spiral-Rd. Die Flügel nicht mit Füllwatte ausstopfen. 4 Lm anschl, in die 2. Lm von der Nd aus einstechen und wie folgt um die Lm-Kette herumhäkeln:

1. Rd: 2 fM, 3 fM in eine M, 1 fM, 1 M zun. [8]
2.–5. Rd: 8 fM häkeln.
Das Ende zusammendrücken und mit 4 fM zusammenhäkeln **(Bild 1–2)**. Den Faden lang abschneiden und damit die Flügel zwischen Rd 9–10 am Körper festnähen **(Bild 3)**.

Gesicht fertigstellen

Das Augenweiß mit weißem Filetgarn direkt unter den Augen aufsticken. Die Augenlider direkt über den Augen mit schwarzem Filetgarn aufsticken. Die Augenbrauen 1 Rd über den Augen über 1 Rd Höhe und 2 M Breite sticken. Die Wangen in Old Rose je über 1 M Breite direkt unter den Augen anbringen, dazu ca. 2 x einstechen. Eine zweite Möwe häkeln.

Leuchtturm (in Old Lace, Rust, Primrose und Black Coffee)

Häkle in Spiral-Rd. Beginne in Black Coffee. Den Leuchtturm fortlaufend mit Füllwatte ausstopfen.

1. Rd: 6 fM in einen Fadenring häkeln. [6]
2. Rd: 6 x 1 M zun. [12]
3. Rd: *1 fM, 1 M zun*, von * bis * noch 5 x wdh. [18]
4. Rd: 18 fM häkeln.
5. Rd: *7 fM, 1 M abn*, von * bis * noch 1 x wdh. [16]
6. Rd: *6 fM, 1 M abn*, von * bis * noch 1 x wdh. [14]
Fb-Wechsel zu Primrose.
7. Rd: 14 fM ihM häkeln.
8.–10. Rd: 14 fM häkeln.
Fb-Wechsel zu Black Coffee.
11. Rd: 14 fM häkeln.
12. Rd: 14 fM ihM häkeln.
Fb-Wechsel zu Old Lace.
13.–15. Rd: 14 fM häkeln.
Fb-Wechsel zu Rust.
16.–18. Rd: 14 fM häkeln.
Fb-Wechsel zu Old Lace.
19.–21. Rd: 14 fM häkeln.
Fb-Wechsel zu Rust.
22.–24. Rd: 14 fM häkeln.
25. Rd: 7 x 1 M abn ihM. [7]

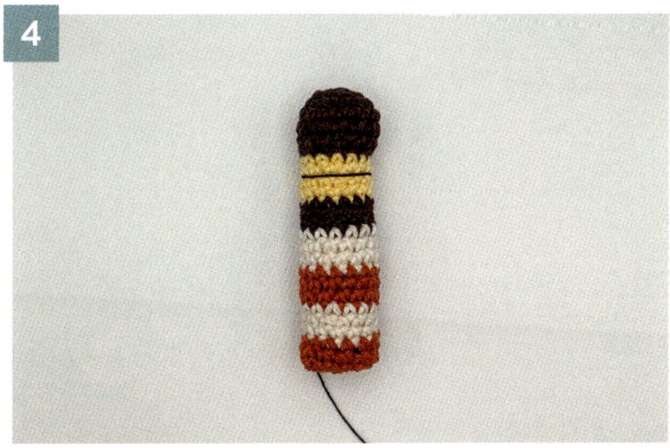

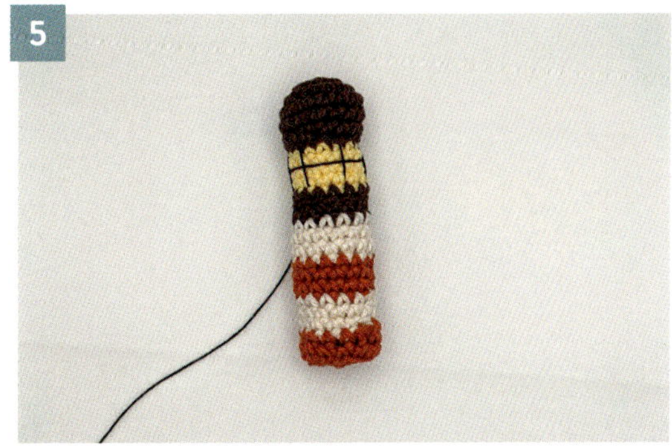

Den Faden abschneiden, durch die vorderen M-Glieder der letzten Rd fädeln, festziehen und vernähen. Die Fensterrahmen mit schwarzem Filetgarn aufsticken **(Bild 4–5)**. Den Faden in Black Coffee ivM aus Rd 7 aufnehmen, von oben einstechen und rundherum fM häkeln. Anschließend den Faden ivM aus Rd 12 aufnehmen und erneut rundherum fM in Black Coffee häkeln. Einen zweiten Leuchtturm häkeln.

Fische (in Silver Green)

Häkle in Spiral-Rd. 6 Lm anschl, in die 2. Lm von der Nd aus einstechen und wie folgt um die Lm-Kette herumhäkeln:

1. Rd: 4 fM, 3 fM in eine M, 3 fM, 1 M zun. [12]
2.–7. Rd: 12 fM häkeln.
8. Rd: *4 fM, 1 M abn*, von * bis * noch 1x wdh. [10]
9. Rd: *3 fM, 1 M abn*, von * bis * noch 1x wdh. [8]
Den Fisch nur bis Rd 9 ausstopfen. Ab der 10. Rd wird nicht mehr weiter gestopft.
10. Rd: *2 fM, 1 M abn*, von * bis * noch 1x wdh. [6]
11. Rd: 6x 1 M zun. [12]
12. Rd: 12 fM häkeln.
13. Rd: 6x 1 M abn. [6]

Den Faden abschneiden, durch die vorderen M-Glieder der letzten Rd fädeln, festziehen und vernähen. Die Augen mit schwarzem Filetgarn zwischen Rd 3–4 über 1 M Höhe sticken, dazu ca. 6x einstechen. Einen zweiten Fisch häkeln.

Mobile fertigstellen

Folge dazu der Anleitung zum Fertigstellen des Mobiles auf S. 19 der Grundanleitungen.

Schnullerkette

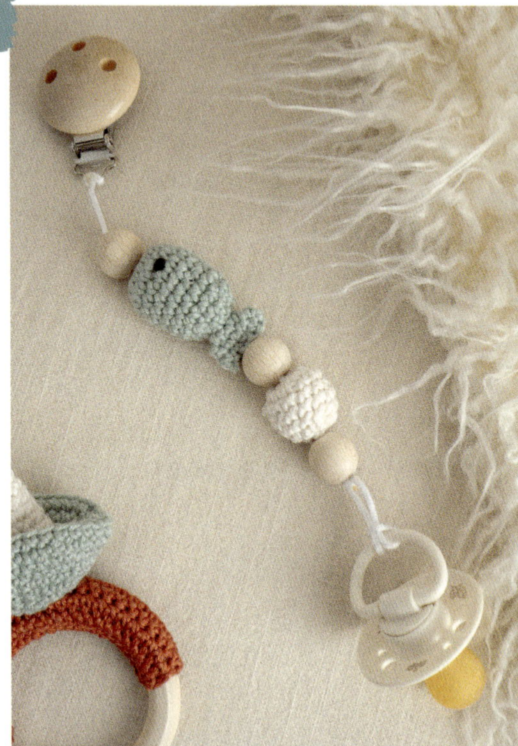

Material

- Scheepjes Catona (100 % Baumwolle, LL 125m/50 g) in
  - Silver Green (Fb 402), 8 g
  - Old Lace (Fb 130), ein Rest

- Filetgarn in Schwarz
- Holzclip Ø 37 mm
- 4 x Rohholzkugeln gebohrt Ø 15 mm
- Fädelschnur
- Füllwatte
- Häkelnadel 2,5 mm
- Stecknadeln zum Fixieren
- Stopfnadel zum Vernähen

Fisch (in Silver Green)

Häkle in Spiral-Rd. 8 Lm anschl, in die 2. Lm von der Nd aus einstechen und wie folgt um die Lm-Kette herumhäkeln:

1. Rd: 6 fM, 3 fM in eine M, 5 fM, 1 M zun. [16]
2.–3. Rd: 16 fM häkeln.
4. Rd: *1 M abn, 6 fM*, von * bis * noch 1 x wdh. [14]
5.–6. Rd: 14 fM häkeln.
7. Rd: *1 M abn, 5 fM*, von * bis * noch 1 x wdh. [12]
Den Fisch nur bis Rd 7 ausstopfen. Ab der 8. Rd wird nicht mehr weiter gestopft.
8. Rd: *1 M abn, 4 fM*, von * bis * noch 1 x wdh. [10]
9. Rd: 5 x 1 M abn. [5]
10. Rd: 10 x 1 M zun. [10]
11. Rd: 10 fM häkeln.
Das Ende zusammendrücken und mit 5 fM zusammenhäkeln. Den Faden abschneiden und vernähen. Die Augen zwischen Rd 3–4 über 1 fM Höhe mit schwarzem Filetgarn aufsticken, dazu ca. 8 x einstechen.

Kugel umhäkeln (in Old Lace)

Folge dazu der Anleitung Kugeln Umhäkeln auf S. 17 der Grundanleitungen.

Schnullerkette fertigstellen

Folge dazu der Anleitung zum Fertigstellen der Schnullerkette auf S. 18 der Grundanleitungen.

Greifring

Material

- Scheepjes Catona (100 % Baumwolle, LL 125m/50 g) in
  - Silver Green (Fb 402), 10 g
  - Rust (Fb 388), 10 g
  - Old Lace (Fb 130), 5 g
- Opry Holzring Ø 70 mm
- Füllwatte
- Häkelnadel 2,5 mm
- Stecknadeln zum Fixieren
- Stopfnadel zum Vernähen

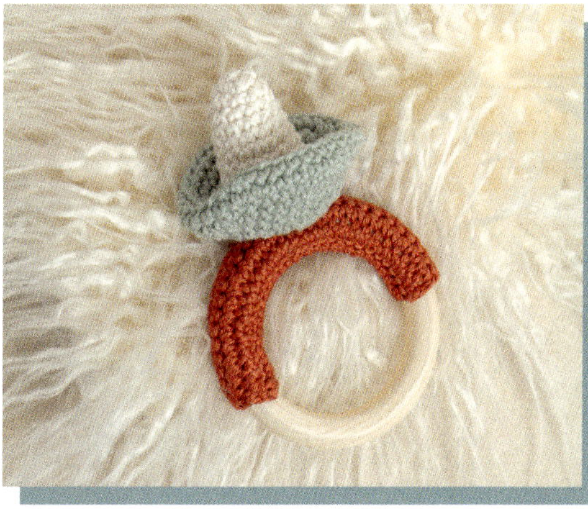

Ring umhäkeln (in Rust)

Häkle in R. 31 Lm anschl, in die 2. Lm von der Nd aus einstechen und wie folgt häkeln:

1.–8. R: 30 fM, 1 Lm, wenden. [30]

Den Faden lang genug abschneiden und das Häkelstück um den Ring legen. Die gegenüberliegenden Enden M für M zusammennähen, um das Häkelstück so am Ring zu befestigen. Achte darauf, dass du beim Zusammennähen immer nur von einer Seite aus einstichst (also nicht über Kreuz). Den Faden abschneiden und vernähen.

Hinweis: Eine bebilderte Anleitung zum Umhäkeln des Rings findest du in der Anleitung Greifring Wal auf S. 31.

Boot (in Silver Green)

Häkle in Spiral-Rd. Das Boot nicht mit Füllwatte ausstopfen.

1. Rd: 6 fM in einen Fadenring häkeln. [6]

2. Rd: *1 fM, 1 M zun*, von * bis * noch 2 x wdh. [9]

3. Rd: *2 fM, 1 M zun*, von * bis * noch 2 x wdh. [12]

4. Rd: *3 fM, 1 M zun*, von * bis * noch 2 x wdh. [15]

5. Rd: *1 M zun, 4 fM*, von * bis * noch 2 x wdh. [18]

6. Rd: *5 fM, 1 M zun*, von * bis * noch 2 x wdh. [21]

7. Rd: *1 M zun, 6 fM*, von * bis * noch 2 x wdh. [24]

8. Rd: *7 fM, 1 M zun*, von * bis * noch 2 x wdh. [27]

9. Rd: *1 M zun, 8 fM*, von * bis * noch 2 x wdh. [30]

10. Rd: *9 fM, 1 M zun*, von * bis * noch 2 x wdh. [33]

11. Rd: *1 M zun, 10 fM*, von * bis * noch 2 x wdh. [36]

12. Rd: 36 fM ihM häkeln.

13. Rd: *1 M abn, 10 fM*, von * bis * noch 2 x wdh. [33]

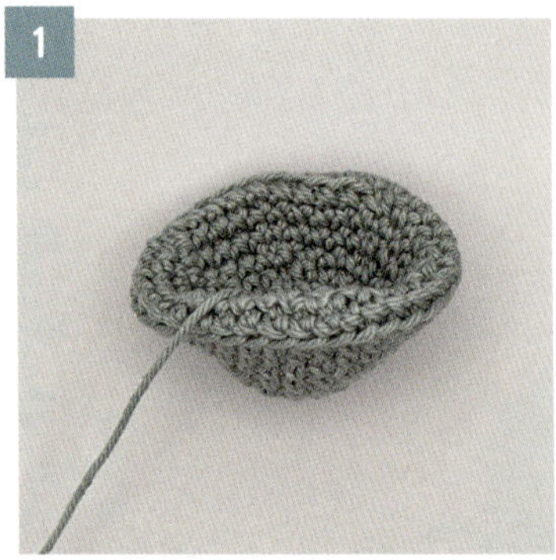

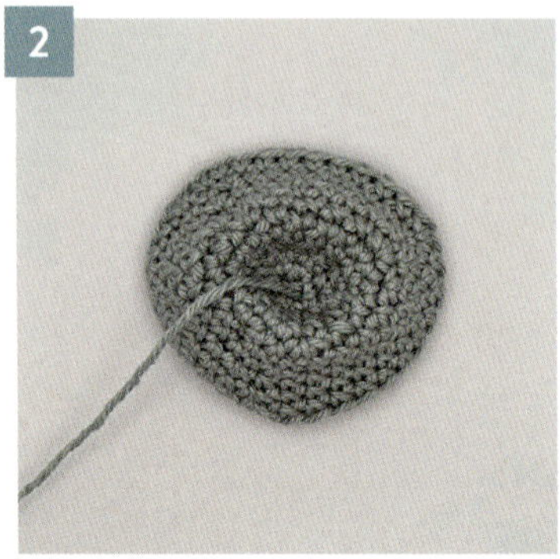

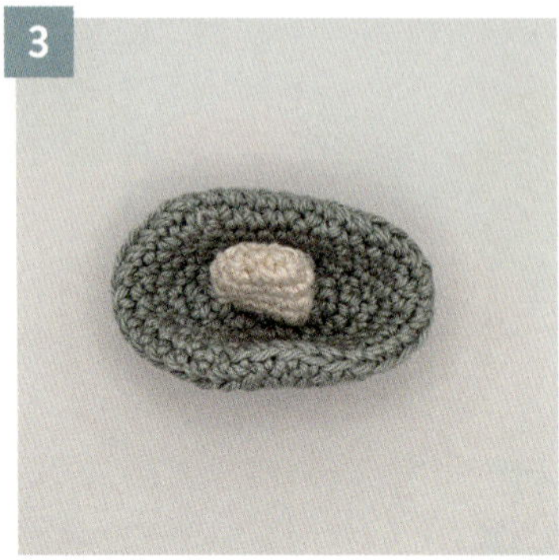

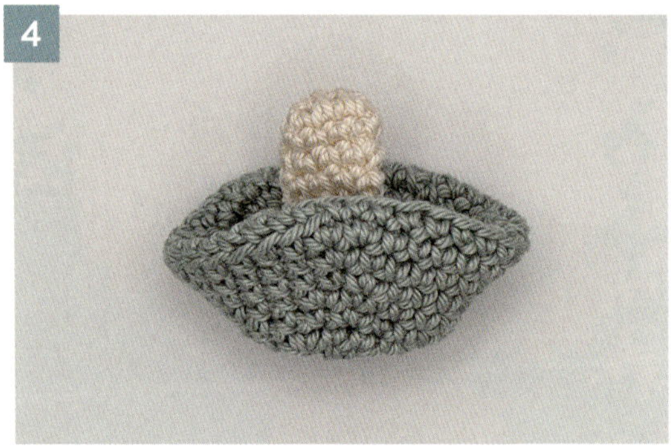

14. Rd: *9 fM, 1 M abn*, von * bis * noch 2x wdh. [30]
15. Rd: *3 fM, 1 M abn*, von * bis * noch 5x wdh. [24]
16. Rd: *2 fM, 1 M abn*, von * bis * noch 5x wdh. [18]
17. Rd: *1 fM, 1 M abn*, von * bis * noch 5x wdh. [12]
18. Rd: 6x 1 M abn. [6]
Den Faden lang abschneiden, durch die vorderen M-Glieder der letzten Rd fädeln, festziehen und den Faden lang abschneiden. Ab Rd 12 das Boot nach innen stülpen **(Bild 1)**. Den Faden nach außen zu Rd 1 fädeln und Rd 1–4 nach innen drücken **(Bild 2)**. Die Mulde mit ein paar Stichen fixieren. Den Faden abschneiden und vernähen.

Segel (in Old Lace)

Häkle in Spiral-Rd. Das Segel nur locker mit Füllwatte ausstopfen.
1. Rd: 6 fM in einen Fadenring häkeln. [6]
2. Rd: *2 fM, 1 M zun*, von * bis * noch 1x wdh. [8]
3. Rd: *3 fM, 1 M zun*, von * bis * noch 1x wdh. [10]
4. Rd: 10 fM häkeln.
5. Rd: *4 fM, 1 M zun*, von * bis * noch 1x wdh. [12]
6. Rd: 12 fM häkeln.
7. Rd: *5 fM, 1 M zun*, von * bis * noch 1x wdh. [14]
8. Rd: *6 fM, 1 M zun*, von * bis * noch 1x wdh. [16]
9. Rd: *7 fM, 1 M zun*, von * bis * noch 1x wdh. [18]
Den Faden lang abschneiden und das Segel mittig im Boot festnähen **(Bild 3–4)**. Anschließend das Boot mit einem Restfaden in Silver Green am Ring festnähen.

Spieluhr

Material

» Scheepjes Catona (100 % Baumwolle, LL 125m/50 g) in
- Old Lace (Fb 130), 25 g
- Rust (Fb 388), 25 g
- Primrose (Fb 522), 15 g
- Black Coffee (Fb 162), 15 g

» Filetgarn in Schwarz
» Spieluhr „Forrest Gump“ von Glückswolke
» Füllwatte
» Häkelnadel 2,5 mm
» Stecknadeln zum Fixieren
» Stopfnadel zum Vernähen

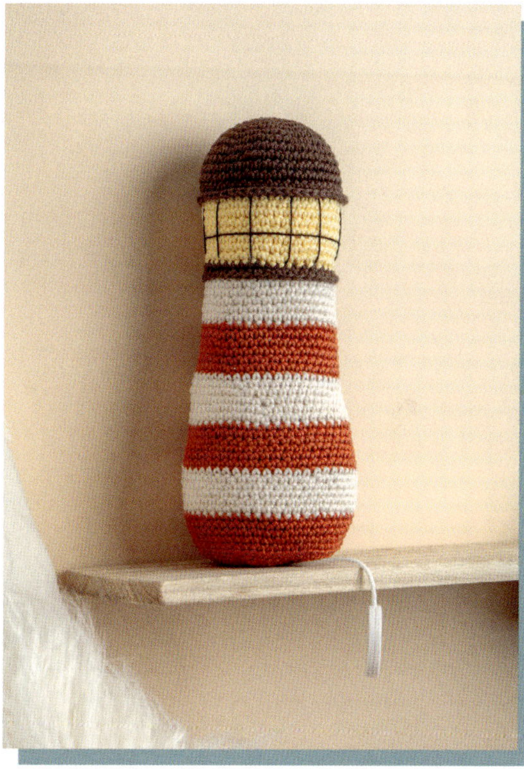

Leuchtturm

(in Black Coffee, Primrose, Rust und Old Lace)
Häkle in Spiral-Rd. Beginne in Black Coffee. Den Leuchtturm fortlaufend mit Füllwatte ausstopfen.

1. Rd: 6 fM in einen Fadenring häkeln. [6]
2. Rd: 6 x 1 M zun. [12]
3. Rd: *1 fM, 1 M zun*, von * bis * noch 5 x wdh. [18]
4. Rd: *2 fM, 1 M zun*, von * bis * noch 5 x wdh. [24]
5. Rd: *3 fM, 1 M zun*, von * bis * noch 5 x wdh. [30]
6. Rd: *4 fM, 1 M zun*, von * bis * noch 5 x wdh. [36]
7. Rd: *5 fM, 1 M zun*, von * bis * noch 5 x wdh. [42]
8. Rd: *6 fM, 1 M zun*, von * bis * noch 5 x wdh. [48]
9.–13. Rd: 48 fM häkeln.
14. Rd: 48 fM ivM häkeln.

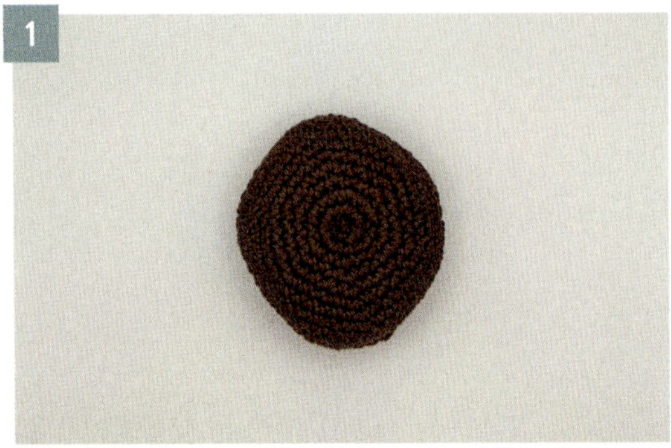

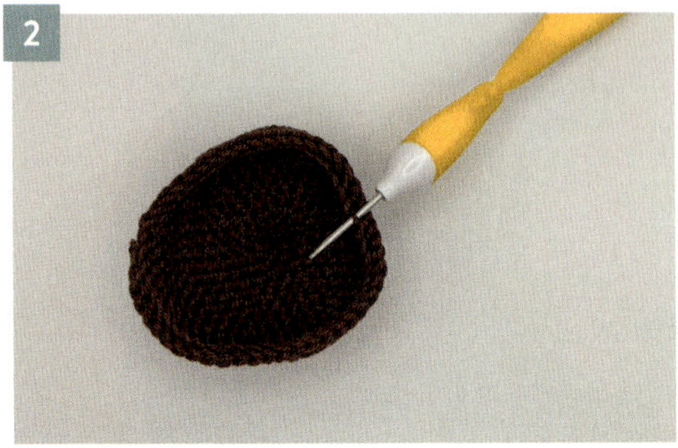

Den Faden abschneiden und vernähen **(Bild 1)**. Den Faden in Primrose ihM aus Rd 14 aufnehmen, von oben einstechen **(Bild 2)** und wie folgt weiterhäkeln:

15. Rd: 48 fM ihM häkeln.

16. Rd: *10 fM, 1 M abn*, von * bis * noch 3x wdh. [44]

17.–20. Rd: 44 fM häkeln.

Fb-Wechsel zu Black Coffee.

21. Rd: 44 fM häkeln.

22. Rd: 44 fM ivM häkeln.

Den Faden erneut abschneiden und vernähen. Den Faden ihM aus Rd 22 in Old Lace aufnehmen. Von oben einstechen und wie folgt weiterhäkeln:

23. Rd: 44 fM ihM häkeln.

24.–28. Rd: 44 fM häkeln.

Fb-Wechsel zu Rust.

29. Rd: *21 fM, 1 M zun*, von * bis * noch 1x wdh. [46]

30.–33. Rd: 46 fM häkeln.

34. Rd: *22 fM, 1 M zun*, von * bis * noch 1x wdh. [48]

Fb-Wechsel zu Old Lace.

35. Rd: 48 fM häkeln.

36. Rd: *23 fM, 1 M zun*, von * bis * noch 1x wdh. [50]

37.–38. Rd: 50 fM häkeln.

39. Rd: *24 fM, 1 M zun*, von * bis * noch 1x wdh. [52]

40. Rd: 52 fM häkeln.

Fb-Wechsel zu Rust.

41.–42. Rd: 52 fM häkeln.

Den Leuchtturm bis Rd 42 fest mit Füllwatte ausstopfen. Es wird erst wieder nachgestopft, wenn die Spieluhr eingelegt ist.

43. Rd: *25 fM, 1 M zun*, von * bis * noch 1x wdh. [54]

44.–46. Rd: 54 fM häkeln.

Fb-Wechsel zu Old Lace.

47.–52. Rd: 54 fM häkeln.

Fb-Wechsel zu Rust.

53.–57. Rd: 54 fM häkeln.

Stecke die Spieluhr in den Leuchtturm, mit der Schnur nach unten zeigend. Stopfe nun weitere Füllwatte rund um die Spieluhr, bis sie von außen nicht mehr zu fühlen ist. Drücke die Spieluhr in den weiteren Rd nun immer wieder nach innen und stopfe Füllwatte nach. Führe die Schnur im weiteren Verlauf immer weiter mit und lege sie am Ende in der letzten Rd mittig nach außen.

58. Rd: alles ihM, *7 fM, 1 M abn*, von * bis * noch 5x wdh. [48]

59. Rd: *6 fM, 1 M abn*, von * bis * noch 5x wdh. [42]

60. Rd: *5 fM, 1 M abn*, von * bis * noch 5 x wdh. [36]
61. Rd: *4 fM, 1 M abn*, von * bis * noch 5 x wdh. [30]
62. Rd: *3 fM, 1 M abn*, von * bis * noch 5 x wdh. [24]
63. Rd: *2 fM, 1 M abn*, von * bis * noch 5 x wdh. [18]
64. Rd: *1 fM, 1 M abn*, von * bis * noch 5 x wdh. [12]
65. Rd: 6 x 1 M abn. [6]
Den Faden lang abschneiden, durch die vorderen M-Glieder der letzten Rd fädeln, festziehen und vernähen. Die Fensterrahmen mit schwarzem Filetgarn mit je 4 M Breite aufsticken.
Hinweis: Eine bebilderte Anleitung zum Sticken der Fensterrahmen findest du in der Anleitung Mobile Am Strand auf S. 51.

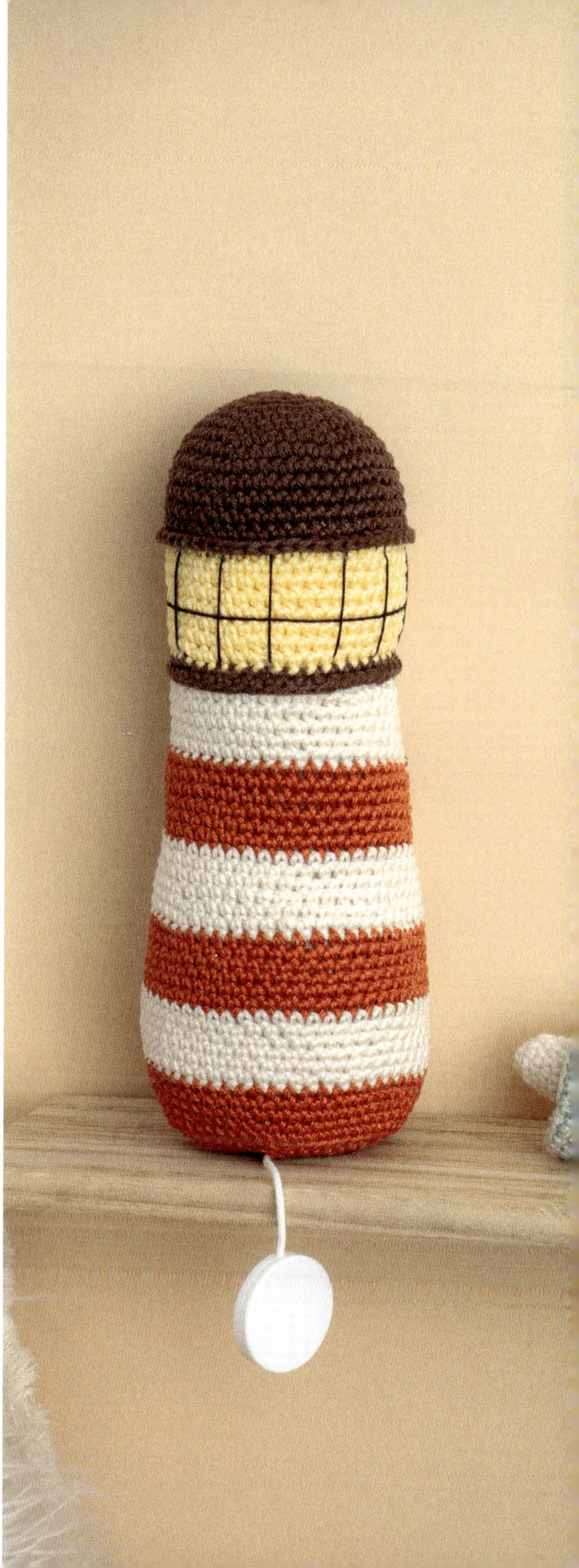

Unter dem Sternenhimmel

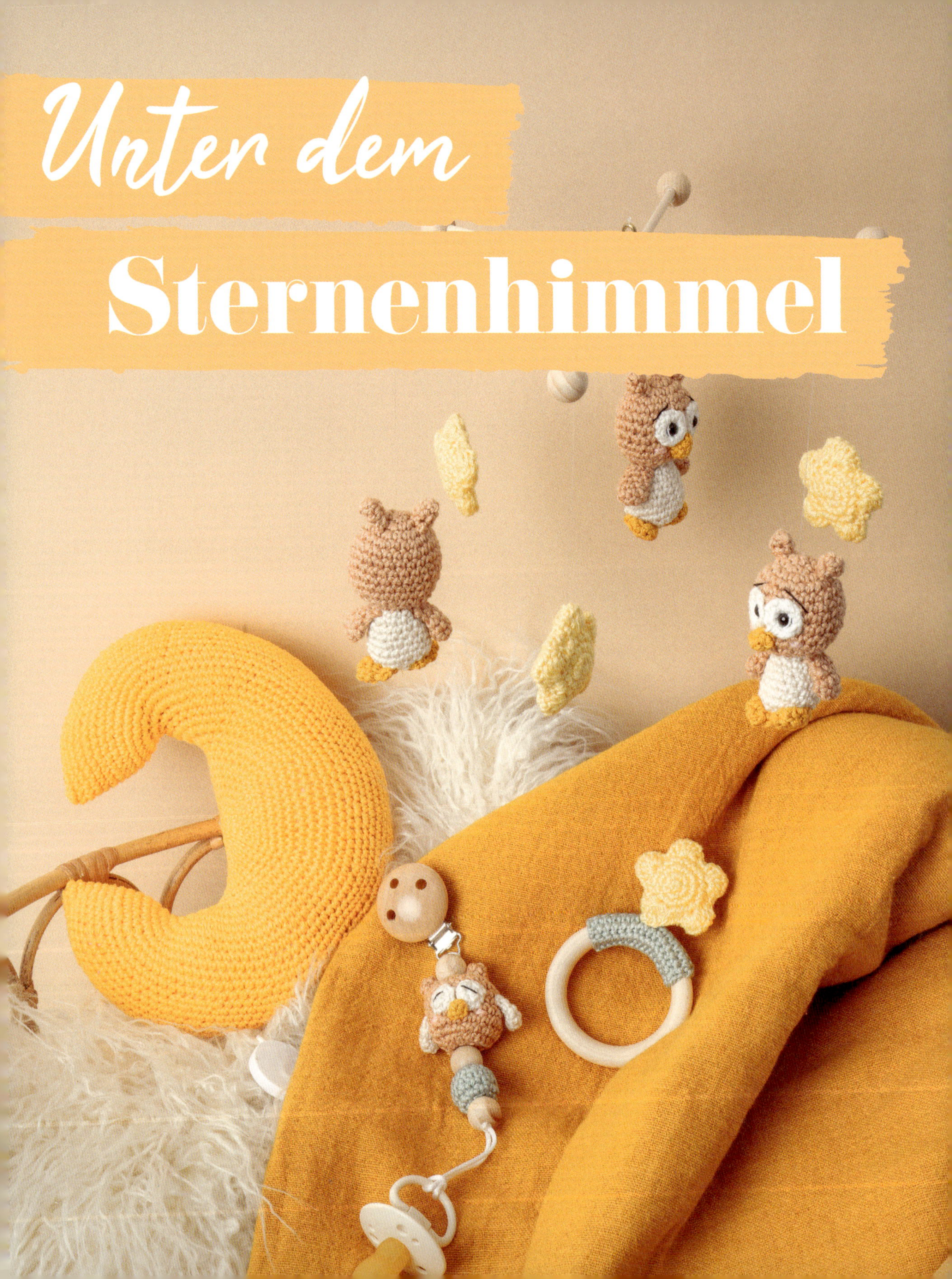

Mobile

Material

- Scheepjes Catona (100 % Baumwolle, LL 125m/50 g) in
  - Camel (Fb 502), 20 g
  - Old Lace (Fb 130), 15 g
  - Primrose (Fb 522), 15 g
  - Saffron (Fb 249), 5 g
  - Bridal White (Fb 105), ein Rest
  - Old Rose (Fb 408), ein Rest
- Filetgarn in Schwarz und Weiß
- 6 x Sicherheitsaugen Ø 6 mm
- Mobile Stern aus Holz Ø 23 cm
- Perlonfaden Ø 0,35 mm
- Füllwatte
- Häkelnadel 2,5 mm
- Stecknadeln zum Fixieren
- Stopfnadel zum Vernähen

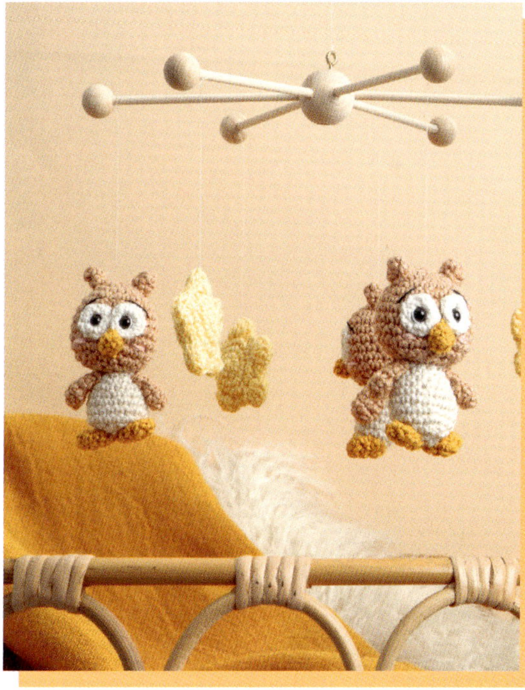

Eule

Augen (2 x in Bridal White)

Häkle in Spiral-Rd.

1. Rd: 6 fM in einen Fadenring häkeln. [6]

2. Rd: 2 fM, 2 x 1 M zun, 2 fM. [8]

Mit 1 Km in die 1. M beenden und den Faden lang abschneiden. Die Sicherheitsaugen mittig feststecken, aber noch nicht verschließen.

Kopf (in Camel)

Häkle in Spiral-Rd.

1. Rd: 6 fM in einen Fadenring häkeln. [6]

2. Rd: 6 x 1 M zun. [12]

3. Rd: *1 fM, 1 M zun*, von * bis * noch 5 x wdh. [18]

4. Rd: *2 fM, 1 M zun*, von * bis * noch 5 x wdh. [24]

5.–10. Rd: 24 fM.

11. Rd: *2 fM, 1 M abn*, von * bis * noch 5 x wdh. [18]

Die Augen zwischen Rd 7–8 ohne Abstand befestigen, verschließen und annähen. Beginne, den Kopf fortlaufend mit Füllwatte auszustopfen.

12. Rd: *1 fM, 1 M abn*, von * bis * noch 5 x wdh. [12]

13. Rd: 6 x 1 M abn ihM. [6]

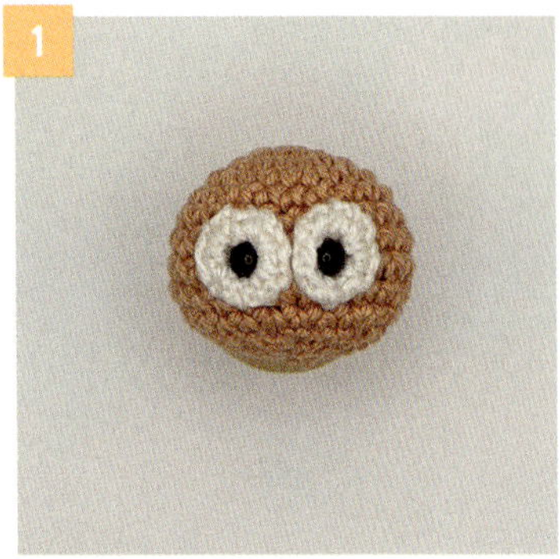

1

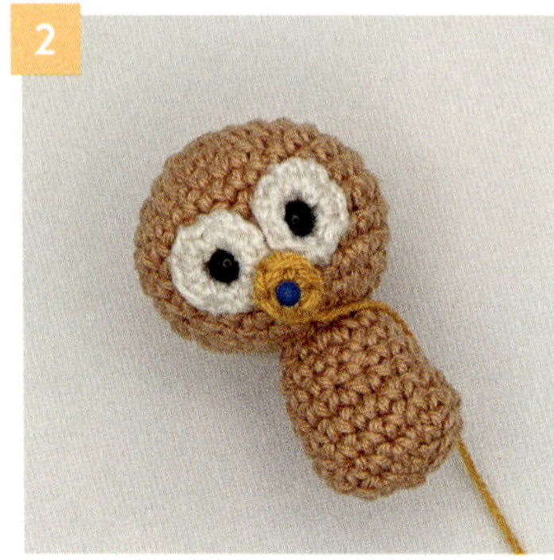

2

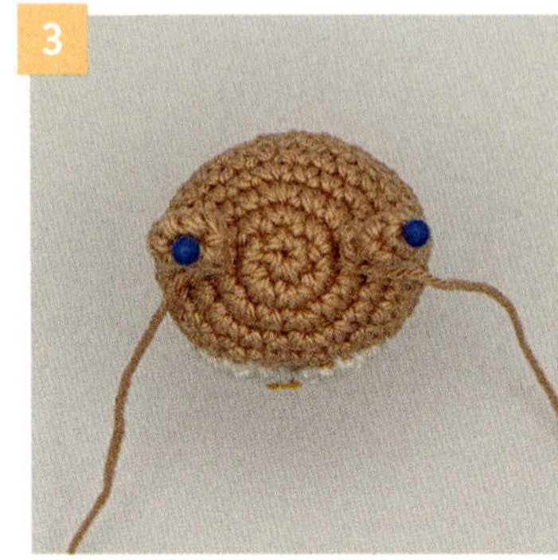

3

Den Faden lang abschneiden, durch die vorderen M-Glieder der letzten Rd fädeln, festziehen und vernähen **(Bild 1)**.

Körper (in Old Lace)

Häkle in Spiral-Rd. Den Körper fortlaufend mit Füllwatte ausstopfen. Den Faden ivM aus Rd 13 des Kopf aufnehmen, von oben einstechen und wie folgt weiterhäkeln:

1. Rd: 12 fM häkeln. [12]
2. Rd: *3 fM, 1 M zun*, von * bis * noch 2 x wdh. [15]
3.–4. Rd: 15 fM häkeln. [15]
5. Rd: *4 fM, 1 M zun*, von * bis * noch 2 x wdh. [18]
6.–7. Rd: 18 fM häkeln. [18]
8. Rd: *1 fM, 1 M abn*, von * bis * noch 5 x wdh. [12]
9. Rd: 6 x 1 M abn. [6]

Den Faden lang abschneiden, durch die vorderen M-Glieder der letzten Rd fädeln, festziehen und vernähen.

Schnabel (in Saffron)

Häkle in Spiral-Rd. Den Schnabel nicht mit Füllwatte ausstopfen.

1. Rd: 4 fM in einen Fadenring häkeln. [4]
2. Rd: 4 fM häkeln.

Mit 1 Km in die 1. M beenden, den Faden lang abschneiden und damit den Schnabel zwischen den Augen festnähen **(Bild 2)**.

Gesicht fertigstellen

Das Augenweiß mit weißem Filetgarn direkt neben den Augen aufsticken. Die Augenbrauen mit schwarzem Filetgarn direkt über den Augen über 2 Rd Höhe und 3 M Breite sticken. Die Wangen in Old Rose unter den Augen über 1 M Breite sticken, dazu ca. 3 x einstechen.

Ohren (2 x in Camel)

Häkle in Spiral-Rd. Die Ohren nicht mit Füllwatte ausstopfen.

1. Rd: 4 fM in einen Fadenring häkeln. [4]
2.–3. Rd: 4 fM häkeln.

Mit 1 Km in die 1. M beenden, den Faden lang abschneiden und damit die Ohren über Rd 2–3 des Kopfs festnähen **(Bild 3)**.

Flügel (2 x in Camel)

Häkle in Spiral-Rd. Die Flügel nicht mit Füllwatte ausstopfen. 3 Lm anschl, in die 2. Lm von der Nd aus einstechen und wie folgt um die Lm-Kette herumhäkeln:

1. Rd: 1 fM, 3 fM in eine M, 1 M zun. [6]
2.–4. Rd: 6 fM häkeln.

Das Ende zusammendrücken und mit 3 fM zusammenhäkeln. Den Faden lang abschneiden

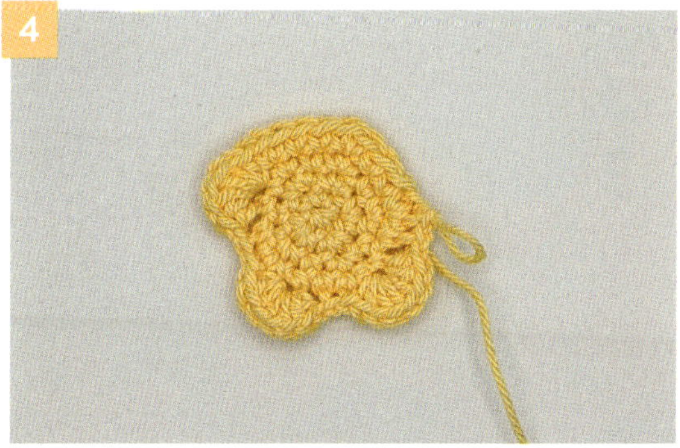

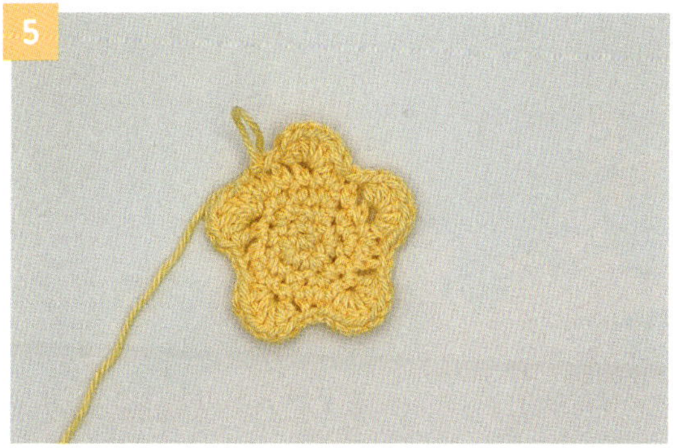

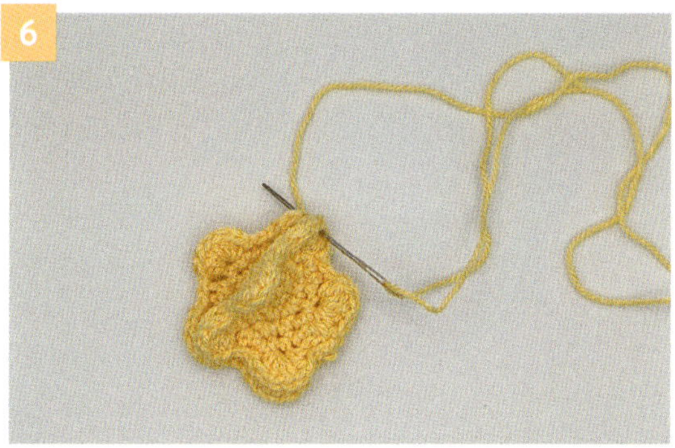

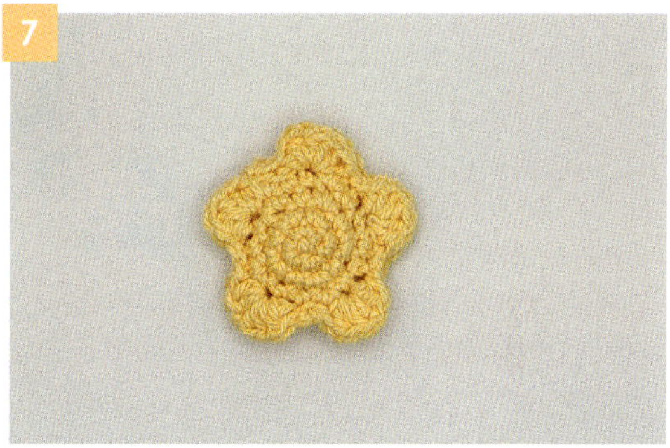

und damit die Flügel direkt unter dem Kopf seitlich am Körper festnähen.

Füße (2 x in Saffron)

Häkle in Spiral-Rd. Die Füße nicht mit Füllwatte ausstopfen. Rd 1–3 des Flügels wdh. Nicht abketten. Das Ende zusammendrücken und mit 3 fM zusammenhäkeln. Den Faden lang abschneiden und damit die Füße direkt unter dem Körper festnähen.

Stern

(3 x in Primrose)

Häkle in Spiral-Rd.

1. Rd: 5 fM in einen Fadenring häkeln. [5]

2. Rd: 5 x 1 M zun. [10]

3. Rd: *1 fM, 1 M zun*, von * bis * noch 4 x wdh. [15]

4. Rd: *2 fM, 1 M zun*, von * bis * noch 4 x wdh. [20]

Es folgen die Zacken. Häkle dazu wie folgt weiter:

5. Rd: *6 hStb in eine M, 3 Km*, von * bis * noch 4 x wdh. [45]

Den Faden abschneiden und vernähen. Einen identischen zweiten Teil häkeln, den Faden jedoch lang abschneiden. Beide Teile mit den Rückseiten aufeinanderlegen und zusammennähen. Währenddessen den Stern leicht mit Füllwatte ausstopfen. **(Bild 4–7)**. Den Faden vernähen.

Mobile fertigstellen

Folge dazu der Anleitung zum Fertigstellen des Mobiles auf S. 19 der Grundanleitungen.

Schnullerkette

Material

» Scheepjes Catona (100 % Baumwolle, LL 125m/50 g) in
  - Camel (Fb 502), 8 g
  - Bridal White (Fb 105), ein Rest
  - Old Lace (Fb 130), ein Rest
  - Old Rose (Fb 408), ein Rest
  - Silver Green (Fb 402), ein Rest
  - Saffron (Fb 249), ein Rest

» Filetgarn in Schwarz
» Holzclip Ø 37 mm
» 4 x Rohholzkugeln gebohrt Ø 15 mm
» Fädelschnur
» Füllwatte
» Häkelnadel 2,5 mm
» Stecknadeln zum Fixieren
» Stopfnadel zum Vernähen

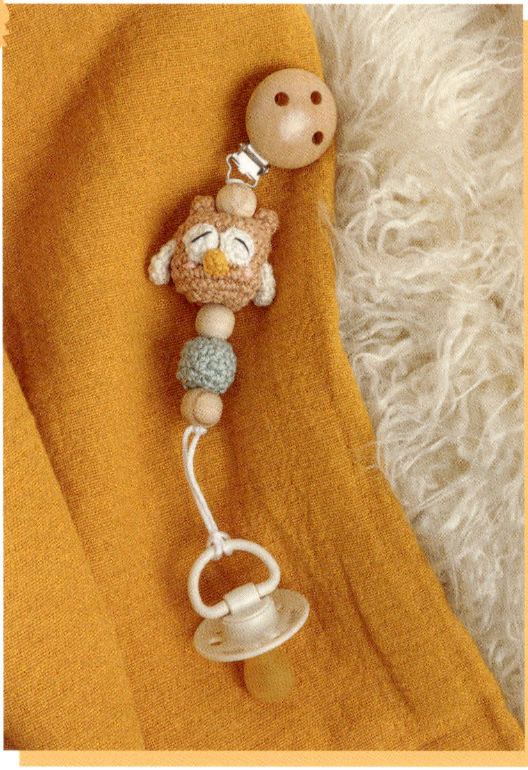

Körper (in Camel)

Häkle in Spiral-Rd. Den Körper fortlaufend mit Füllwatte ausstopfen.
1. Rd: 6 fM in einen Fadenring häkeln. [6]
2. Rd: 6x 1 M zun. [12]
3. Rd: *1 fM, 1 M zun*, von * bis * noch 5x wdh. [18]
4.–6. Rd: 18 fM häkeln.
7. Rd: *8 fM, 1 M zun*, von * bis * noch 1x wdh. [20]
8.–10. Rd: 20 fM häkeln.
11. Rd: *8 fM, 1 M abn*, von * bis * noch 1x wdh. [18]
12. Rd: *1 fM, 1 M abn*, von * bis * noch 5x wdh. [12]
13. Rd: 6x 1 M abn. [6]
Den Faden lang abschneiden, durch die vorderen M-Glieder der letzten Rd fädeln, festziehen und vernähen.

Augen (2x in Bridal White)

Häkle in Spiral-Rd.
1. Rd: 4 fM in einen Fadenring häkeln. [4]
2. Rd: 1 fM, 2x 1 M zun, 1 fM. [6]
Mit 1 Km in die 1. M beenden, den Faden lang abschneiden und damit die Augen über Rd 6–9 am Kopf festnähen.

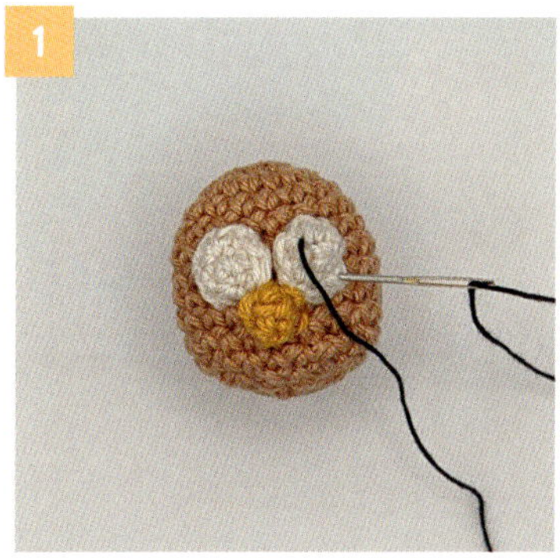

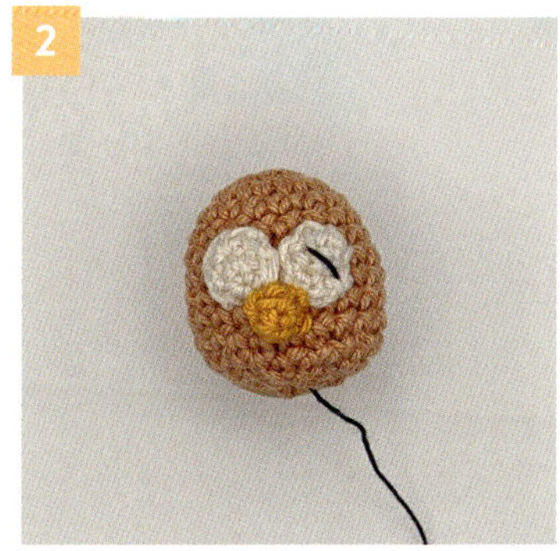

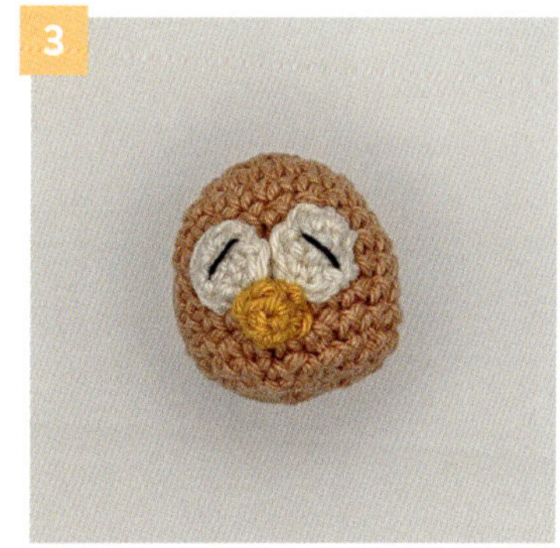

Schnabel (in Saffron)

Häkle in Spiral-Rd. Den Schnabel nicht mit Füllwatte ausstopfen.

1. Rd: 3 fM in einen Fadenring häkeln. [3]

2. Rd: 3 fM häkeln.

Mit 1 Km in die 1. M beenden, den Faden lang abschneiden und damit den Schnabel zwischen den Augen festnähen.

Gesicht fertigstellen

Sticke die Augen mit schwarzem Filetgarn über 2 M Breite auf **(Bild 1–3)**. Die Wangen in Old Rose über 1 M unter den Augen aufsticken, dazu ca. 4x einstechen.

Ohren (2x in Camel)

Häkle in Spiral-Rd. Die Ohren nicht mit Füllwatte ausstopfen.

1. Rd: 4 fM in einen Fadenring häkeln. [4]

2. Rd: 4 fM häkeln.

Mit 1 Km in die 1. M beenden, den Faden lang abschneiden und damit die Ohren über Rd 2–3 am Kopf festnähen.

Flügel (2x in Old Lace)

Häkle in Spiral-Rd. Die Flügel nicht mit Füllwatte ausstopfen. 3 Lm anschl, in die 2. Lm von der Nd aus einstechen und wie folgt um die Lm-Kette herumhäkeln:

1. Rd: 1 fM, 3 fM in eine M, 1 M zun. [6]

2.–3. Rd: 6 fM häkeln.

Das Ende zusammendrücken und mit 3 fM zusammenhäkeln. Den Faden lang abschneiden und damit die Flügel zwischen Rd 7–8 seitlich am Körper festnähen.

Kugel umhäkeln (in Silver Green)

Folge dazu der Anleitung Kugeln Umhäkeln auf S. 17 der Grundanleitungen.

Schnullerkette fertigstellen

Folge dazu der Anleitung zum Fertigstellen der Schnullerkette auf S. 18 der Grundanleitungen.

Greifring

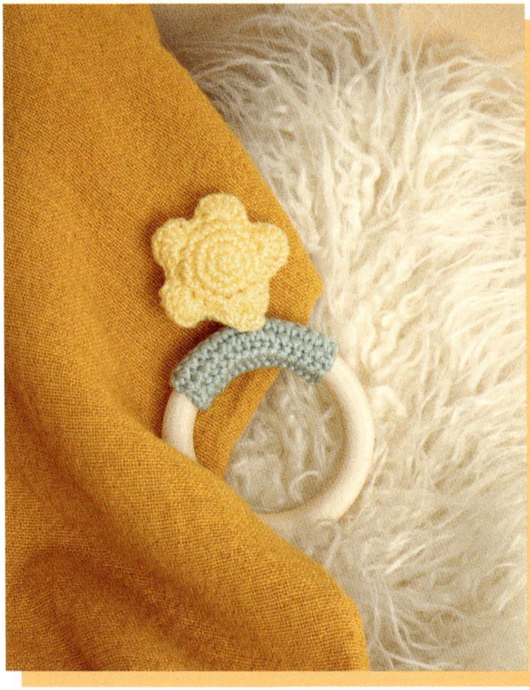

Material

- Scheepjes Catona (100 % Baumwolle, LL 125m/50 g) in
  - Primrose (Fb 522), 8 g
  - Silver Green (Fb 402), 5 g
- Häkelnadel 2,5 mm
- Opry Holzring Ø 70 mm
- Füllwatte
- Häkelnadel 2,5 mm
- Stecknadeln zum Fixieren
- Stopfnadel zum Vernähen

Ring umhäkeln (in Silver Green)

Häkle in R. 16 Lm anschl, in die 2. Lm von der Nd aus einstechen und wie folgt häkeln:

1.–8. R: 15 fM, 1 Lm, wenden. [15]

Den Faden lang genug abschneiden und das Häkelstück um den Ring legen. Die gegenüberliegenden Enden M für M zusammennähen, um das Häkelstück so am Ring zu befestigen. Achte darauf, dass du beim Zusammennähen immer nur von einer Seite aus einstichst (also nicht über Kreuz). Den Faden abschneiden und vernähen.

Hinweis: Eine bebilderte Anleitung zum Umhäkeln des Rings findest du in der Anleitung Greifring Wal auf S. 31.

Stern (in Primrose)

Folge dazu der Anleitung zum Mobile Eulen und Sterne auf S. 61. Anschließend den Stern mit einem Restfaden in Primrose am Ring festnähen.

Spieluhr

Material

» Scheepjes Catona (100 % Baumwolle, LL 125m/50 g) in
  - Yellow Gold (Fb 208), 100 g

» Spieluhr „Harry Potter“ von Glückswolke
» Füllwatte
» Häkelnadel 2,5 mm
» Stecknadeln zum Fixieren
» Stopfnadel zum Vernähen

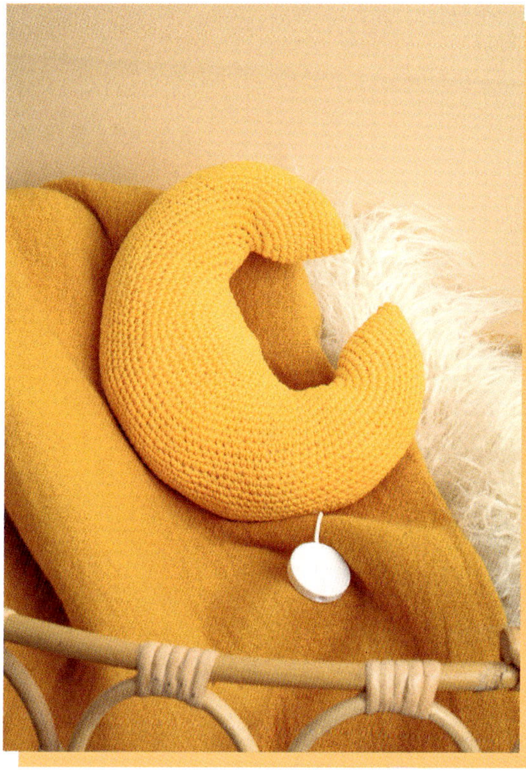

Mond (in Yellow Gold)

Häkle in Spiral-Rd.

1. Rd: 6 fM in einen Fadenring häkeln. [6]
2. Rd: 6 x 1 M zun. [12]
3. Rd: *1 fM, 1 M zun*, von * bis * noch 5 x wdh. [18]
4. Rd: *2 fM, 1 M zun*, von * bis * noch 5 x wdh. [24]
5. Rd: *3 fM, 1 M zun*, von * bis * noch 5 x wdh. [30]
6. Rd: *4 fM, 1 M zun*, von * bis * noch 5 x wdh. [36]
7. Rd: *5 fM, 1 M zun*, von * bis * noch 5 x wdh. [42]
8. Rd: *6 fM, 1 M zun*, von * bis * noch 5 x wdh. [48]
9. Rd: *7 fM, 1 M zun*, von * bis * noch 5 x wdh. [54]
10. Rd: *8 fM, 1 M zun*, von * bis * noch 5 x wdh. [60]
11. Rd: 5 x 1 M zun, 20 fM, 10 x 1 M zun, 20 fM, 5 x 1 M zun. [80]
12. Rd: 5 x 1 M zun, 30 fM, 10 x 1 M zun, 30 fM, 5 x 1 M zun. [100]
13. Rd: *9 fM, 1 M zun*, von * bis * noch 9 x wdh. [110]
14. Rd: *10 fM, 1 M zun*, von * bis * noch 9 x wdh. [120]
15. Rd: 5 x 1 M zun, 50 fM, 10 x 1 M zun, 50 fM, 5 x 1 M zun. [140]
16. Rd: 5 x 1 M zun, 60 fM, 10 x 1 M zun, 60 fM, 5 x 1 M zun. [160]

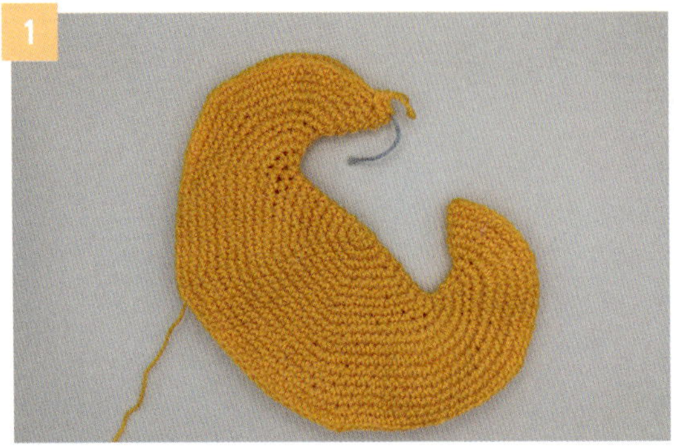

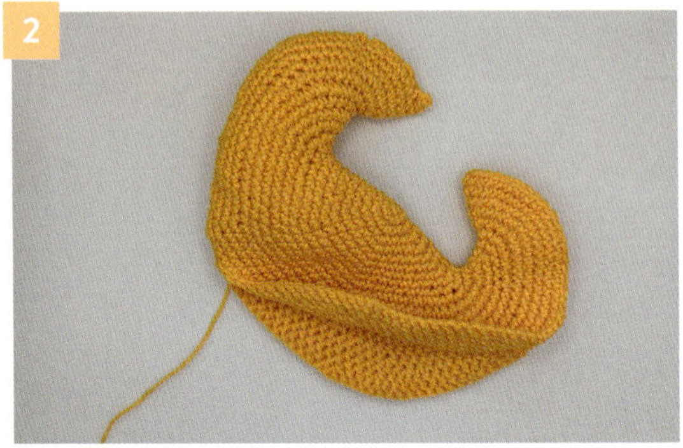

17. Rd: *15 fM, 1 M zun*, von * bis * noch 9 x wdh. [170]
18. Rd: *16 fM, 1 M zun*, von * bis * noch 9 x wdh. [180]
19. Rd: *17 fM, 1 M zun*, von * bis * noch 9 x wdh. [190]
20. Rd: *18 fM, 1 M zun*, von * bis * noch 9 x wdh. [200]
21. Rd: *19 fM, 1 M zun*, von * bis * noch 9 x wdh. [210]
22. Rd: *20 fM, 1 M zun*, von * bis * noch 9 x wdh. [220]
23. Rd: *21 fM, 1 M zun*, von * bis * noch 9 x wdh. [230]
24. Rd: *22 fM, 1 M zun*, von * bis * noch 9 x wdh. [240]
25.–26. Rd: 240 fM häkeln.

Falte das Häkelstück nun mittig und markiere die obere Spitze mit einem Faden **(Bild 1)**. Häkle anschließend fM bis zur Markierung und schneide den Faden lang genug ab, um die Hälften später zusammenzunähen. Das obere Drittel nun zusammennähen und fest ausstopfen **(Bild 2)**. Anschließend das zweite Drittel zusammennähen. Stecke dabei die Spieluhr in den Körper, mit der Schnur nach unten zeigend. Stopfe nun weitere Füllwatte rund um die Spieluhr, bis sie von außen nicht mehr zu fühlen ist. Drücke die Spieluhr beim weiteren Zusammennähen nun immer wieder etwas nach oben und stopfe Füllwatte nach. Führe die Schnur im weiteren Verlauf immer weiter mit. Das untere Drittel zusammennähen. Führe die Schnur dabei nach außen und nähe so darüber hinweg, dass sie weiterhin beweglich bleibt.

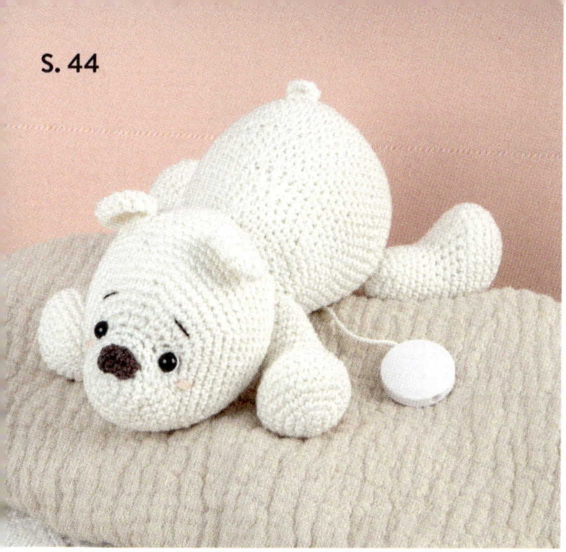
S. 44

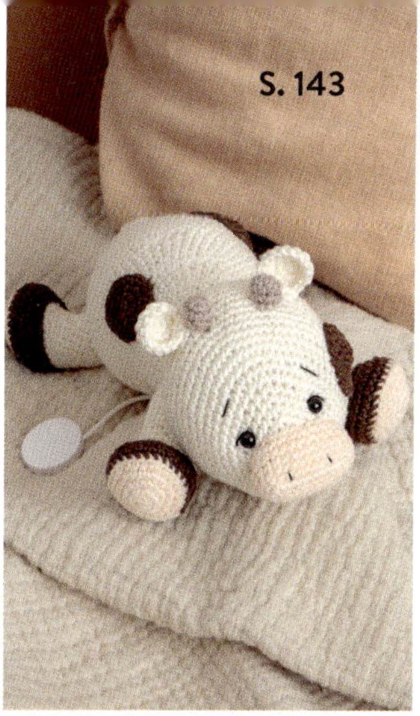
S. 143

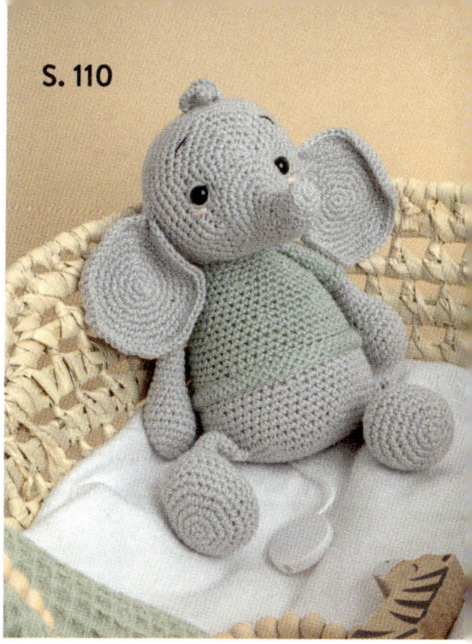
S. 110

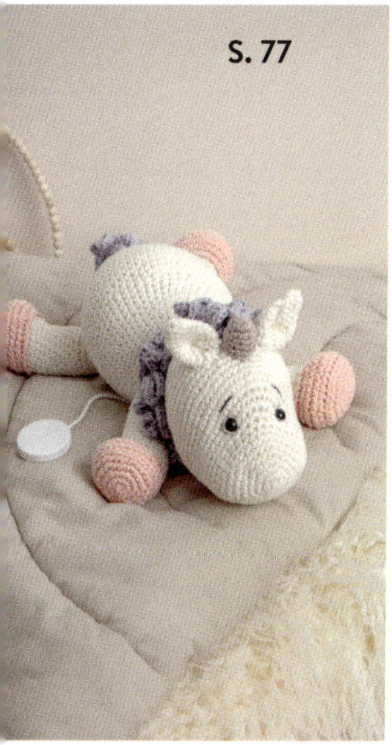
S. 77

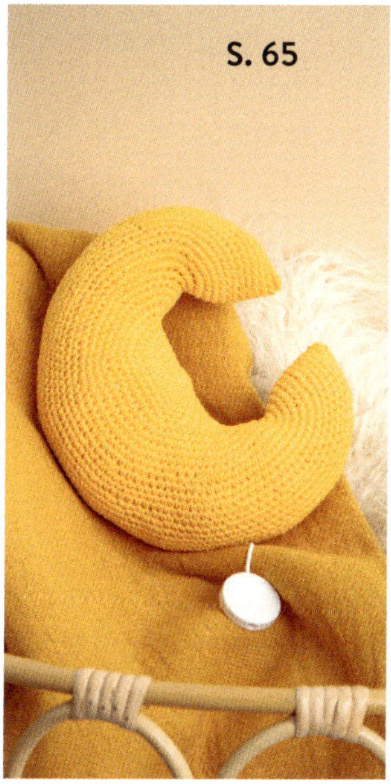
S. 65

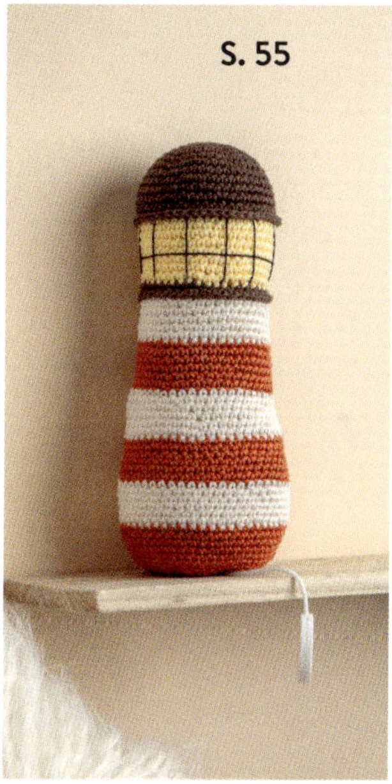
S. 55

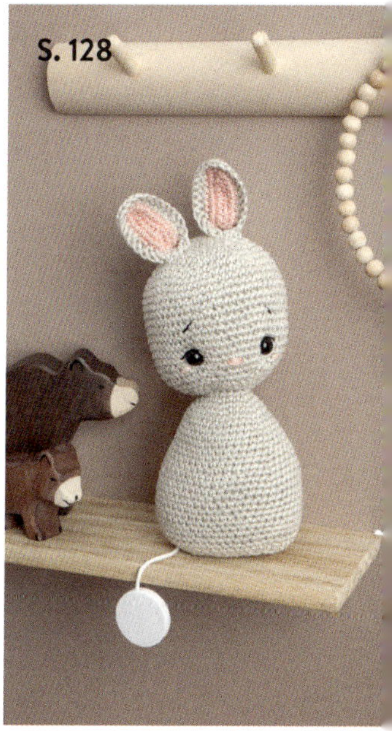
S. 128

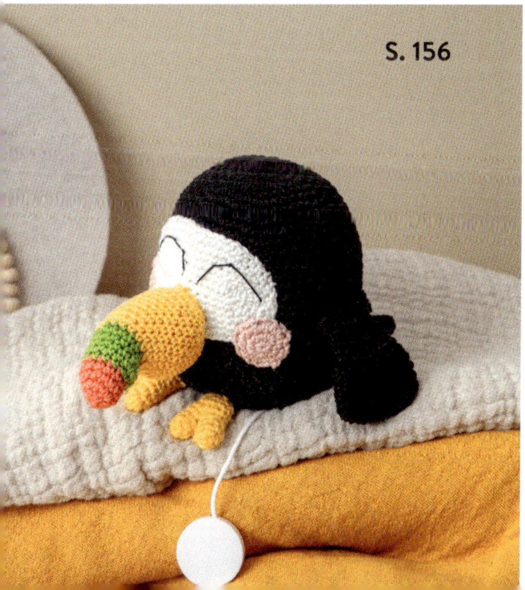
S. 156

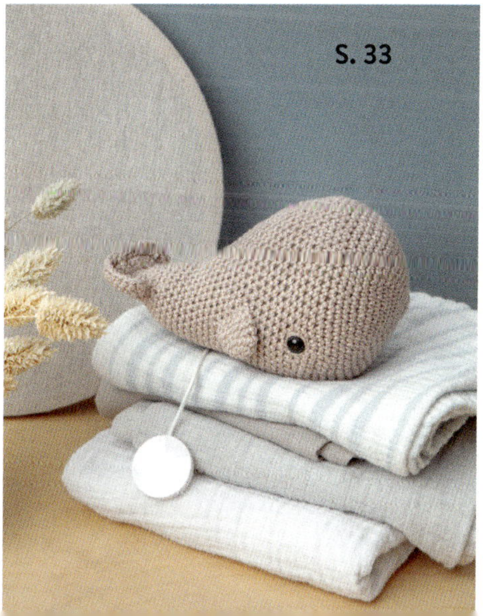
S. 33

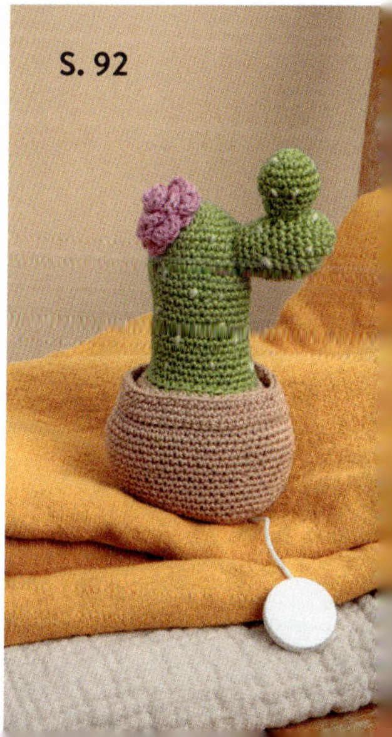
S. 92

Im Land der Fantasie

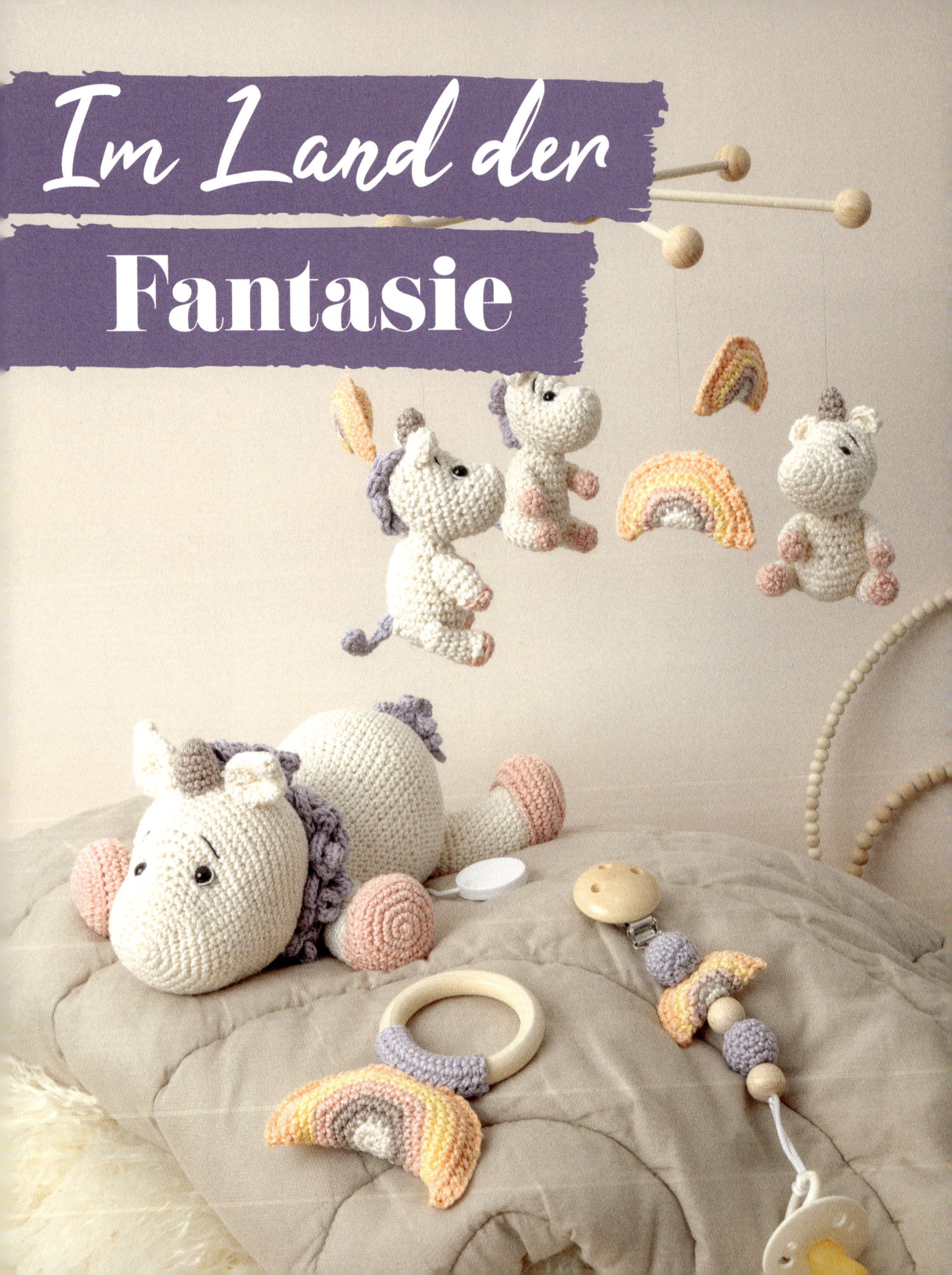

Mobile

Material

» Scheepjes Catona (100 % Baumwolle, LL 125m/50 g) in
- Old Lace (Fb 130), 50 g
- Lilac Mist (Fb 399), 10 g
- Old Rose (Fb 408), 10 g
- Primrose (Fb 522), 10 g
- Vintage Peach (Fb 414), 8 g
- Soft Beige (Fb 406), 5 g

» Filetgarn in Schwarz und Weiß
» 6 x Sicherheitsaugen Ø 6 mm
» Mobile Stern aus Holz Ø 23 cm
» Perlonfaden Ø 0,35 mm
» Füllwatte
» Häkelnadel 2,5 mm
» Stecknadeln zum Fixieren
» Stopfnadel zum Vernähen

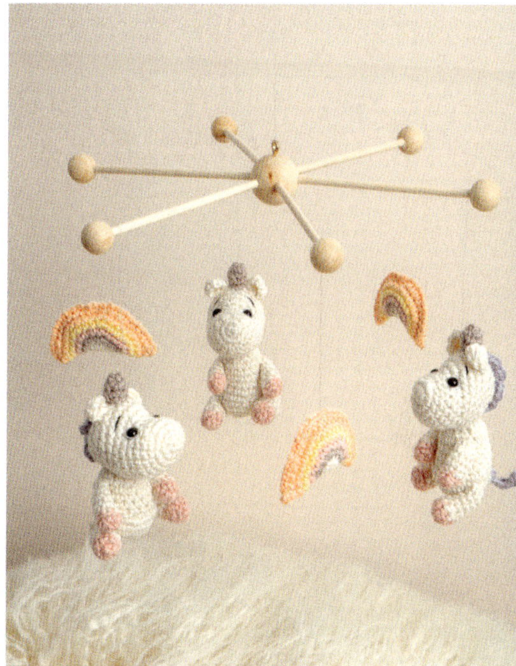

Einhorn

Kopf (in Old Lace)

Häkle in Spiral-Rd.
1. Rd: 6 fM in einen Fadenring häkeln. [6]
2. Rd: 6 x 1 M zun. [12]
3. Rd: 4 fM, 4 x 1 M zun, 4 fM. [16]
4.–6. Rd: 16 fM häkeln.
7. Rd: 6 fM, 4 x 1 M zun, 6 fM. [20]
8. Rd: 8 fM, 4 x 1 M zun, 8 fM. [24]
9.–12. Rd: 24 fM häkeln.
13. Rd: *2 fM, 1 M abn*, von * bis * noch 5 x wdh. [18]
Die Augen zwischen Rd 7 und Rd 8 mit 4 M Abstand befestigen. Beginne, den Kopf fortlau-fend mit Füllwatte auszustopfen.
14. Rd: 18 fM häkeln.
15. Rd: *1 fM, 1 M abn*, von * bis * noch 5 x wdh. [12]
16. Rd: 6 x 1 M abn. [6]
Den Faden abschneiden, durch die vorderen M-Glieder der letzten Rd fadeln, festziehen und vernähen.

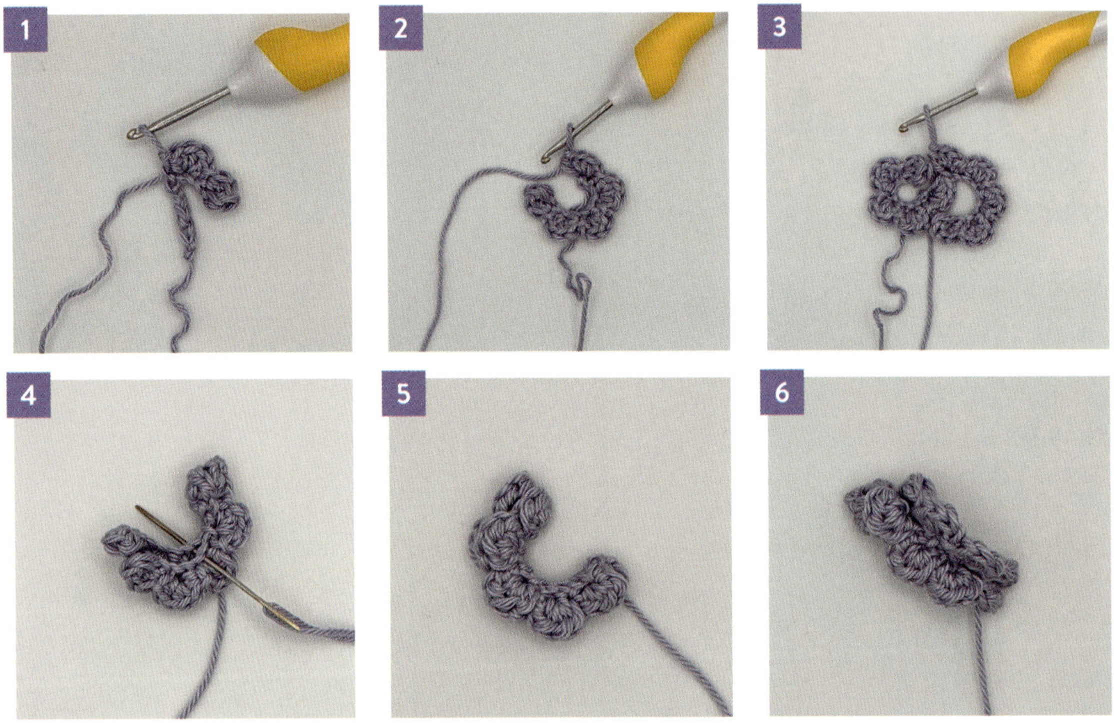

Ohren (2 x in Old Lace)

Häkle in Spiral-Rd. Die Ohren nicht mit Füllwatte ausstopfen.

1. Rd: 6 fM in einen Fadenring häkeln. [6]

2. Rd: 2 fM, 2 x 1 M zun, 2 fM. [8]

Mit 1 Km in die 1. M beenden, den Faden lang abschneiden und damit die Ohren über Rd 12 des Kopfs mit 3 M Abstand festnähen.

Horn (in Soft Beige)

Häkle in Spiral-Rd. Das Horn leicht mit Füllwatte ausstopfen.

1. Rd: 4 fM in einen Fadenring häkeln. [4]

2. Rd: *1 fM, 1 M zun*, von * bis * noch 1 x wdh. [6]

3.–4. Rd: 6 fM häkeln. [6]

Den Faden lang abschneiden und damit das Horn über Rd 11–12 am Kopf festnähen.

Gesicht fertigstellen

Das Augenweiß mit weißem Filetgarn direkt unter den Augen aufsticken. Die Augenbrauen mit schwarzem Filetgarn 1 Rd über den Augen über 2 M Breite sticken. Die Nasenlöcher in Old Lace über Rd 3 des Kopfs mit 1 M Abstand aufsticken, dazu ca. 4 x einstechen.

Körper (in Old Lace)

Häkle in Spiral-Rd. Den Körper fortlaufend mit Füllwatte ausstopfen.

1. Rd: 6 fM in einen Fadenring häkeln. [6]

2. Rd: 6 x 1 M zun. [12]

3. Rd: *1 fM, 1 M zun*, von * bis * noch 5 x wdh. [18]

4. Rd: 7 fM, 4 x 1 M zun, 7 fM. [22]

5.–7. Rd: 22 fM häkeln.

8. Rd: 7 fM, 4 x 1 M abn, 7 fM. [18]

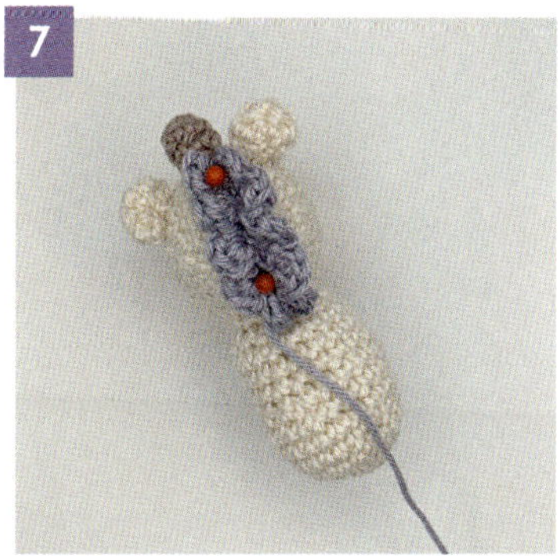

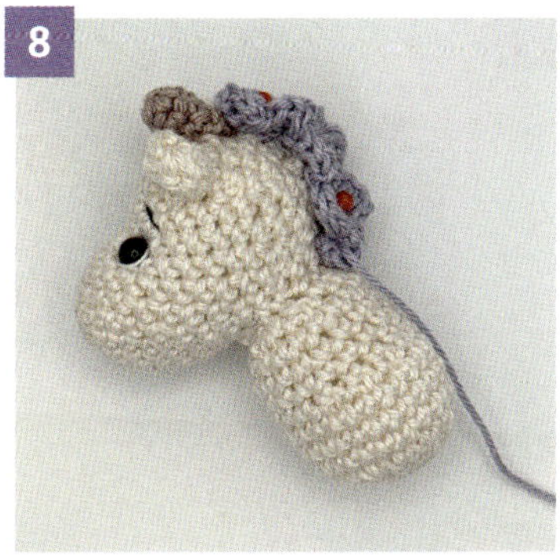

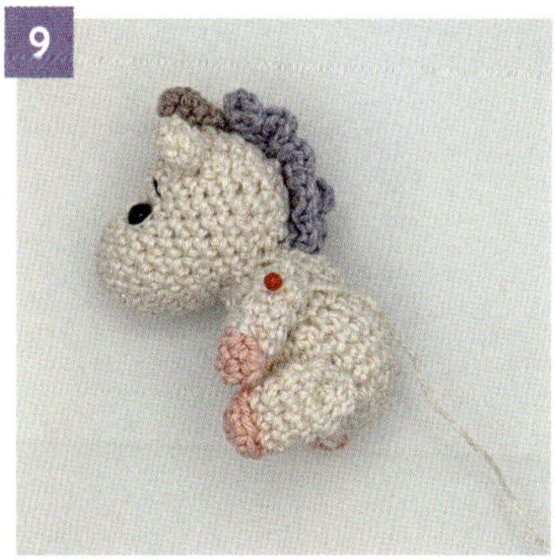

9.–11. Rd: 18 fM häkeln.

12. Rd: *1 fM, 1 M abn*, von * bis * noch 5 x wdh. [12]

Den Faden lang abschneiden und damit den Kopf am Körper festnähen.

Mähne (in Lilac Mist)

Häkle in R. 10 Lm anschl, in die 3. Lm von der Nd aus einstechen und wie folgt häkeln:

1. R: *4 hStb in eine M, 1 Km*, von * bis * noch 4 x wdh.

Ohne abzuketten, 10 Lm anschl und die R wdh **(Bild 1–3)**. Den Faden lang abschneiden, beide R parallel aneinanderlegen und die Anfangs-Lm-Ketten zusammennähen **(Bild 4–6)**. Anschließend die Mähne am Hinterkopf festnähen **(Bild 7–8)**.

Beine (2 x in Old Lace und Old Rose)

Häkle in Spiral-Rd. Beginne in Old Rose. Die Beine fortlaufend mit Füllwatte ausstopfen.

1. Rd: 6 fM in einen Fadenring häkeln. [6]

2. Rd: *2 fM, 1 M zun*, von * bis * noch 1 x wdh. [8]

Fb-Wechsel zu Old Lace.

3. Rd: 8 fM ihM häkeln.

4.–7. Rd: 8 fM häkeln.

Den Faden lang abschneiden, durch die vorderen M-Glieder der letzten Rd fädeln und festziehen. Die Beine seitlich so festnähen, dass der Körper in einer sitzenden Position ist.

Arme (2 x in Old Lace und Old Rose)

Häkle in Spiral-Rd. Beginne in Old Rose. Die Arme fortlaufend mit Füllwatte ausstopfen.

1. Rd: 6 fM in einen Fadenring häkeln. [6]

2. Rd: 6 fM häkeln.

Fb-Wechsel zu Old Lace.

3. Rd: 6 fM ihM häkeln.

4.–7. Rd: 6 fM häkeln.

Den Faden lang abschneiden, durch die vorderen M-Glieder der letzten Rd fädeln und festziehen. Die Arme 2 Rd unter dem Kopf seitlich festnähen **(Bild 9)**

Schweif (in Lilac Mist)

Schlinge den Faden unten am Hinterteil des Körpers mit 1 Km an, stich dabei von oben ein. Der Kopf zeigt währenddessen zu dir hin. 8 Lm anschl, in die 3. Lm von der Nd aus einstechen und wie folgt häkeln:

1. R: *4 hStb in eine M, 1 fM*, von * bis * noch 2 x wdh. [15] **(Bild 10–12)**.

Mit 1 Km in den Körper beenden. Den Faden abschneiden und vernähen. Noch zwei weitere Einhörner häkeln.

10

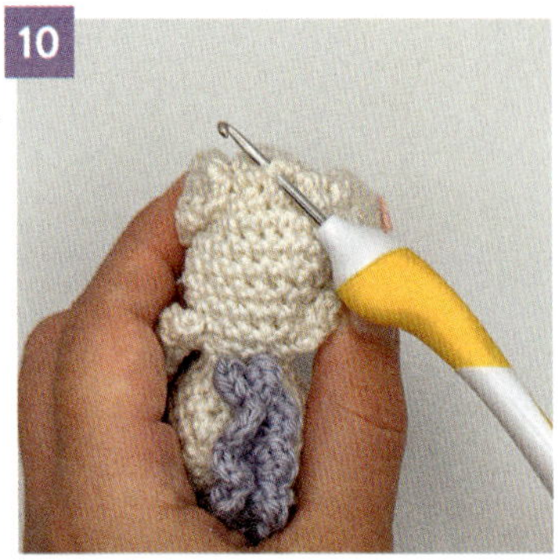

11

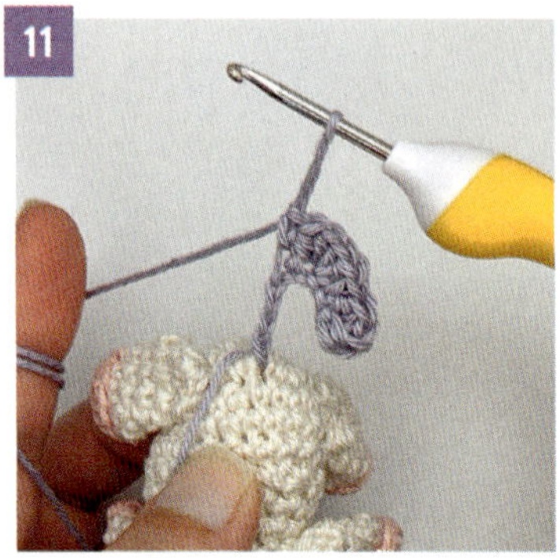

12

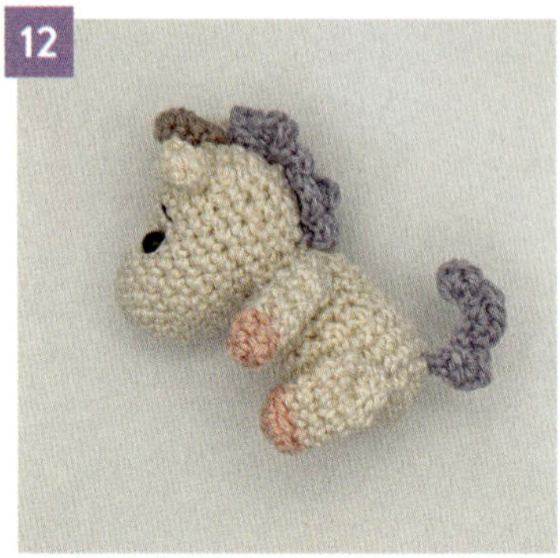

13

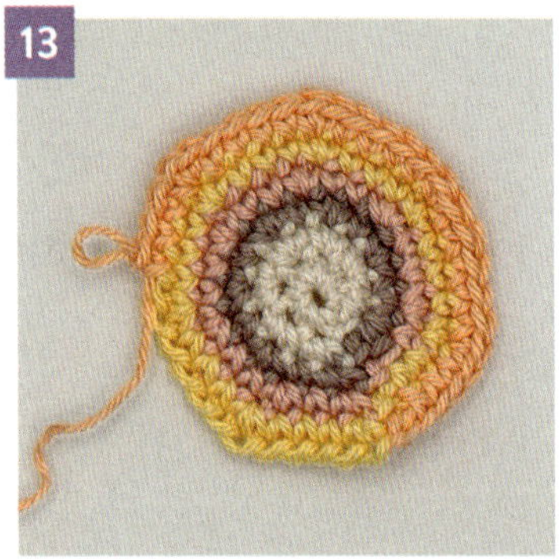

14

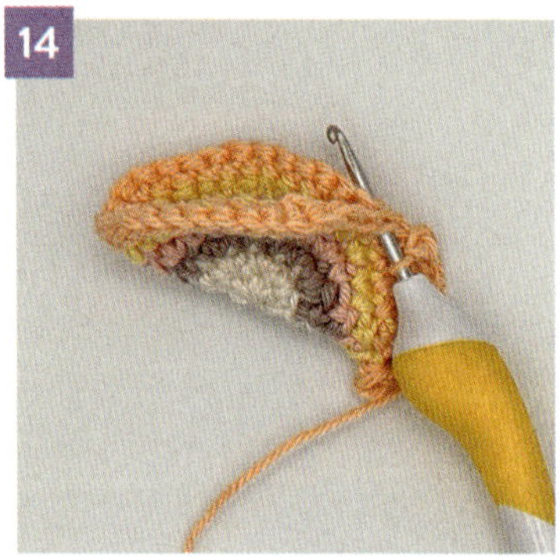

15

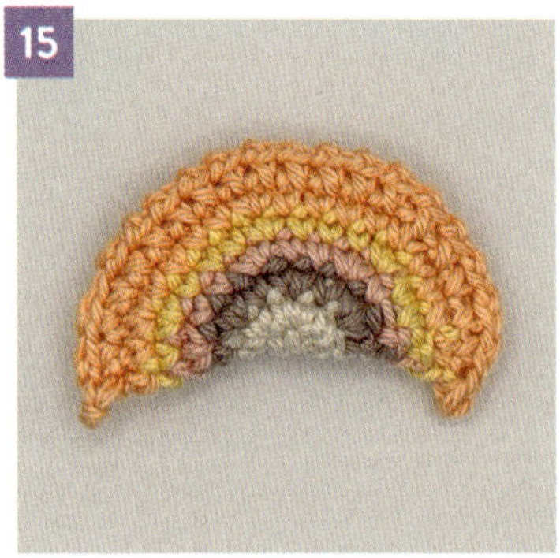

Regenbogen (in Old Lace, Soft Beige, Old Rose, Primrose und Vintage Peach)

Häkle in Spiral-Rd. Beginne in Old Lace.

1. Rd: 7 fM in einen Fadenring häkeln. [7]

2. Rd: 7 x 1 M zun. [14]

Fb-Wechsel zu Soft Beige.

3. Rd: *1 fM, 1 M zun*, von * bis * noch 6 x wdh. [21]

Fb-Wechsel zu Old Rose.

4. Rd: *2 fM, 1 M zun*, von * bis * noch 6 x wdh. [28]

Fb-Wechsel Primrose.

5. Rd: *3 fM, 1 M zun*, von * bis * noch 6 x wdh. [35]

Fb-Wechsel Vintage Peach.

6. Rd: *4 fM, 1 M zun*, von * bis * noch 6 x wdh. [42]

Mittig zusammenfalten, jeweils durch die gegenüberliegenden M der 6. Rd stechen und wie folgt zusammenhäkeln. Dabei den Regenbogen leicht mit Füllwatte ausstopfen **(Bild 13–15)**.

7. Rd: *1 fM, 1 Lm*, von * bis * noch 20 x wdh.

Den Faden abschneiden und vernähen. Zwei weitere Regenbögen häkeln.

Mobile fertigstellen

Folge dazu der Anleitung zum Fertigstellen des Mobiles auf S. 19 der Grundanleitungen.

Schnullerkette

Material

- » Scheepjes Catona (100 % Baumwolle, LL 125m/50 g) in
  - Old Lace (Fb 130), ein Rest
  - Soft Beige (Fb 406), ein Rest
  - Old Rose (FB 408), ein Rest
  - Primrose (Fb 522), ein Rest
  - Vintage Peach (Fb 414), ein Rest
  - Lilac Mist (Fb 399), ein Rest
- » Holzclip Ø 37 mm
- » 4 x Rohholzkugeln gebohrt Ø 15 mm
- » Fädelschnur
- » Füllwatte
- » Häkelnadel 2,5 mm
- » Stecknadeln zum Fixieren
- » Stopfnadel zum Vernähen

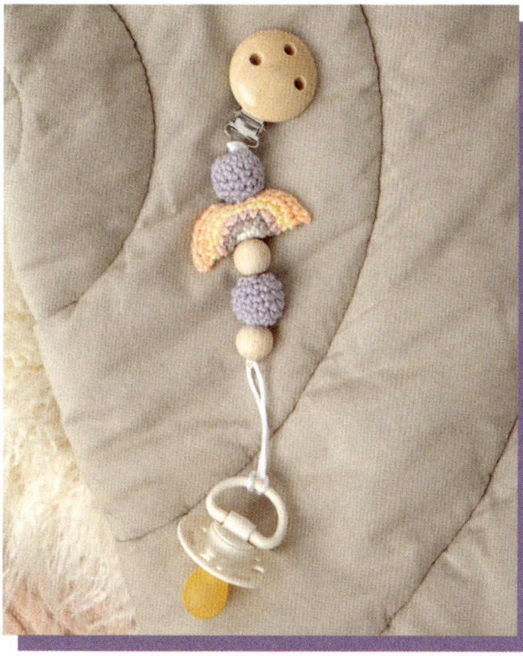

Regenbogen

(in Old Lace, Soft Beige, Old Rose, Primrose, Vintage Peach)

Häkle in Spiral-Rd. Beginne in Old Lace.

1. Rd: 5 fM in einen Fadenring häkeln. [5]

2. Rd: 5 x 1 M zun. [10]

Fb-Wechsel zu Soft Beige.

3. Rd: *1 fM, 1 M zun*, von * bis * noch 4 x wdh. [15]

Fb-Wechsel zu Old Rose.

4. Rd: *2 fM, 1 M zun*, von * bis * noch 4 x wdh. [20]

Fb-Wechsel zu Primrose.

5. Rd: *3 fM, 1 M zun*, von * bis * noch 4 x wdh. [25]

Fb-Wechsel zu Vintage Peach.

6. Rd: *4 fM, 1 M zun*, von * bis * noch 4 x wdh. [30]

Mittig zusammenfalten, jeweils durch die gegenüberliegenden M der 6. Rd stechen und wie folgt zusammenhäkeln. Dabei den Regenbogen leicht mit Füllwatte ausstopfen.

7. Rd: *1 fM, 1 Lm*, von * bis * noch 14 x wdh.

Den Faden abschneiden und vernähen.

Hinweis: Eine bebilderte Anleitung zum Zusammenhäkeln des Regenbogens findest du in der Anleitung vom Mobile mit Einhörnern auf S. 72.

Kugeln umhäkeln (2 x in Lilac Mist)
Folge dazu der Anleitung Kugeln Umhäkeln auf S. 17 der Grundanleitungen.

Schnullerkette fertigstellen
Folge dazu der Anleitung zum Fertigstellen der Schnullerkette auf S. 18 der Grundanleitungen.

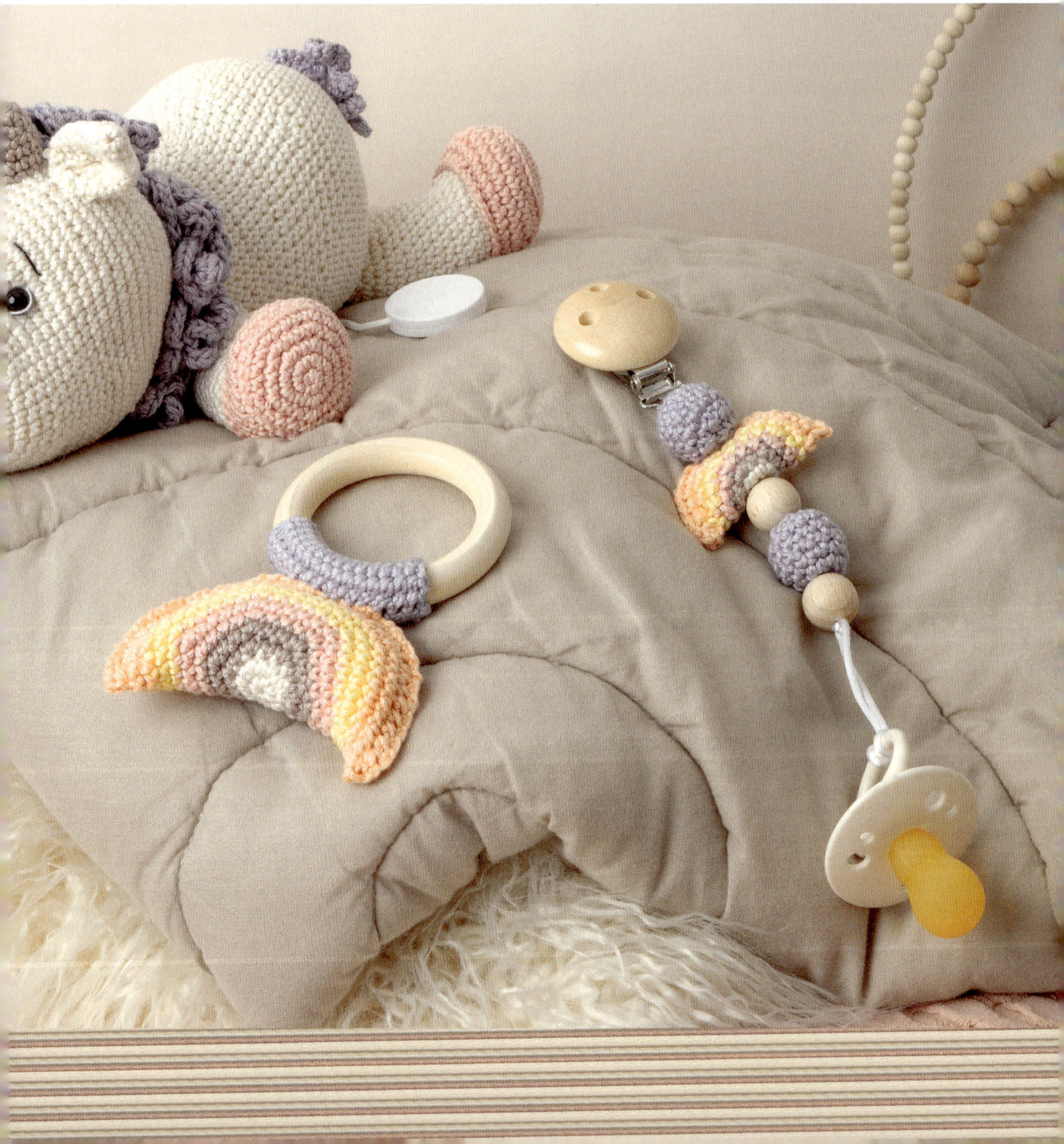

Greifring

Material

» Scheepjes Catona (100 % Baumwolle, LL 125m/50 g) in
  • Lilac Mist (Fb 399), 10 g
  • Primrose (Fb 522), 8 g
  • Vintage Peach (Fb 414), 8 g
  • Old Lace (Fb 130), 5 g
  • Soft Beige (Fb 406), 5 g
  • Old Rose (FB 408), 5 g

» Opry Holzring Ø 70 mm
» Füllwatte
» Häkelnadel 2,5 mm
» Stecknadeln zum Fixieren
» Stopfnadel zum Vernähen

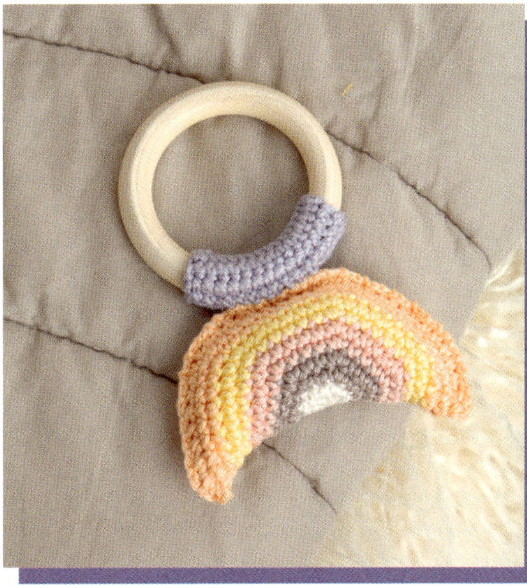

Ring umhäkeln (in Lilac Mist)

Häkle in R. 16 Lm anschl, in die 2. Lm von der Nd aus einstechen und wie folgt häkeln:

1.–8. R: 15 fM, 1 Lm, wenden. [15]

Den Faden lang genug abschneiden und das Häkelstück um den Ring legen. Die gegenüberliegenden Enden M für M zusammennähen, um das Häkelstück so am Ring zu befestigen. Achte darauf, beim Zusammennähen immer nur von einer Seite aus einzustechen (also nicht über Kreuz). Den Faden abschneiden und vernähen.

Hinweis: Eine bebilderte Anleitung zum Umhäkeln des Rings findest du in der Anleitung Greifring Wal auf S. 31.

Regenbogen

(in Old Lace, Soft Beige, Old Rose, Primrose, Vintage Peach)

Häkle in Spiral-Rd. Beginne in Old Lace.

1. Rd: 7 fM in einen Fadenring häkeln. [7]

2. Rd: 7 x 1 M zun. [14]

Fb-Wechsel zu Soft Beige.

3. Rd: *1 fM, 1 M zun*, von * bis * noch 6 x wdh. [21]

4. Rd: *2 fM, 1 M zun*, von * bis * noch 6 x wdh. [28]

Fb-Wechsel Old Rose.

5. Rd: *3 fM, 1 M zun*, von * bis * noch 6 x wdh. [35]

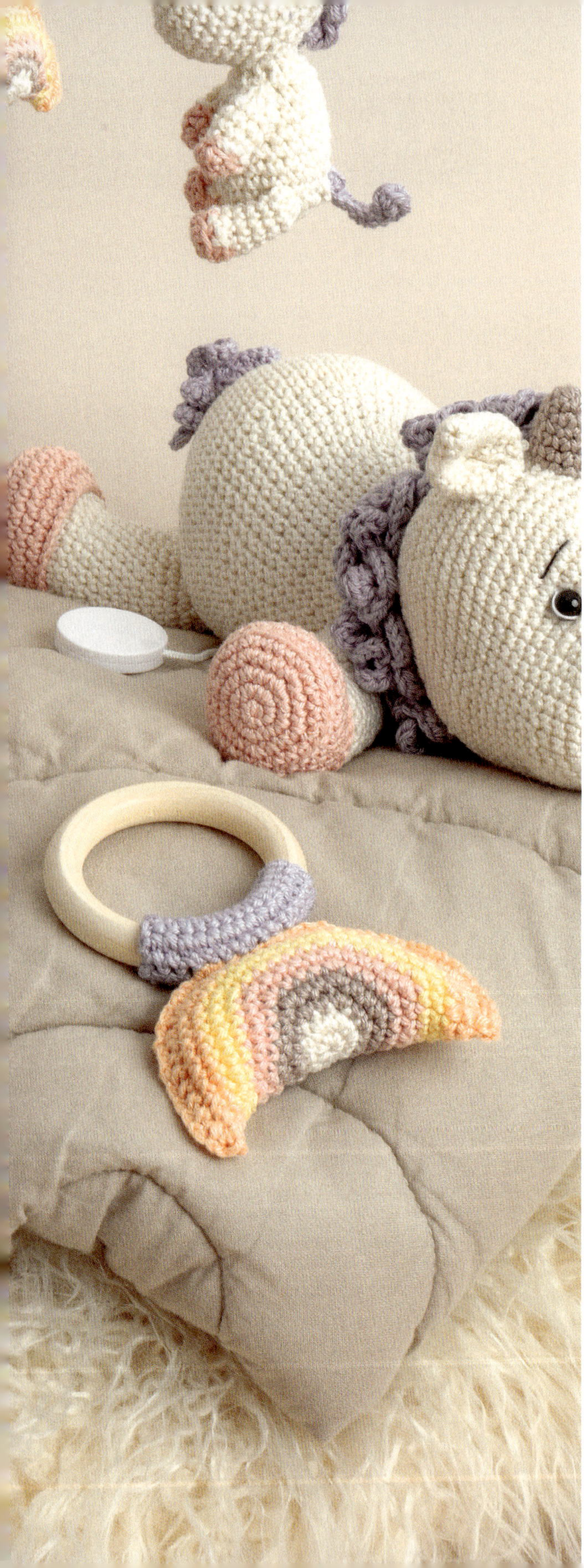

6. Rd: *4 fM, 1 M zun*, von * bis * noch 6 x wdh. [42]

Fb-Wechsel Primrose.

7. Rd: *5 fM, 1 M zun*, von * bis * noch 6 x wdh. [49]

8. Rd: *6 fM, 1 M zun*, von * bis * noch 6 x wdh. [56]

Fb-Wechsel Vintage Peach.

9. Rd: *7 fM, 1 M zun*, von * bis * noch 6 x wdh. [63]

10. Rd: *8 fM, 1 M zun*, von * bis * noch 6 x wdh. [70]

Mittig zusammenfalten, jeweils durch die gegenüberliegenden M der 10. Rd stechen und wie folgt zusammenhäkeln. Dabei den Regenbogen leicht mit Füllwatte ausstopfen.

11. Rd: *1 fM, 1 Lm*, von * bis * noch 34 x wdh. [70]

Den Faden abschneiden und vernähen. Den Regenbogen mit einem Restfaden in Vintage Peach am Ring festnähen.

Hinweis: Eine bebilderte Anleitung zum Zusammenhäkeln des Regenbogens findest du in der Anleitung vom Mobile mit Einhörnern auf S. 72.

Spieluhr

Material

- Scheepjes Catona (100 % Baumwolle, LL 125m/50 g) in
  - Old Lace (Fb 130), 70 g
  - Lilac Mist (Fb 399), 30 g
  - Old Rose (Fb 408), 20 g
  - Soft Beige (Fb 406), 5 g
- Filetgarn in Schwarz und Weiß
- Sicherheitsaugen Ø 8 mm
- Spieluhr „Somewhere over the Rainbow“ von Glückswolke
- Füllwatte
- Häkelnadel 2,5 mm
- Stecknadeln zum Fixieren
- Stopfnadel zum Vernähen

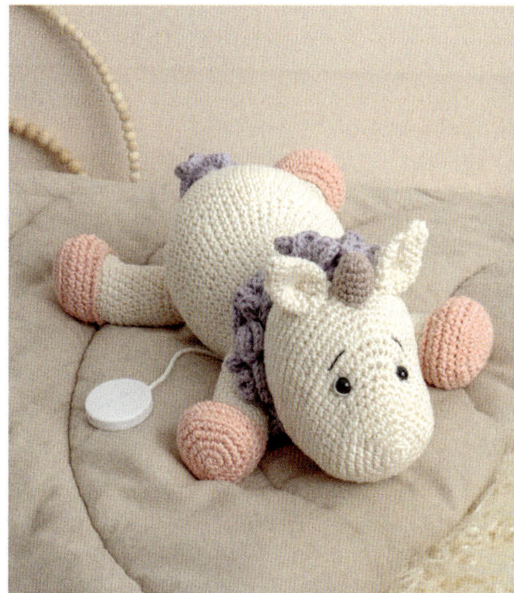

Kopf (in Old Lace)

Häkle in Spiral-Rd.

1. Rd: 6 fM in einen Fadenring häkeln. [6]

2. Rd: 6 x 1 M zun. [12]

3. Rd: *1 fM, 1 M zun*, von * bis * noch 5 x wdh. [18]

4. Rd: *2 fM, 1 M zun*, von * bis * noch 5 x wdh. [24]

5. Rd: *3 fM, 1 M zun*, von * bis * noch 5 x wdh. [30]

6. Rd: *4 fM, 1 M zun*, von * bis * noch 5 x wdh. [36]

7.–9. Rd: 36 fM häkeln.

10. Rd: 15 fM, 6 x 1 M zun, 15 fM. [42]

11. Rd: 18 fM, 6 x 1 M zun, 18 fM. [48]

12. Rd: 48 fM häkeln.

13. Rd: 21 fM, 6 x 1 M zun, 21 fM. [54]

14.–15. Rd: 54 fM häkeln.

16. Rd: *8 fM, 1 M zun*, von * bis * noch 5 x wdh. [60]

17.–22. Rd: 60 fM häkeln.

23. Rd: *8 fM, 1 M abn*, von * bis * noch 5 x wdh. [54]

24. Rd: 54 fM häkeln.

25. Rd: *7 fM, 1 M abn*, von * bis * noch 5 x wdh. [48]

26. Rd: *6 fM, 1 M abn*, von * bis * noch 5 x wdh. [42]

Die Augen zwischen Rd 11–12 mit 10 M Abstand befestigen. Beginne, den Kopf fortlaufend mit Füllwatte auszustopfen.

1

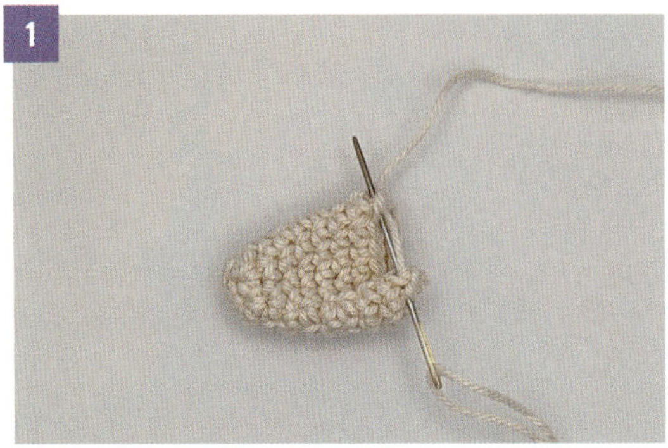

2

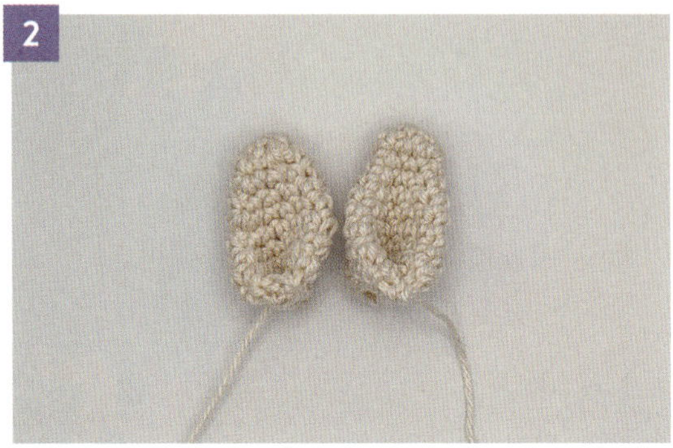

27. Rd: *5 fM, 1 M abn*, von * bis * noch 5x wdh. [36]
28. Rd: *4 fM, 1 M abn*, von * bis * noch 5x wdh. [30]
29. Rd: *3 fM, 1 M abn*, von * bis * noch 5x wdh. [24]
30. Rd: *2 fM, 1 M abn*, von * bis * noch 5x wdh. [18]
31. Rd: *1 fM, 1 M abn*, von * bis * noch 5x wdh. [12]
32. Rd: 6x 1 M abn. [6]
Den Faden lang abschneiden, durch die vorderen M-Glieder der letzten Rd fädeln, festziehen und vernähen.

Ohren (2x in Old Lace)

Häkle in Spiral-Rd. Die Ohren nicht mit Füllwatte ausstopfen.
1. Rd: 6 fM in einen Fadenring häkeln. [6]
2. Rd: 6 fM häkeln.
3. Rd: *2 fM, 1 M zun*, von * bis * noch 1x wdh. [8]
4. Rd: *3 fM, 1 M zun*, von * bis * noch 1x wdh. [10]
5. Rd: *4 fM, 1 M zun*, von * bis * noch 1x wdh. [12]
6. Rd: *5 fM, 1 M zun*, von * bis * noch 1x wdh. [14]
7. Rd: *6 fM, 1 M zun*, von * bis * noch 1x wdh. [16]
8. Rd: *7 fM, 1 M zun*, von * bis * noch 1x wdh. [18]
9. Rd: *8 fM, 1 M zun*, von * bis * noch 1x wdh. [20]
10. Rd: *9 fM, 1 M zun*, von * bis * noch 1x wdh. [22]
Den Faden lang abschneiden. Das Ohr mittig falten und die gegenüberliegenden Seiten mit ein paar Stichen zusammennähen **(Bild 1–2)**. Die Ohren über Rd 20–24 mit 6 M Abstand am Kopf festnähen.

Horn (in Soft Beige)

Häkle in Spiral-Rd. Das Horn fortlaufend mit Füllwatte ausstopfen.
1. Rd: 6 fM in einen Fadenring häkeln. [6]
2. Rd: *2 fM, 1 M zun*, von * bis * noch 1x wdh. [8]
3. Rd: 8 fM häkeln.
4. Rd: *3 fM, 1 M zun*, von * bis * noch 1x wdh. [10]
5. Rd: *4 fM, 1 M zun*, von * bis * noch 1x wdh. [12]
6. Rd: 12 fM häkeln.
Den Faden lang abschneiden und damit das Horn über Rd 17–21 zwischen den Ohren festnähen.

Gesicht fertigstellen

Das Augenweiß mit weißem Filetgarn direkt neben den Augen aufsticken. Die Augenbrauen mit schwarzem Filetgarn 1 Rd über den Augen über 3 M Breite sticken.

Körper (in Old Lace)

Häkle in Spiral-Rd.

1. Rd: 6 fM in einen Fadenring häkeln. [6]
2. Rd: 6 x 1 M zun. [12]
3. Rd: *1 fM, 1 M zun*, von * bis * noch 5 x wdh. [18]
4. Rd: *2 fM, 1 M zun*, von * bis * noch 5 x wdh. [24]
5. Rd: *3 fM, 1 M zun*, von * bis * noch 5 x wdh. [30]
6. Rd: *4 fM, 1 M zun*, von * bis * noch 5 x wdh. [36]
7. Rd: *5 fM, 1 M zun*, von * bis * noch 5 x wdh. [42]
8. Rd: *6 fM, 1 M zun*, von * bis * noch 5 x wdh. [48]
9. Rd: *7 fM, 1 M zun*, von * bis * noch 5 x wdh. [54]
10. Rd: *8 fM, 1 M zun*, von * bis * noch 5 x wdh. [60]
11.–20. Rd: 60 fM häkeln.
21. Rd: *8 fM, 1 M abn*, von * bis * noch 5 x wdh. [54]
22. Rd: 54 fM häkeln.
23. Rd: 23 fM, 4 x 1 M abn, 23 fM. [50]
24.–25. Rd: 50 fM häkeln.

Fülle etwa ein Drittel des Körpers mit Füllwatte. Stecke die Spieluhr in den Körper, mit der Schnur nach unten zeigend. Stopfe nun weitere Füllwatte rund um die Spieluhr, bis sie von außen nicht mehr zu fühlen ist. In der nächsten Rd wird die Schnur mit eingehäkelt. Lege sie dazu beim Häkeln der Rd zwischen 2 fM nach außen. Die Schnur wird dabei an der Hinterseite des Körpers nach unten herausgeführt.

Hinweis: Eine bebilderte Anleitung zum Einhäkeln der Schnur findest du in der Anleitung der Spieluhr Wal auf S. 34.

26. Rd: 50 fM häkeln (hier die Schnur mit einhäkeln).

Drücke die Spieluhr in den weiteren Rd nun immer wieder nach innen und stopfe Füllwatte nach.

27.–28. Rd: 50 fM häkeln.
29. Rd: 21 fM, 4 x 1 M abn, 21 fM. [46]
30.–31. Rd: 46 fM häkeln.
32. Rd: 19 fM, 4 x 1 M abn, 19 fM. [42]
33.–35. Rd: 42 fM häkeln.
36. Rd: *5 fM, 1 M abn*, von * bis * noch 5 x wdh. [36]
37. Rd: *4 fM, 1 M abn*, von * bis * noch 5 x wdh. [30]
38. Rd: 30 fM häkeln.
39. Rd: *3 fM, 1 M abn*, von * bis * noch 5 x wdh. [24]

Mit 1 Km in die 1. M beenden, den Faden lang abschneiden und damit den Kopf am Körper festnähen.

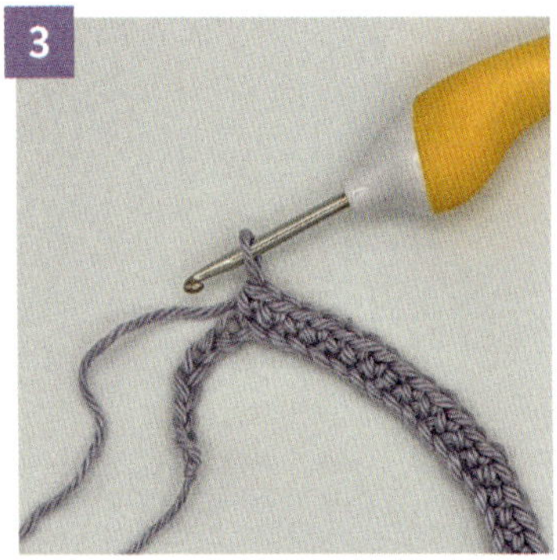
3

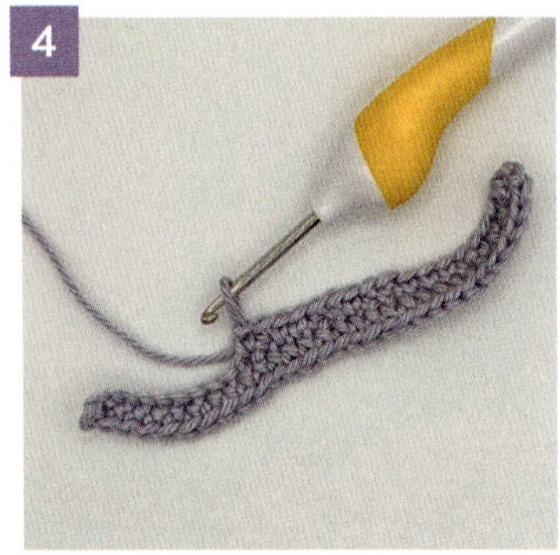
4

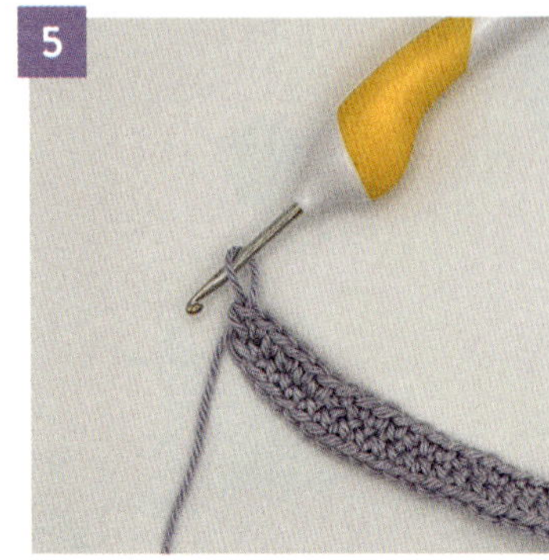
5

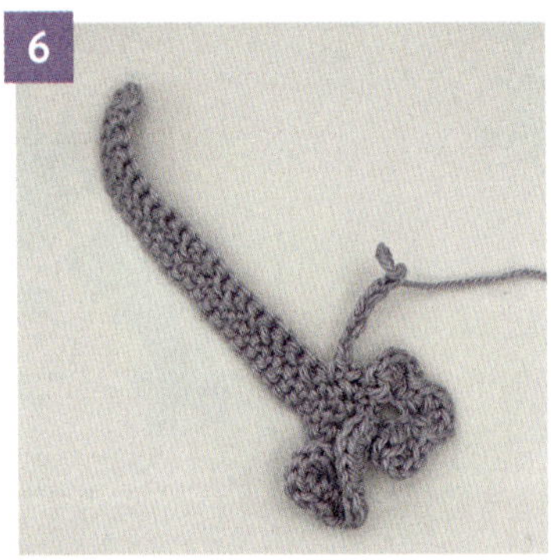
6

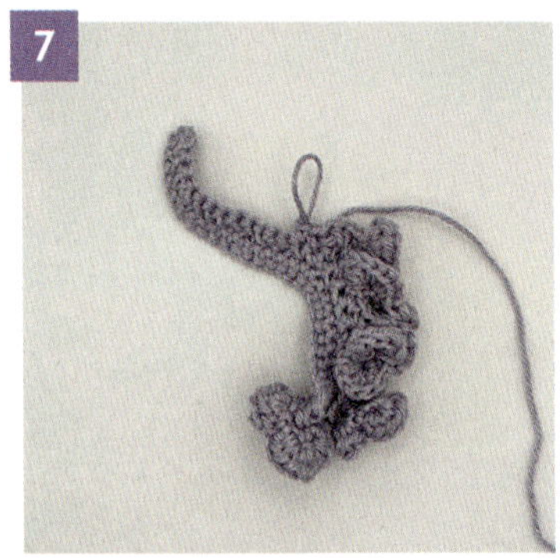
7

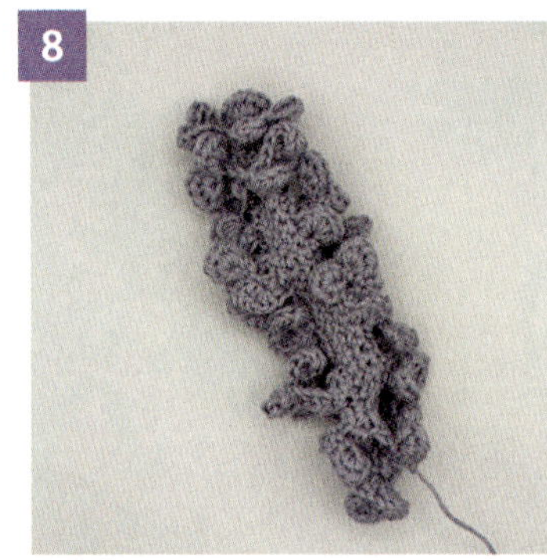
8

Mähne (in Lilac Mist)

Häkle in Rd. 30 Lm anschl, in die 2. Lm von der Nd aus einstechen und wie folgt um die Lm-Kette herumhäkeln:

1. Rd: 28 fM, 3 fM in eine M, 27 fM, 1 M zun. [60] **(Bild 3–5)**

2. Rd: 1 fM in die 1. M. *Ohne abzuketten, 6 Lm anschl, in die 2. Lm von der Nd aus einstechen und 6 hStb in eine M und 1 fM entlang der Lm-Kette häkeln, noch 2 x wdh. 2 fM in die folgenden M der Vor-Rd häkeln*. Von * bis * noch 19 x wdh, bis das gesamte Häkelstück mit Locken behäkelt ist **(Bild 6–8)**. Den Faden lang abschneiden und die Mähne am Hinterkopf festnähen. Das untere Ende der Mähne dabei über einer Seite der Schultern führen.

Beine (4 x in Old Rose und Old Lace)

Häkle in Spiral-Rd. Beginne in Old Rose. Die Beine fortlaufend mit Füllwatte ausstopfen.

1. Rd: 6 fM in einen Fadenring häkeln. [6]

2. Rd: 6 x 1 M zun. [12]

3. Rd: *1 fM, 1 M zun*, von * bis * noch 5 x wdh. [18]

4. Rd: *2 fM, 1 M zun*, von * bis * noch 5 x wdh. [24]

5. Rd: *3 fM, 1 M zun*, von * bis * noch 5 x wdh. [30]

6. Rd: 30 fM ihM häkeln.

7.–9. Rd: 30 fM häkeln.

Fb-Wechsel zu Old Lace.

10. Rd: alles ihM, 9 fM, 6 x 1 M abn, 9 fM. [24]

11. Rd: 10 fM, 2 x 1 M abn, 10 fM. [22]

12. Rd: 9 fM, 2 x 1 M abn, 9 fM. [20]
13. Rd: 8 fM, 2 x 1 M abn, 8 fM. [18]
14.–22. Rd: 18 fM häkeln.
Den Faden lang abschneiden. Den Faden in Old Rose ihM aus Rd 10 aufnehmen, von oben einstechen und rundherum Km häkeln. Den Faden abschneiden und vernähen. Die Beine so am Körper festnähen, dass das Einhorn auf dem Bauch liegt. Dazu das erste Vorderbein direkt hinter der Mähne und das zweite Vorderbein 3 Rd hinter dem Kopf festnähen. Die Hinterbeine werden über Rd 6–10 an den Körper angenäht.

Schweif (in Lilac Mist)

Häkle in R. 21 Lm anschl, in die 2. Lm von der Nd aus einstechen und wie folgt häkeln:
1. R: *4 fM in eine M, 1 fM*, von * bis * noch 9 x wdh. [50]
Ohne abzuketten 21 Lm anschl, in die 2. Lm von der Nd einstechen und die 1. R wdh. Von * bis * noch 1 x wdh. So insgesamt 3 Strähnen häkeln.
Den Faden lang abschneiden und damit den Schweif über Rd 11–12 am Körper festnähen.

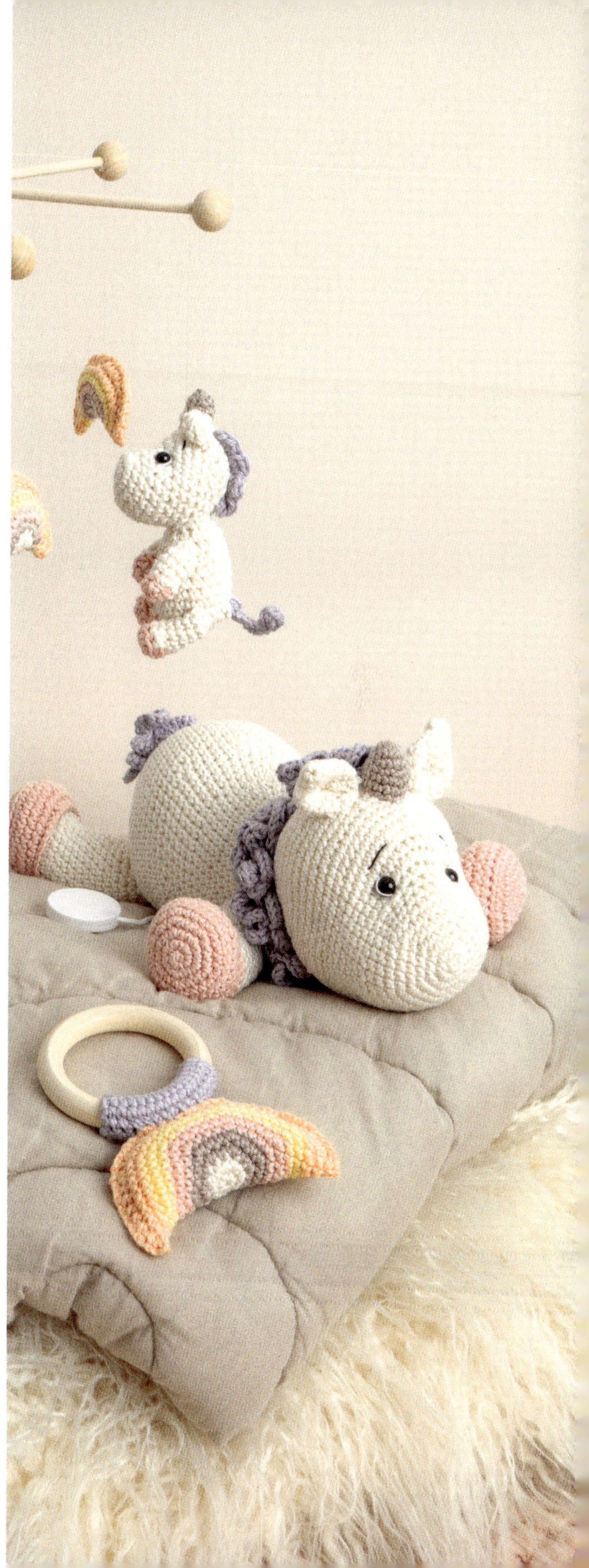

No Drama Lama

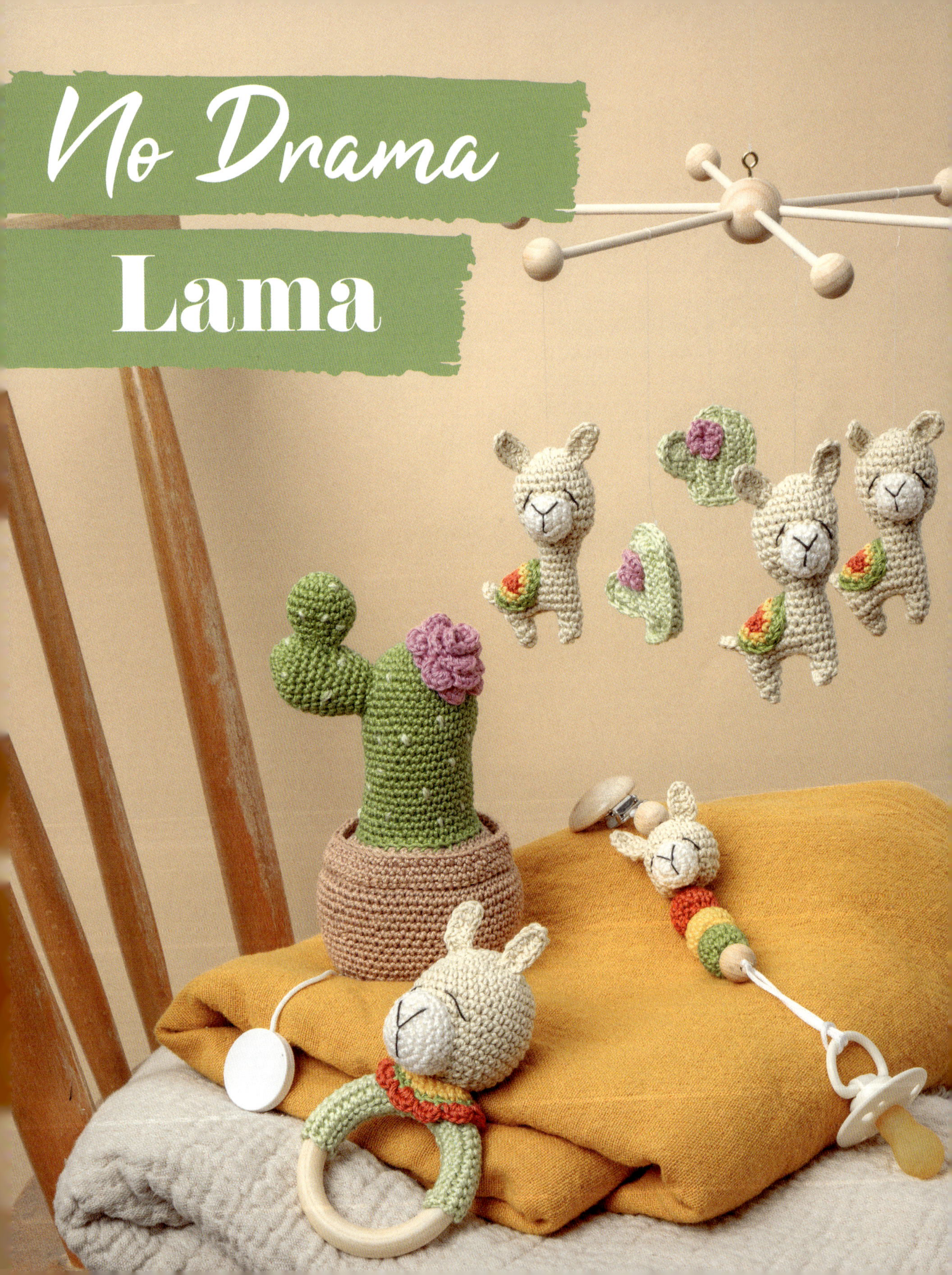

Mobile

Material

- Schachenmayr Catania (100 % Baumwolle, LL 125m/50 g) in
  - Sand (Fb 404), 35 g
  - Gelbgrün (Fb 392), 12 g
  - Crème (Fb 130), ein Rest
  - Azalee (Fb 398), ein Rest
  - Sonne (Fb 208), ein Rest
  - Apfel (Fb 205), ein Rest
  - Kirsche (Fb 242), ein Rest
- Filetgarn in Schwarz
- Mobile Stern aus Holz Ø 23 cm
- Perlonfaden Ø 0,35 mm
- Füllwatte
- Häkelnadel 2,5 mm
- Stecknadeln zum Fixieren
- Stopfnadel zum Vernähen

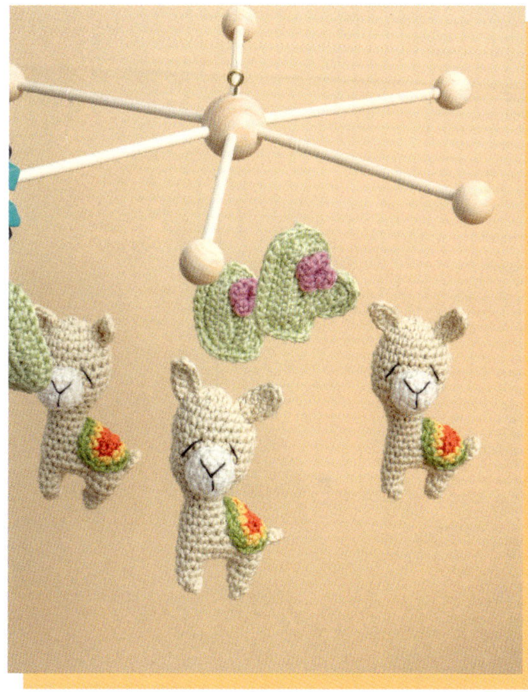

Lama

Kopf und Körper (in Sand)

Häkle in Spiral-Rd. Kopf und Körper fortlaufend mit Füllwatte ausstopfen.

1. Rd: 6 fM in einen Fadenring häkeln. [6]
2. Rd: 6 x 1 M zun. [12]
3. Rd: *1 fM, 1 M zun*, von * bis * noch 5 x wdh. [18]
4. Rd: *8 fM, 1 M zun*, von * bis * noch 1x wdh. [20]
5.–9. Rd: 20 fM häkeln.
10. Rd: *8 fM, 1 M abn*, von * bis * noch 1x wdh. [18]
11. Rd: *1 fM, 1 M abn*, von * bis * noch 5 x wdh. [12]
12. Rd: *4 fM, 1 M abn*, von * bis * noch 1x wdh. [10]
In der nächsten Rd beginnt der Hals.
13.–15. Rd: 10 fM häkeln.

1

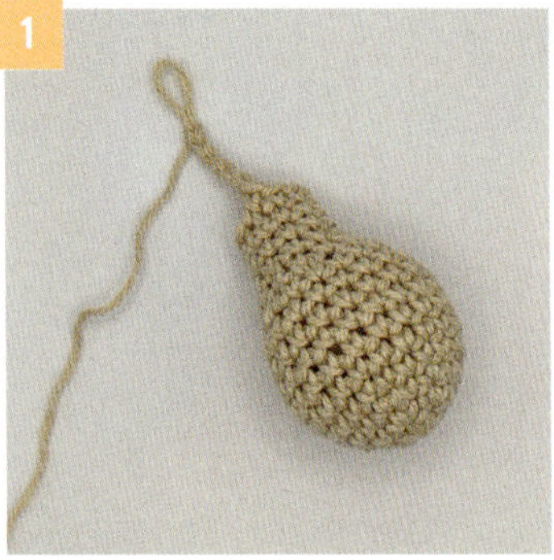

2

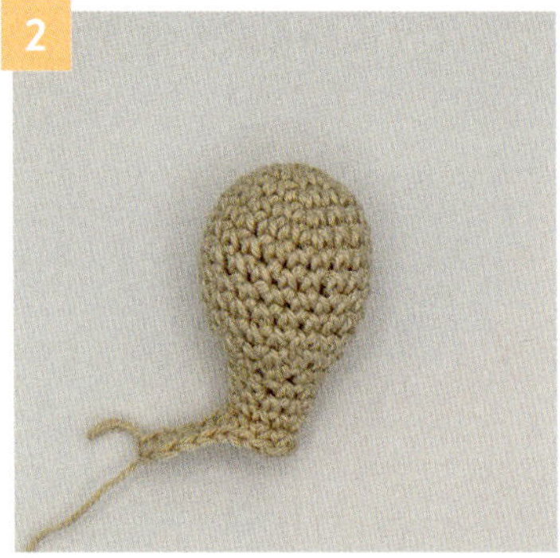

3

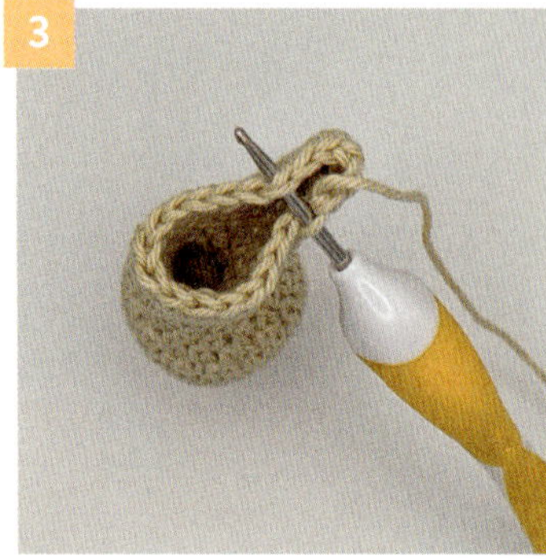

4

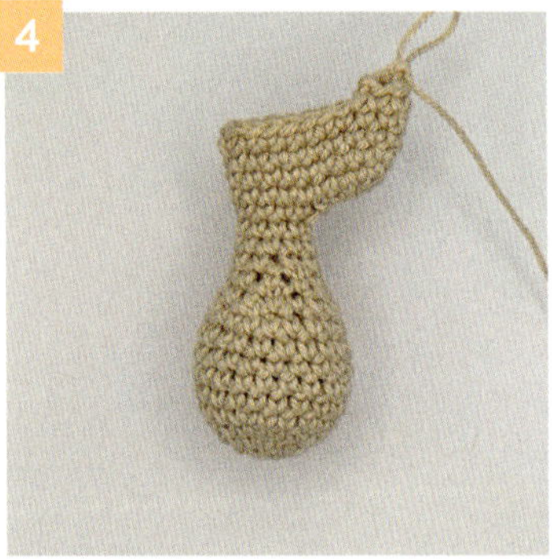

5

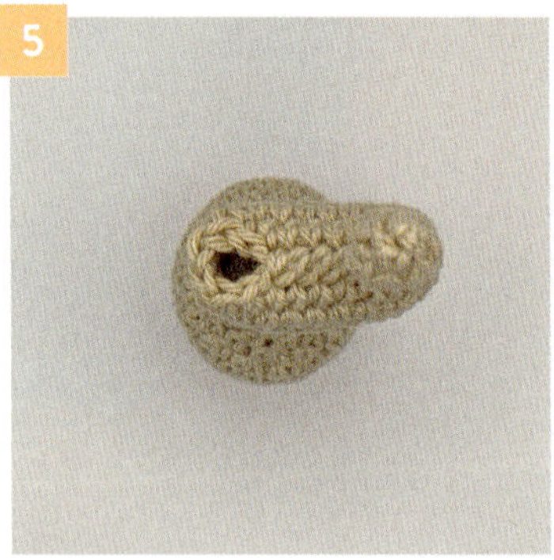

6

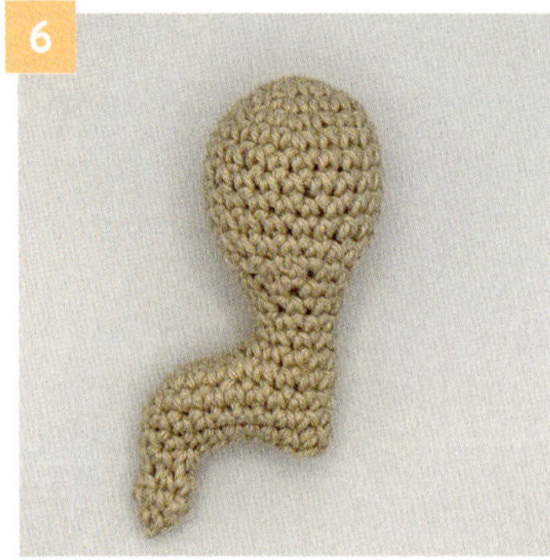

Jetzt beginnt der Körper. Ohne abzuketten, 5 Lm anschl, in die 2. Lm von der Nd aus einstechen und wie folgt häkeln **(Bild 1)**:

16. Rd: 4 fM in die Lm-Kette, 10 fM in die 15. Rd des Halses, 4 fM in die Lm-Kette. [18] **(Bild 2)**

17. Rd: 1 M zun, 16 fM, 1 M zun. [20]

18.–20. Rd: 20 fM häkeln.

Noch 2 fM weiterhäkeln. Der neue Rd-Anfang liegt anschließend hinten mittig. Nicht abketten, es geht direkt mit den Beinen weiter.

Beine (2 x in Sand)

Häkle in Spiral-Rd. Die Beine fortlaufend mit Füllwatte ausstopfen. Starte zunächst mit dem Hinterbein, später wird das Vorderbein gehäkelt.

1. Rd: 3 fM entlang des Körpers, in die gegenüberliegende M einstechen und weitere 3 fM entlang des Körpers häkeln. So entsteht eine neue verkürzte Rd. [6] **(Bild 3–4)**

2.–3. Rd: 6 fM häkeln.

Den Faden lang abschneiden, durch die vorderen M-Glieder der letzten Rd fädeln, festziehen und den Faden anschließend vor das Hinterbein fädeln. Am Bauch jeweils 4 gegenüberliegende fM der 20. Rd zusammennähen. Anschließend sollte nur noch eine Öffnung aus 6 fM für das Vorderbein bleiben **(Bild 5–6)**.

Schlinge den Faden an der Öffnung in einer beliebigen M an und häkle 3 Rd mit jeweils 6 fM. Den Faden abschneiden, durch die vorderen M-Glieder der letzten Rd fädeln, festziehen und vernähen.

Schnauze (in Crème)

Häkle in Spiral-Rd. Die Schnauze fortlaufend mit Füllwatte ausstopfen.

1. Rd: 5 fM in einen Fadenring häkeln. [5]

2. Rd: 5 x 1 M zun. [10]

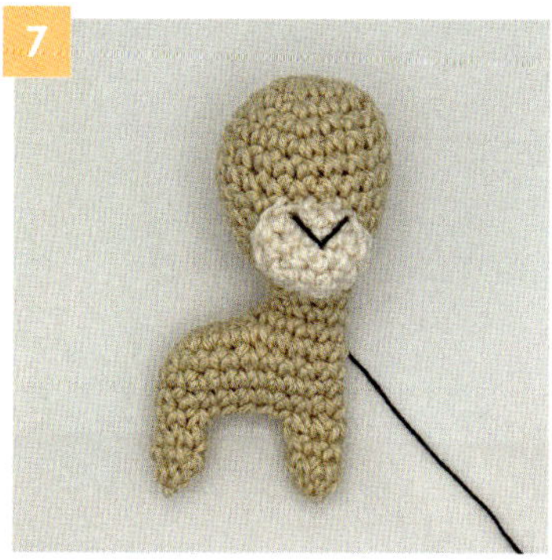

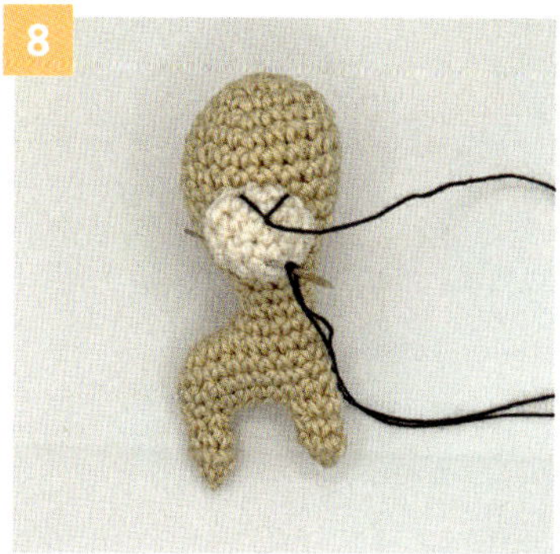

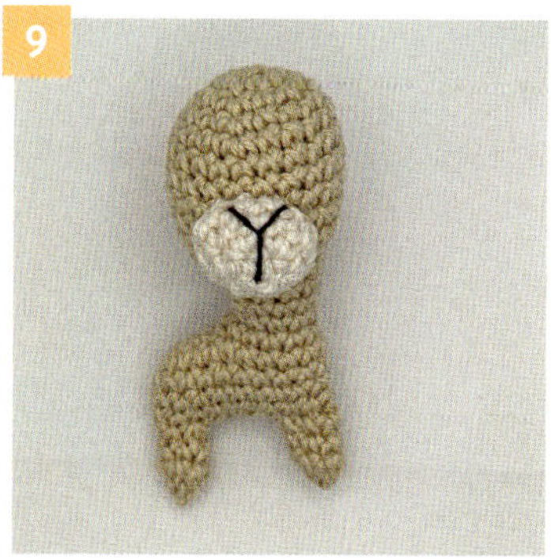

3.–4. Rd: 10 fM häkeln.
Mit 1 Km in die 1. M beenden und den Faden lang abschneiden. Die Schnauze über Rd 7–12 am Kopf festnähen.

Gesicht fertigstellen

Die Augen mit schwarzem Filetgarn direkt neben der Schnauze über 2 Rd Höhe und 2 M Breite aufsticken. Sticke die Nase ebenfalls mit schwarzem Filetgarn über Rd 3–4 der Schnauze mit 2 M Breite oben und 1 M Breite unten auf. Unter der Nase noch 2 M nach unten sticken, um die Schnauze fertigzustellen **(Bild 7–9)**.

Ohren (2 x in Sand)

Häkle in Rd. 5 Lm anschl, in die 2. Lm von der Nd aus einstechen und wie folgt um die Lm-Kette herumhäkeln:
1. Rd: 3 fM, 3 fM in eine M, 2 fM, 1 M zun. [10]
Mit 1 Km in die 1. M beenden, den Faden lang abschneiden und damit die Ohren über Rd 3 des Kopfs festnähen.

Schwanz (in Sand)

1. Rd: 8 fM in einen Fadenring häkeln. [8]
Mit 1 Km in die 1. M beenden, den Faden lang abschneiden und damit den Schwanz am Rücken des Lamas festnähen.

Sattel (in Kirsche, Sonne und Apfel)

Häkle in Spiral-Rd. Beginne in Kirsche. 7 Lm anschl, in die 2. Lm von der Nd aus einstechen und wie folgt um die Lm-Kette herumhäkeln:
1. Rd: 5 fM, 3 fM in eine M, 4 fM, 1 M zun. [14]
Fb-Wechsel zu Sonne.
2. Rd: *1 M zun, 6 fM*, von * bis * noch 1 x wdh. [16]
Fb-Wechsel zu Apfel.
3. Rd: *1 M zun, 7 fM*, von * bis * noch 1 x wdh. [18]
Mit 1 Km in die 1. M beenden, den Faden lang abschneiden und damit den Sattel auf dem Rücken festnähen. Anschließend noch zwei weitere Lamas häkeln.

Kaktus (in Gelbgrün)

Häkle in R. 11 Lm anschl, in die 2. Lm von der Nd aus einstechen und wie folgt weiterhäkeln:
1. R: 10 fM, 1 Lm, wenden. [10]
2.–4. Rd: 10 fM ihM häkeln.
Ohne abzuketten, den gesamten Kaktus mit 18 fM umrunden. Dabei je 4 fM oben und unten und jeweils 10 fM an den Seiten (1. und 4. R) häkeln. Den Faden abschneiden und vernähen. Einen identischen zweiten Teil häkeln, jedoch nicht abketten. Beide Teile mit der Rückseite aufeinanderlegen, durch die fM der

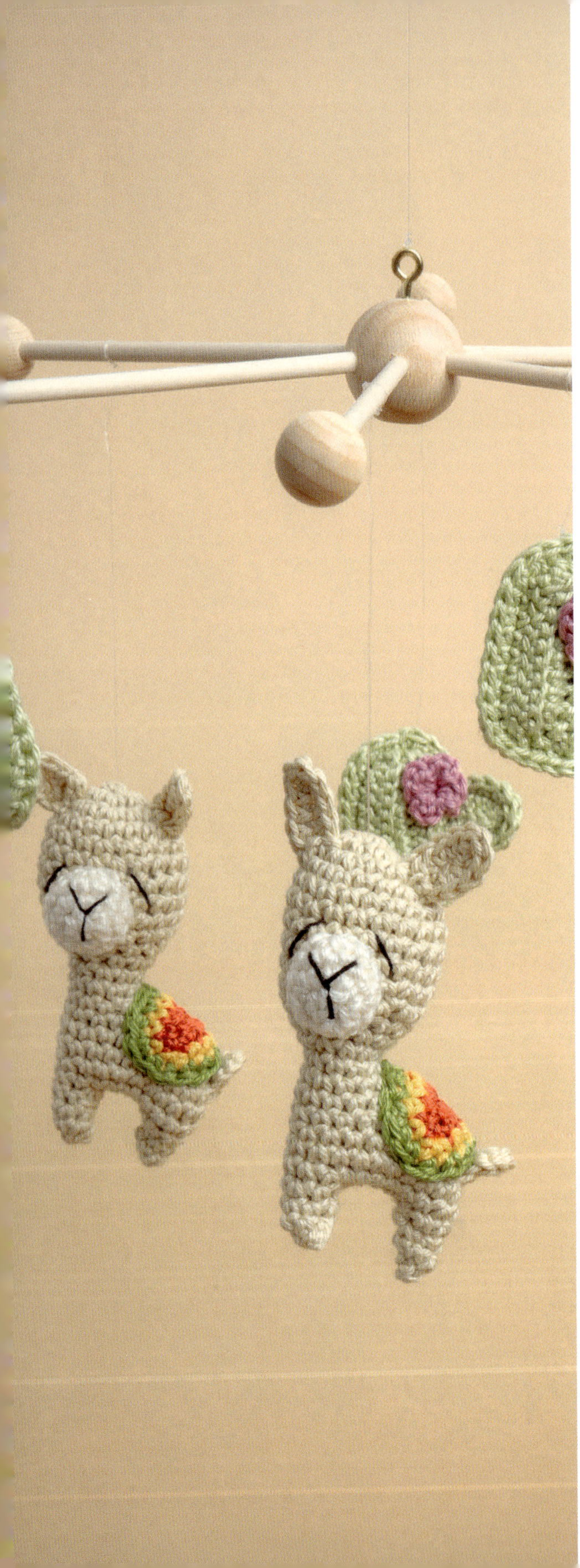

Umrandung beider Kakteen stechen und sie so mit 18 fM zusammenhäkeln. Währenddessen nur leicht mit Füllwatte ausstopfen. Den Faden abschneiden und vernähen.

Kaktusarm (in Gelbgrün)

Häkle in R. 4 Lm anschl, in die 2. Lm von der Nd aus einstechen und wie folgt häkeln:
1. R: 3 fM, 1 Lm, wenden. [3]
2. R: 3 fM ihM häkeln.
Ohne abzuketten, die beiden kurzen und eine lange R des Kaktusarms mit 7 fM umrunden. Dabei je 2 fM oben und unten sowie 3 fM an einer Seite häkeln. Die zweite Seite der R wird nicht behäkelt. Den Faden abschneiden und vernähen. Einen identischen zweiten Teil häkeln, jedoch nicht abketten. Beide Teile mit den Rückseiten aufeinanderlegen und wie beim Kaktus mit 7 fM zusammenhäkeln. Dabei jedoch nicht mit Füllwatte ausstopfen. Den Faden lang abschneiden und damit den Kaktusarm am Kaktus festnähen.

Blüte (in Azalee)

Häkle in Rd. Häkle in einen Fadenring.
1. Rd: *3 hStb, 1 Km*, von * bis * noch 3 x wdh. [16]
Mit 1 Km in die 1. M beenden. Den Faden lang abschneiden, festziehen und damit die Blüte am Kaktus festnähen. Anschließend zwei weitere Kakteen häkeln.

Mobile fertigstellen

Folge dazu der Anleitung zum Fertigstellen des Mobiles auf S. 19 der Grundanleitungen. Stich bei den Lamas den Faden jedoch jeweils von unten nach oben durch und komme am Kopf zwischen den Ohren wieder heraus.

Schnullerkette

Material

- Schachenmayr Catania (100 % Baumwolle, LL 125m/50 g) in
  - Sand (Fb 404), 5 g
  - Crème (Fb 130), ein Rest
  - Kirsche (Fb 424), ein Rest
  - Apfel (Fb 205), ein Rest
  - Sonne (Fb 208), ein Rest
- Filetgarn in Schwarz
- Holzclip Ø 37 mm
- 5 x Rohholzkugeln gebohrt Ø 15 mm
- Fädelschnur
- Füllwatte
- Häkelnadel 2,5 mm
- Stecknadeln zum Fixieren
- Stopfnadel zum Vernähen

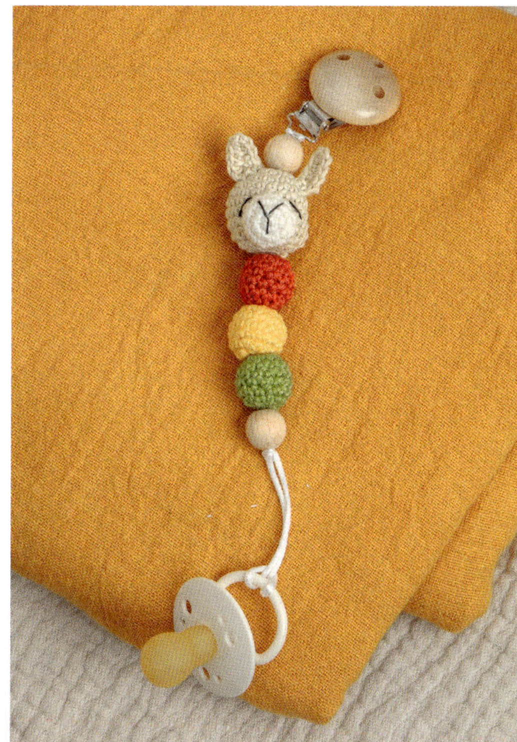

Lama Kopf (in Sand)

Häkle in Spiral-Rd. Den Kopf fortlaufend mit Füllwatte ausstopfen.

1. Rd: 6 fM in einen Fadenring häkeln. [6]
2. Rd: 6 x 1 M zun. [12]
3. Rd: *1 fM, 1 M zun*, von * bis * noch 5 x wdh. [18]
4. Rd: *8 fM, 1 M zun*, von * bis * noch 1 x wdh. [20]
5.–8. Rd: 20 fM häkeln.
9. Rd: *8 fM, 1 M abn*, von * bis * noch 1 x wdh. [18]
10. Rd: *1 fM, 1 M abn*, von * bis * noch 5 x wdh. [12]
11. Rd: 6 x 1 M abn. [6]

Den Faden abschneiden, durch die vorderen M-Glieder der letzten Rd fädeln, festziehen und vernähen.

Ohren (2 x in Sand)

Häkle in Rd. 5 Lm anschl, in die 2. Lm von der Nd aus einstechen und wie folgt um die Lm-Kette herumhäkeln:

1. Rd: 3 fM, 3 fM in eine M, 2 fM, 1 M zun. [10]
Mit 1 Km in die 1. M beenden, den Faden lang

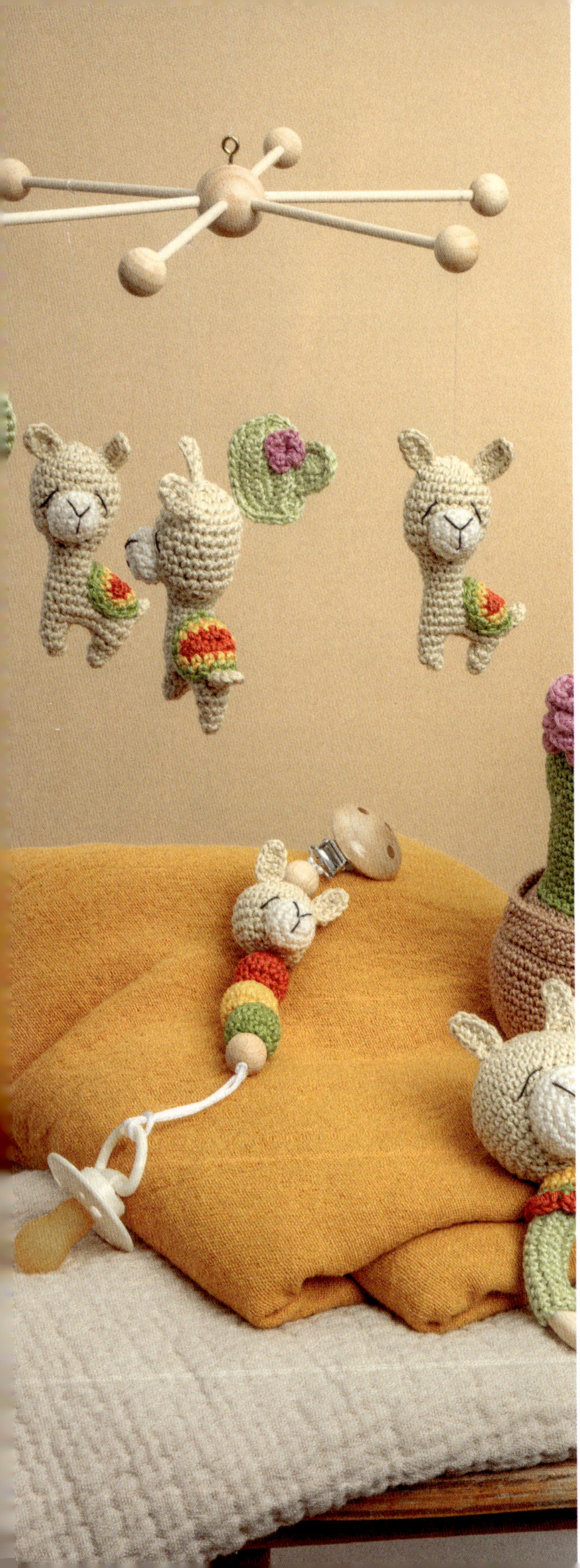

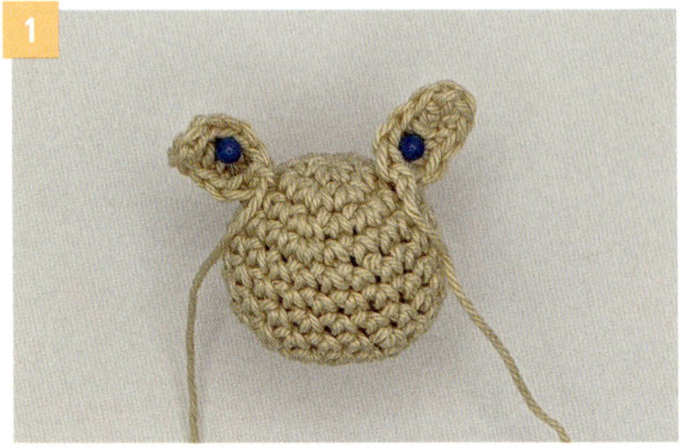

abschneiden und damit die Ohren über Rd 3 des Kopfs festnähen **(Bild 1)**.

Schnauze (in Crème)

Häkle in Spiral-Rd. Die Schnauze fortlaufend mit Füllwatte ausstopfen.

1. Rd: 5 fM in einen Fadenring häkeln. [5]

2. Rd: 5 x 1 M zun. [10]

3.–4. Rd: 10 fM häkeln.

Mit 1 Km in die 1. M beenden. Den Faden lang abschneiden und damit die Schnauze über Rd 6–10 des Kopfs festnähen.

Gesicht fertigstellen

Die Augen mit schwarzem Filetgarn direkt neben der Schnauze über 2 Rd Höhe und 2 M Breite aufsticken. Sticke die Nase ebenfalls mit schwarzem Filetgarn über Rd 3-4 der Schnauze mit 2 M Breite oben und 1 M Breite unten auf. Unter der Nase noch 2 M nach unten sticken, um die Schnauze fertigzustellen.

Hinweis: Eine bebilderte Anleitung findest du dazu auf S. 85 der Anleitung zum Mobile mit Lamas.

Kugeln umhäkeln (1 x in Kirsche, 1 x in Sonne und 1 x in Apfel)

Folge dazu der Anleitung Kugeln Umhäkeln auf S. 17 der Grundanleitungen.

Schnullerkette fertigstellen

Folge dazu der Anleitung zum Fertigstellen der Schnullerkette auf S. 18 der Grundanleitungen.

Greifring

Material

» Schachenmayr Catania (100 % Baumwolle, LL 125m/50 g) in
  - Sand (Fb 404), 12 g
  - Gelbgrün (Fb 392), 8 g
  - Crème (Fb 130), 5 g
  - Kirsche (Fb 424), ein Rest
  - Apfel (Fb 205), ein Rest
  - Sonne (Fb 208), ein Rest

» Filetgarn in Schwarz
» Opry Holzring Ø 70 mm
» Füllwatte
» Häkelnadel 2,5 mm
» Stecknadeln zum Fixieren
» Stopfnadel zum Vernähen

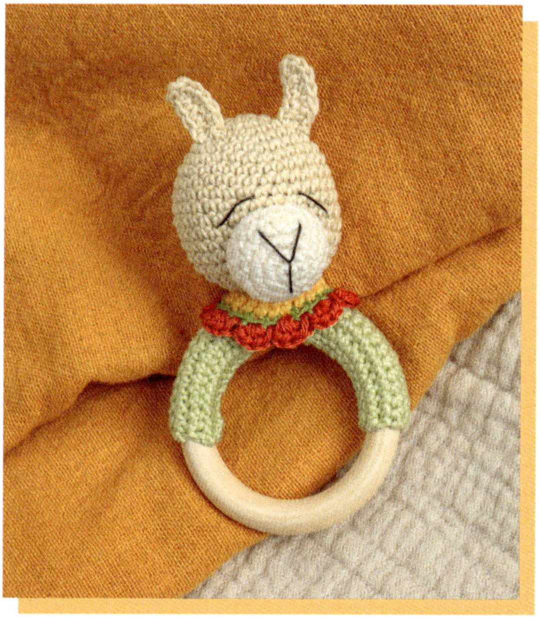

Ring umhäkeln (in Gelbgrün)

Häkle in R. 31 Lm anschl, in die 2. Lm von der Nd aus einstechen und wie folgt häkeln:

1.–8. R: 30 fM, 1 Lm, wenden. [30]

Den Faden lang abschneiden und das Häkelstück um den Ring legen. Die gegenüberliegenden Enden M für M zusammennähen, um das Häkelstück so am Ring zu befestigen. Achte darauf, beim Zusammennähen immer nur von einer Seite aus einzustechen (also nicht über Kreuz). Den Faden abschneiden und vernähen.

Hinweis: Eine bebilderte Anleitung zum Umhäkeln des Rings findest du in der Anleitung Greifring Wal auf S. 31.

Kopf (in Sand)

Häkle in Spiral-Rd. Den Kopf fortlaufend mit Füllwatte ausstopfen.

1. Rd: 6 fM in einen Fadenring häkeln. [6]

2. Rd: 6 x 1 M zun. [12]

3. Rd: *1 fM, 1 M zun*, von * bis * noch 5 x wdh. [18]

1

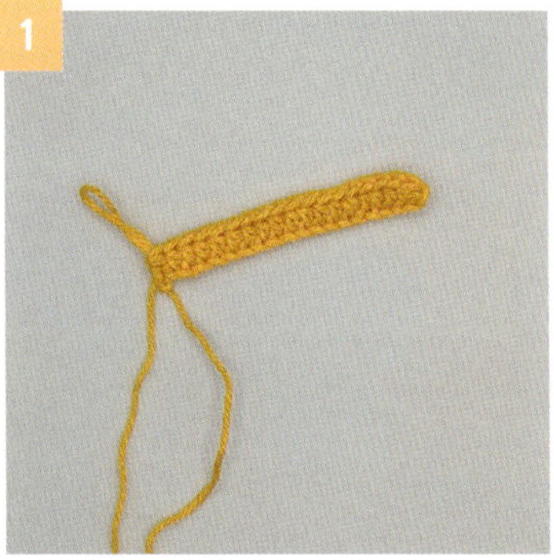

2

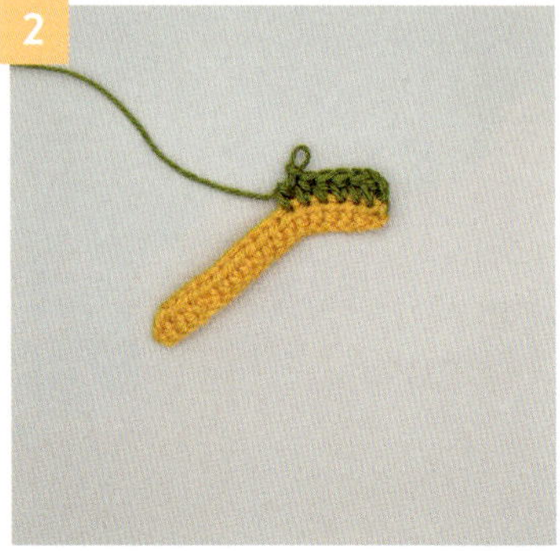

3

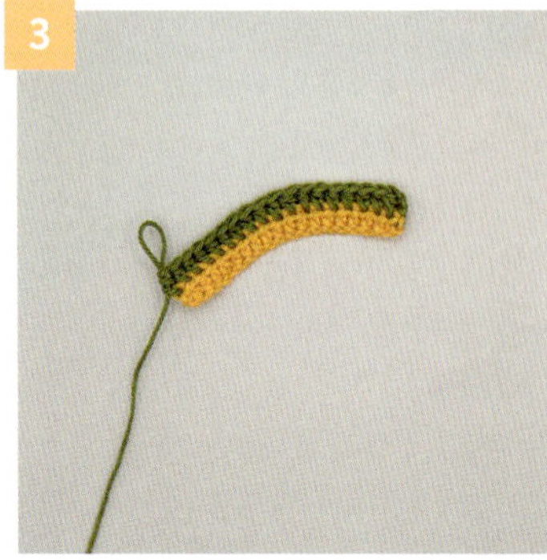

4

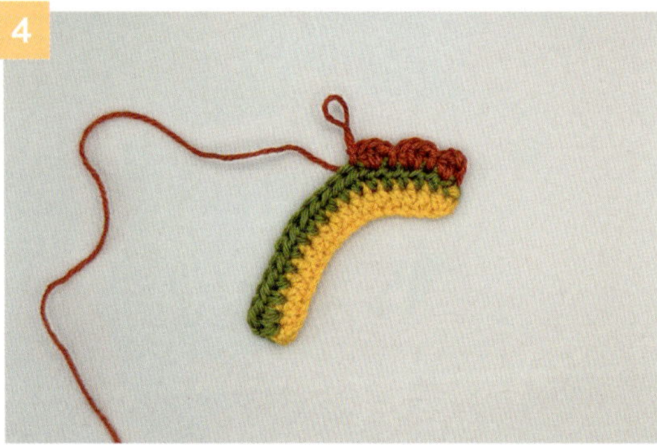

5

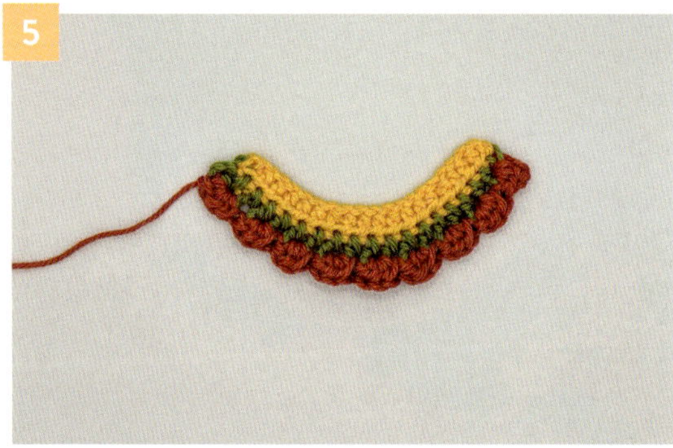

4. Rd: *2 fM, 1 M zun*, von * bis * noch 5 x wdh. [24]

5. Rd: *3 fM, 1 M zun*, von * bis * noch 5 x wdh. [30]

6. Rd: *14 fM, 1 M zun*, von * bis * noch 1 x wdh. [32]

7.–14. Rd: 32 fM häkeln.

15. Rd: *14 fM, 1 M abn*, von * bis * noch 1 x wdh. [30]

16. Rd: *3 fM, 1 M abn*, von * bis * noch 5 x wdh. [24]

17. Rd: *2 fM, 1 M abn*, von * bis * noch 5 x wdh. [18]

18. Rd: *1 fM, 1 M abn*, von * bis * noch 5 x wdh. [12]

19. Rd: 6 x 1 M abn. [6]

Den Faden lang abschneiden, durch die vorderen M-Glieder der letzten Rd fädeln, festziehen und vernähen.

Schnauze (in Crème)

Häkle in Spiral-Rd. Die Schnauze fortlaufend mit Füllwatte ausstopfen.

1. Rd: 6 fM in einen Fadenring häkeln. [6]

2. Rd: 6 x 1 M zun. [12]

3. Rd: *1 fM, 1 M zun*, von * bis * noch 5 x wdh. [18]

4.–6. Rd: 18 fM häkeln.

Mit 1 Km in die 1. M beenden, den Faden lang abschneiden und damit die Schnauze über Rd 11–17 des Kopfs festnähen.

Ohren (2 x in Sand)

Häkle in Rd. 6 Lm anschl, in die 2. Lm von der Nd aus einstechen und wie folgt um die Lm-Kette herumhäkeln:

1. Rd: 4 fM, 3 fM in eine M, 3 fM, 1 M zun. [12]

Mit 1 Km in die 1. M beenden, den Faden lang abschneiden und damit die Ohren zwischen Rd 3–4 am Kopf festnähen.

Gesicht fertigstellen

Die Augen mit schwarzem Filetgarn neben der Schnauze über 2 Rd Höhe und 3 M Breite aufsticken. Sticke die Nase über 3 M Breite nach oben und 1 M Breite nach unten mit schwarzem Filetgarn über Rd 2–4 der Schnauze auf. Unter der Nase noch 3 M nach unten stechen, um die Schnauze fertigzustellen. Den Kopf anschließend mit einem Restfaden in Gelbgrün am Ring festnähen.

Kragen (in Kirsche, Sonne und Apfel)

Häkle in R. Beginne in Sonne. 20 Lm anschl, in die 3. Lm von der Nd aus einstechen und wie folgt häkeln:

1. R: 18 hStb, 2 Lm, wenden. [18]

Fb-Wechsel zu Apfel.

2. R: 18 hStb, 2 Lm, wenden.

Fb-Wechsel zu Kirsche.

3. R: 2 hStb in eine M, 1 Km, *3 hStb in eine M, 1 Km*, von * bis * noch 7 x wdh. [35]

(Bild 1–5)

Den Faden lang abschneiden. Den Kragen um den Hals legen und die Enden hinten zusammennähen.

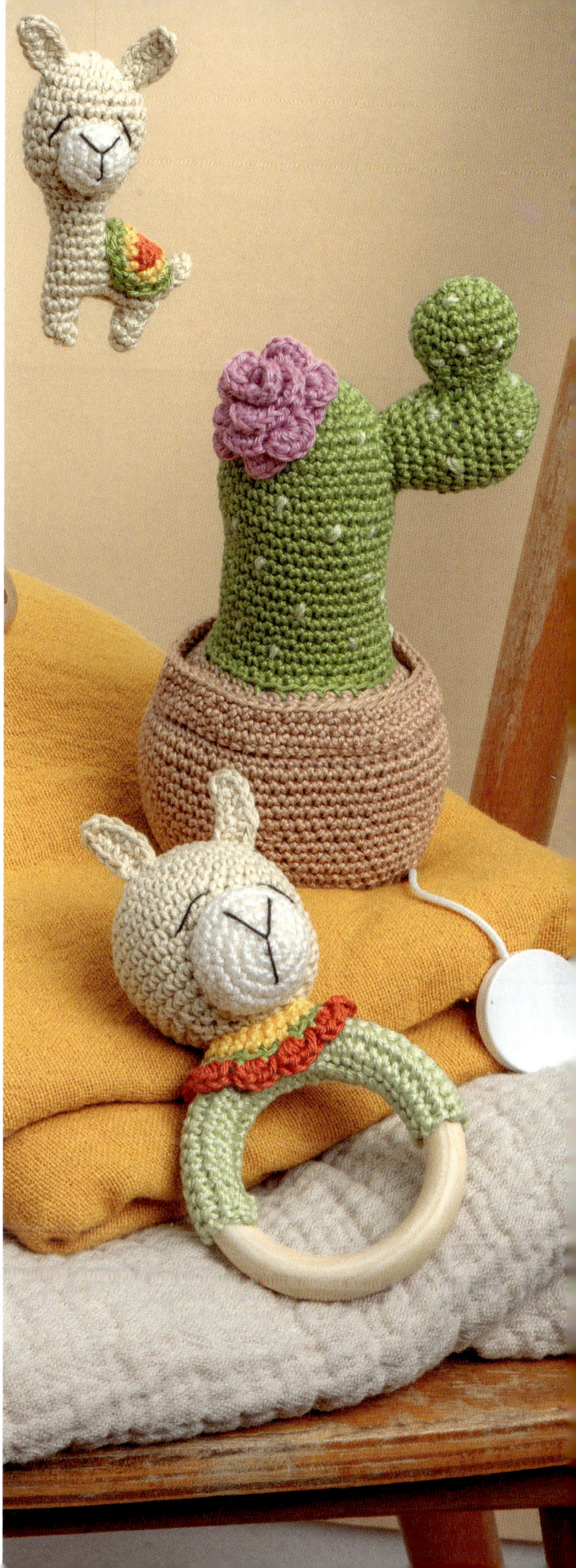

Spieluhr

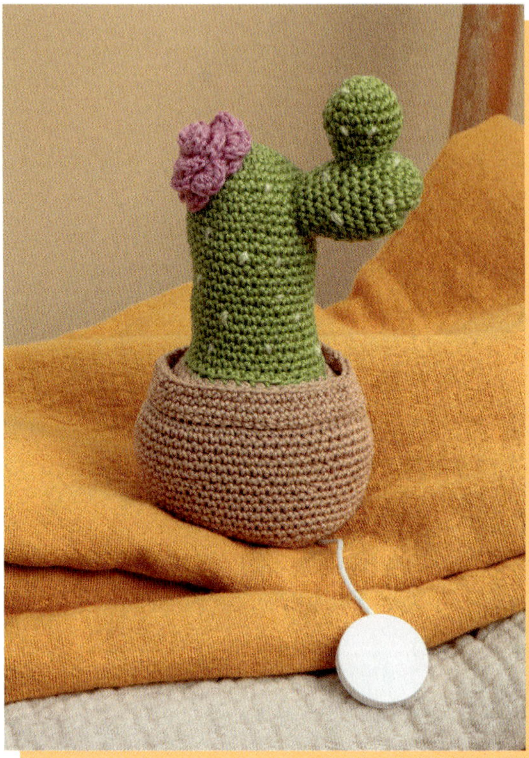

Material

- Schachenmayr Catania (100 % Baumwolle, LL 125m/50 g) in
  - Apfel (Fb 205), 20 g
  - Sun-kissed (Fb 437), 15 g
  - Azalee (Fb 398), 5 g
  - Gelbgrün (Fb 392), ein Rest
- Spieluhr „La Valse d´Amelie" von Glückswolke
- Füllwatte
- Häkelnadel 2,5 mm
- Stecknadeln zum Fixieren
- Stopfnadel zum Vernähen

Kaktus und Topf

(in Apfel und Sun-kissed)

Häkle in Spiral-Rd. Beginne in Apfel.

1. Rd: 6 fM in einen Fadenring häkeln. [6]

2. Rd: 6 x 1 M zun. [12]

3. Rd: *1 fM, 1 M zun*, von * bis * noch 5 x wdh. [18]

4. Rd: *2 fM, 1 M zun*, von * bis * noch 5 x wdh. [24]

5. Rd: *3 fM, 1 M zun*, von * bis * noch 5 x wdh. [30]

6.–25. Rd: 30 fM häkeln.

Fb-Wechsel zu Sun-kissed. Es geht weiter mit dem Topf.

26. Rd: alles ivM, *4 fM, 1 M zun*, von * bis * noch 5 x wdh. [36] **(Bild 1–2)**

27. Rd: *5 fM, 1 M zun*, von * bis * noch 5 x wdh. [42]

28. Rd: *6 fM, 1 M zun*, von * bis * noch 5 x wdh. [48]

29. Rd: *7 fM, 1 M zun*, von * bis * noch 5 x wdh. [54]

30. Rd: *8 fM, 1 M zun*, von * bis * noch 5 x wdh. [60]

31. Rd: 60 fM ihM häkeln.

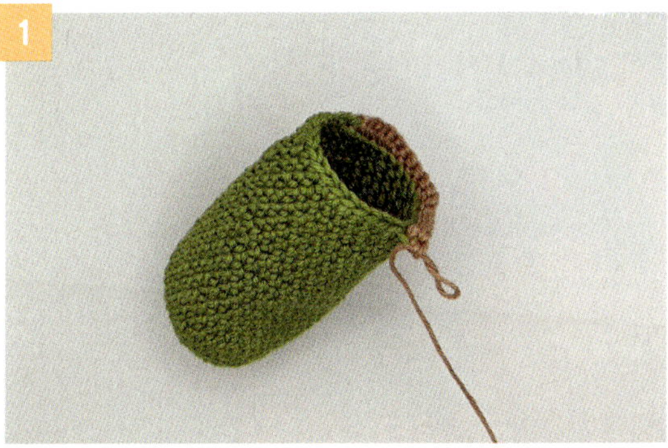
1

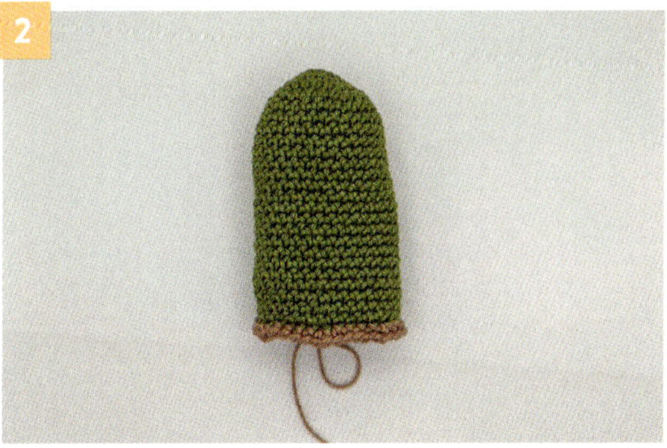
2

32.–36. Rd: 60 fM häkeln.
Den Kaktus nur bis zur Rd 36 ausstopfen. Es wird erst wieder nachgestopft, wenn die Spieluhr eingelegt ist.
37. Rd: *8 fM, 1 M abn*, von * bis * noch 5x wdh. [54]
38.–42. Rd: 54 fM häkeln.
43. Rd: *7 fM, 1 M abn*, von * bis * noch 5x wdh. [48]
44. Rd: *6 fM, 1 M abn*, von * bis * noch 5x wdh. [42]
Stecke die Spieluhr in den Topf, mit der Schnur nach unten zeigend. Stopfe nun weitere Füllwatte rund um die Spieluhr, bis sie von außen nicht mehr zu fühlen ist. Den Boden des Topfs nicht mit Füllwatte stopfen, damit der Kaktus am Ende noch gut stehen kann. Drücke die Spieluhr in den weiteren Rd nun immer wieder nach oben und stopfe Füllwatte an den Seiten nach. Führe die Schnur im weiteren Verlauf immer weiter mit und lege sie am Ende in der letzten Rd mittig nach außen.
45. Rd: alles ihM, *5 fM, 1 M abn*, von * bis * noch 5x wdh. [36]
46. Rd: *4 fM, 1 M abn*, von * bis * noch 5x wdh. [30]
47. Rd: *3 fM, 1 M abn*, von * bis * noch 5x wdh. [24]
48. Rd: *2 fM, 1 M abn*, von * bis * noch 5x wdh. [18]
49. Rd: *1 fM, 1 M abn*, von * bis * noch 5x wdh. [12]
50. Rd: 6x 1 M abn. [6]
Den Faden abschneiden, durch die vorderen M-Glieder der letzten Rd fädeln, festziehen und vernähen.

Topfrand (in Sun-kissed)

Den Faden ivM aus Rd 31 des Topfs aufnehmen, von unten einstechen und wie folgt um den Rand herumhäkeln:
1.–3. Rd: 60 fM häkeln. [60]
4. Rd: *8 fM, 1 M abn*, von * bis * noch 5x wdh. [54]
Mit 1 Km in die 1. M beenden. Den Faden abschneiden und vernähen.

Großer Kaktusarm (in Apfel)

Häkle in Spiral-Rd. Den Kaktusarm fortlaufend mit Füllwatte ausstopfen.
1. Rd: 6 fM in einen Fadenring häkeln. [6]
2. Rd: 6x 1 M zun. [12]
3. Rd: *1 fM, 1 M zun*, von * bis * noch 5x wdh. [18]
4.–9. Rd: 18 fM häkeln.
10. Rd: *7 fM, 1 M abn*, von * bis * noch 1x wdh. [16]

3

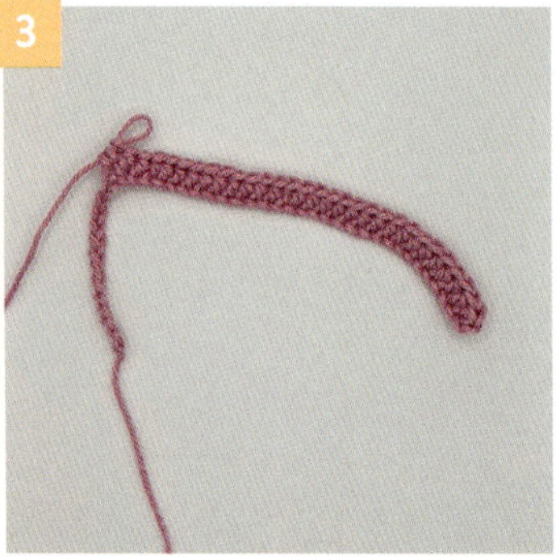

4

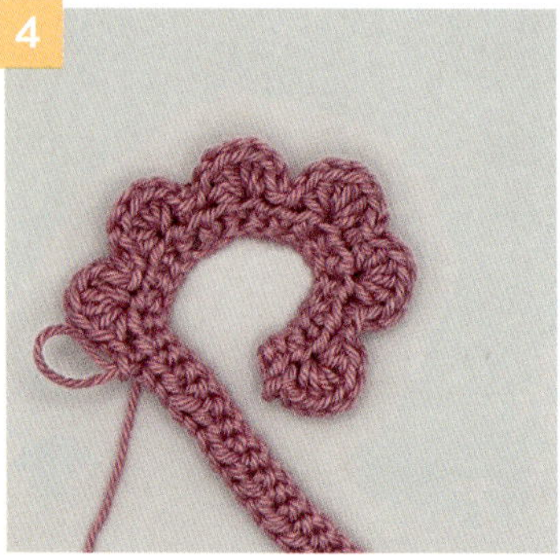

5

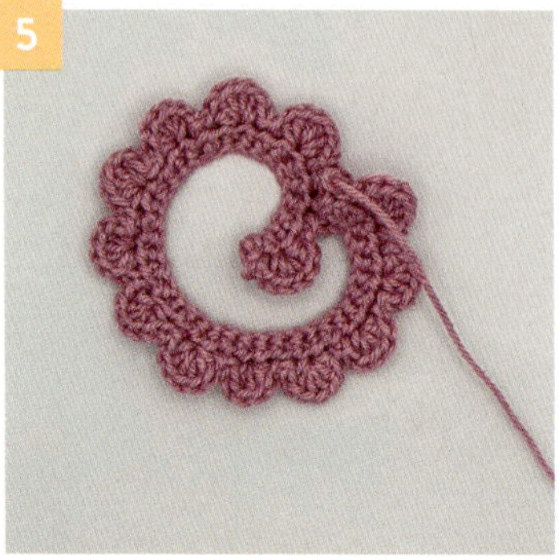

6

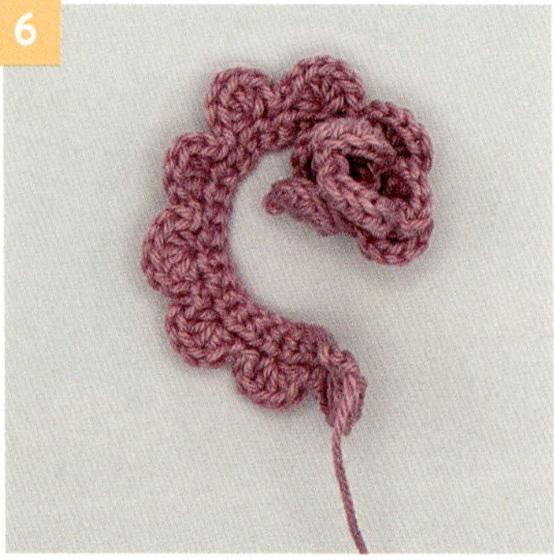

7

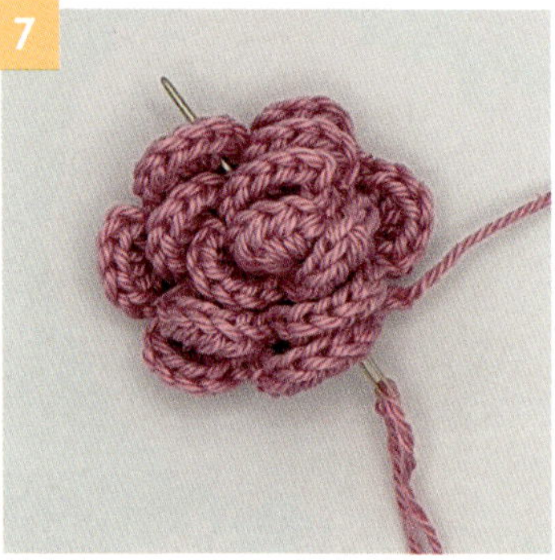

8

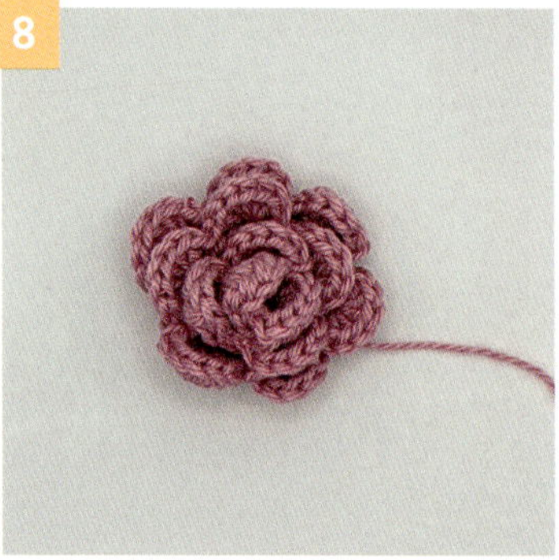

11. Rd: *6 fM, 1 M abn*, von * bis * noch 1x wdh. [14]

12.–13. Rd: 14 fM häkeln.

Mit 1 Km in die 1. M beenden, den Faden lang abschneiden und damit den großen Kaktusarm über Rd 5–9 am Kaktus festnähen.

Kleiner Kaktusarm (in Apfel)

Häkle in Spiral-Rd. Den Kaktusarm fortlaufend mit Füllwatte ausstopfen.

Rd 1–6 des großen Kaktusarm wdh. Nicht abketten, sondern wie folgt weiterhäkeln:

7. Rd: *1 fM, 1 M abn*, von * bis * noch 5x wdh. [12]

8.–9. Rd: 12 fM häkeln.

Mit 1 Km in die 1. M beenden, den Faden lang abschneiden und damit den kleinen Kaktusarm am großen Kaktusarm festnähen.

Blüte (in Azalee)

Häkle in R. 44 Lm anschl, in die 3. Lm von der Nd aus einstechen und wie folgt häkeln:

1. R: 42 hStb, 1 Lm, wenden. [42]

2. R: *1 Km, 6 hStb in eine M, 1 Km*, von * bis * noch 13x wdh. [112]

Den Faden lang abschneiden und das Häkelstück zusammenrollen. Die Enden zusammennähen und das Innere der Blume mit ein paar Stichen durch die Blüte hindurch fixieren **(Bild 3–8)**. Die Blüte auf dem Kaktus festnähen. Anschließend die Stacheln in Gelbgrün über je 1 M aufsticken, dazu jeweils 2x einstechen.

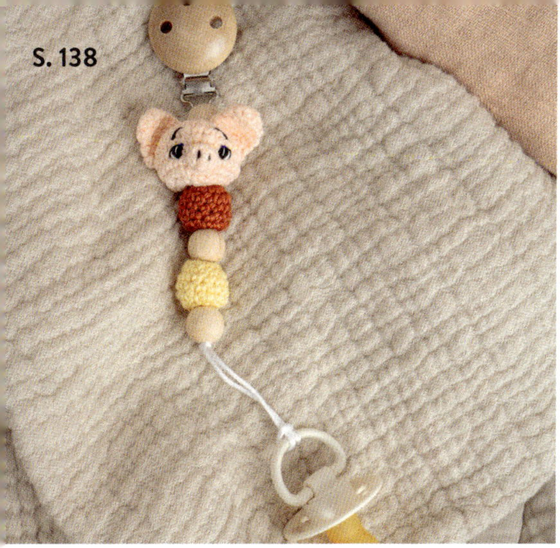
S. 138

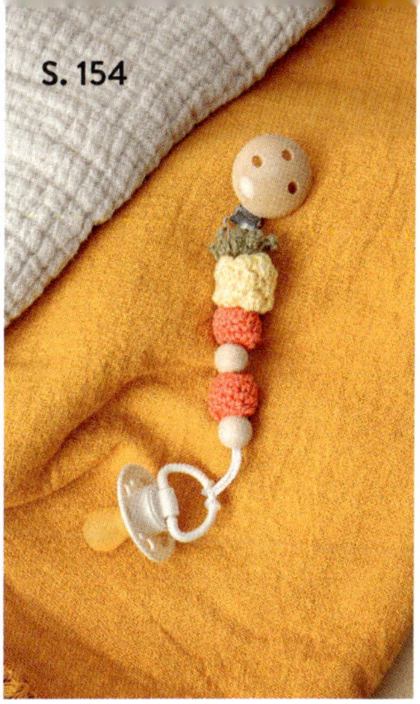
S. 154

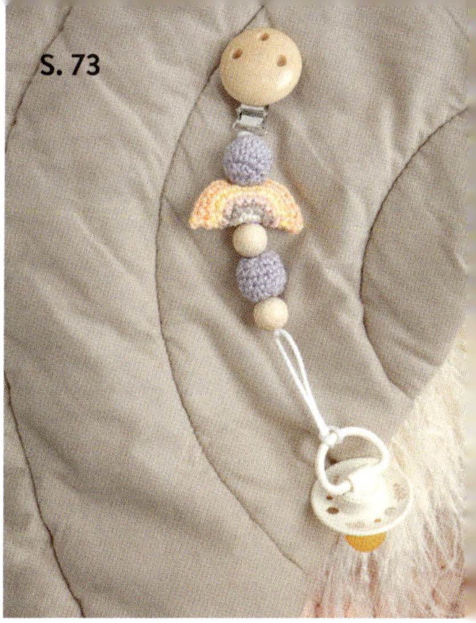
S. 73

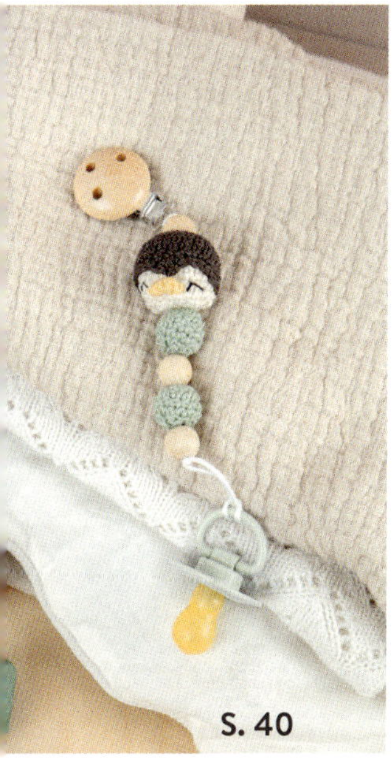
S. 40

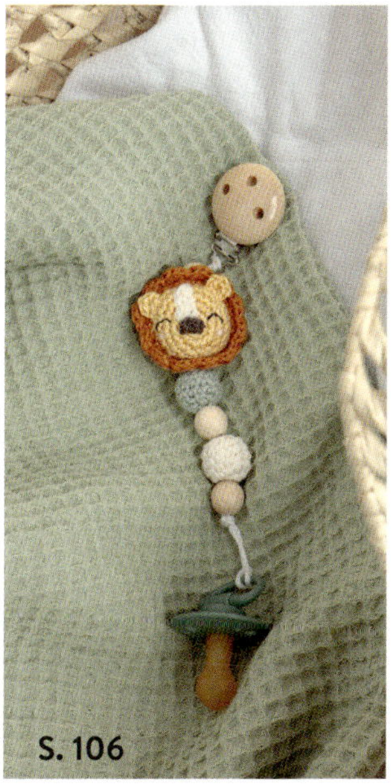
S. 106

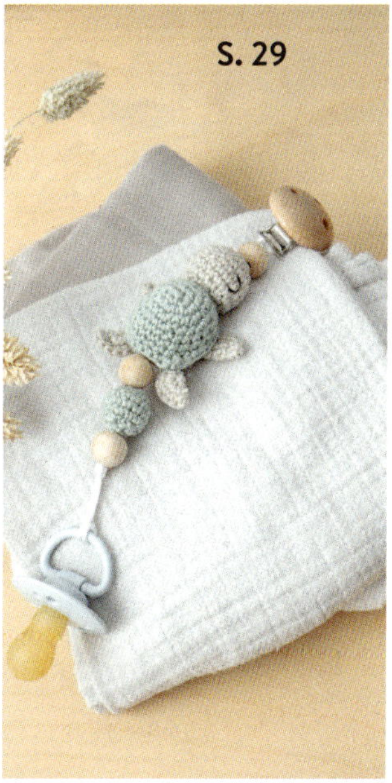
S. 29

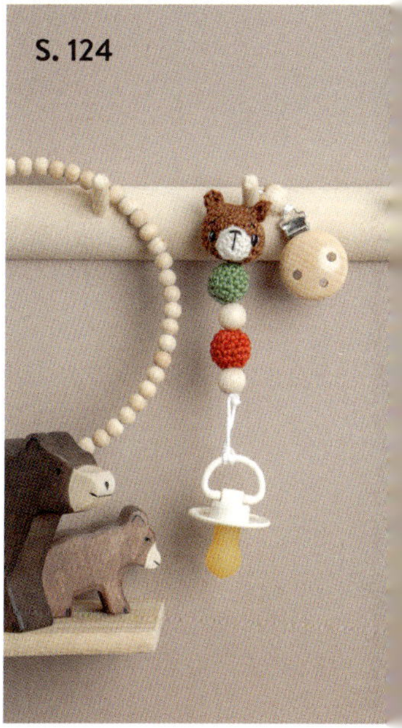
S. 124

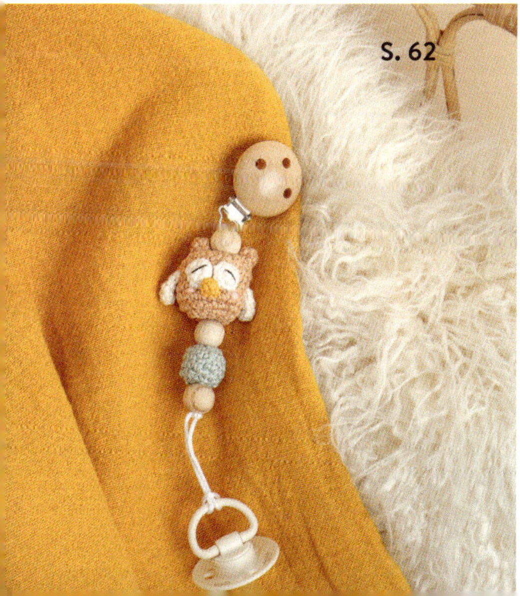
S. 62

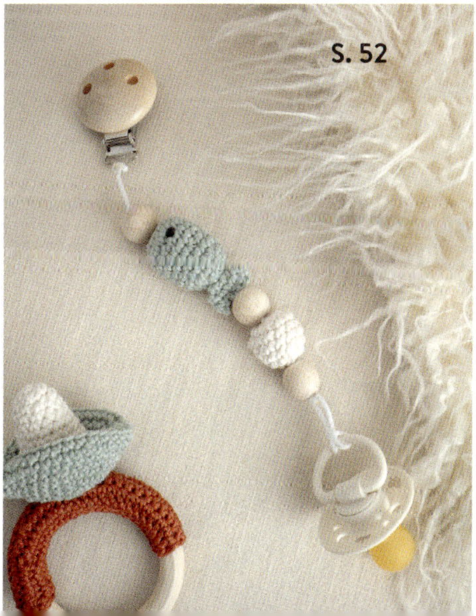
S. 52

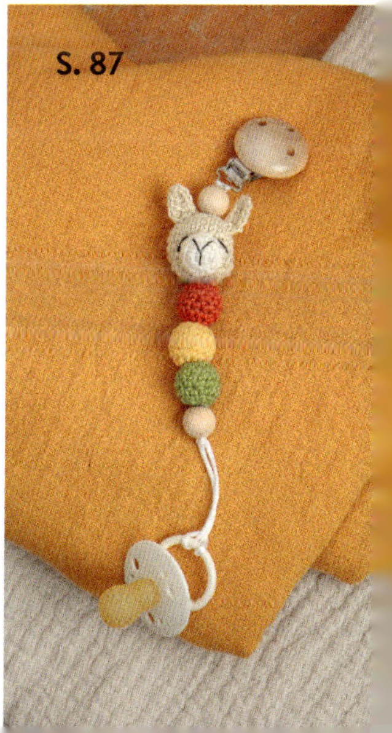
S. 87

Dschungel-safari

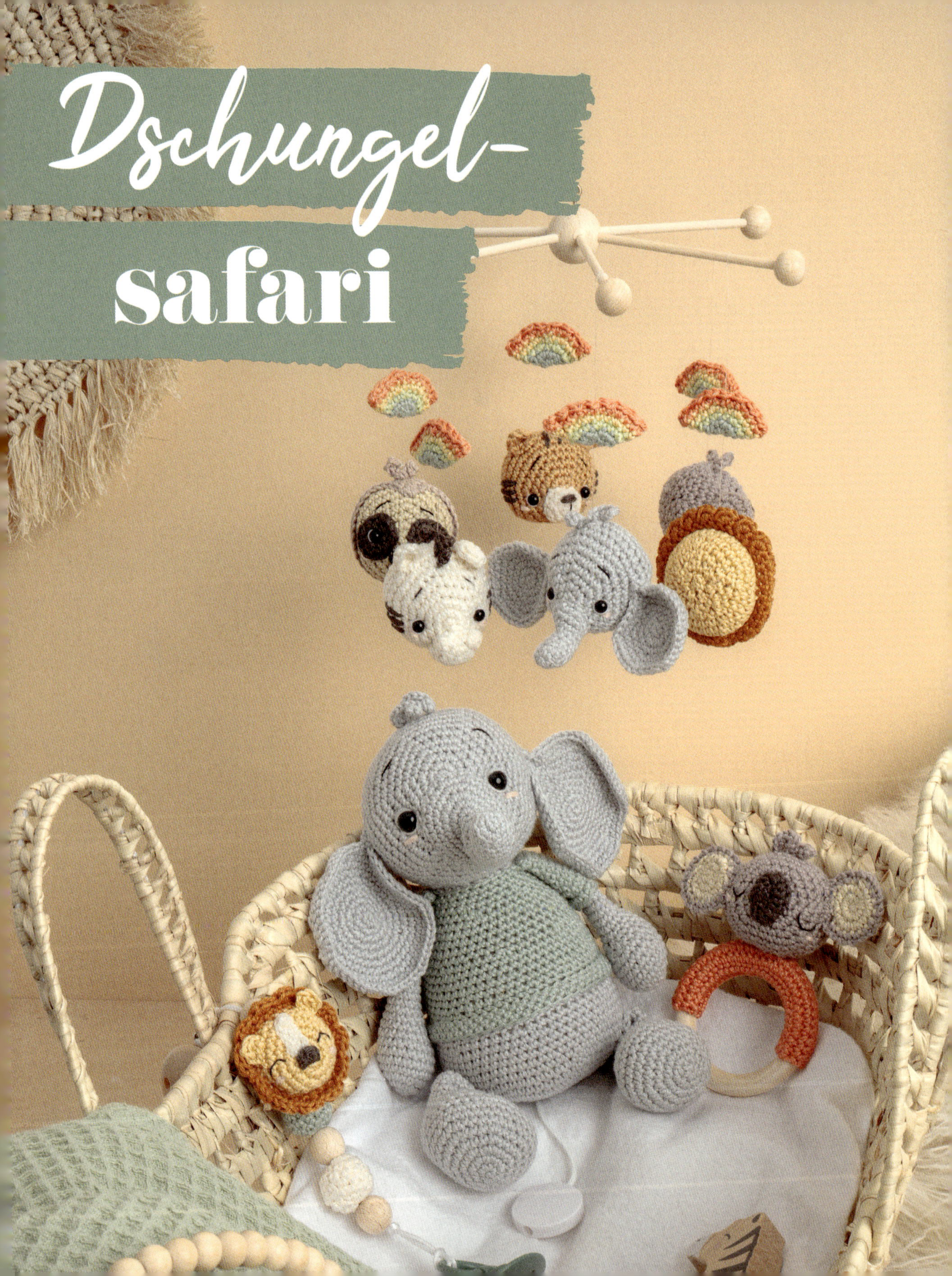

Mobile

Material

- Schachenmayr Catania (100 % Baumwolle, LL 125m/50 g) in
  - Schlamm (Fb 406), 10 g
  - Camel (Fb 179), 15 g
  - Nebel (Fb 434), 20 g
  - Reseda (Fb 402), 5 g
  - Gelbgrün (Fb 392), 5 g
  - Honig (Fb 206), 13 g
  - Scampi (Fb 427), 2 g
  - Creme (Fb 130), 20 g
  - Zimt (Fb 383), 7 g
  - Zartbitter (Fb 415), 12 g
  - Sand (Fb 404), 4 g
  - Rosé Gold (Fb 433), ein Rest
  - Bast (Fb 257), 15 g
  - Schwarz (Fb 110), ein Rest
- Filetgarn in Schwarz und Weiß
- Mobile Stern aus Holz Ø 23 cm von Rayher
- Perlonfaden Ø 0,35 mm von Rayher
- Häkelnadel Ø 2,5 mm
- Füllwatte von Rayher
- Stopfnadel zum Vernähen
- Sechs Paar Sicherheitsaugen 6 mm

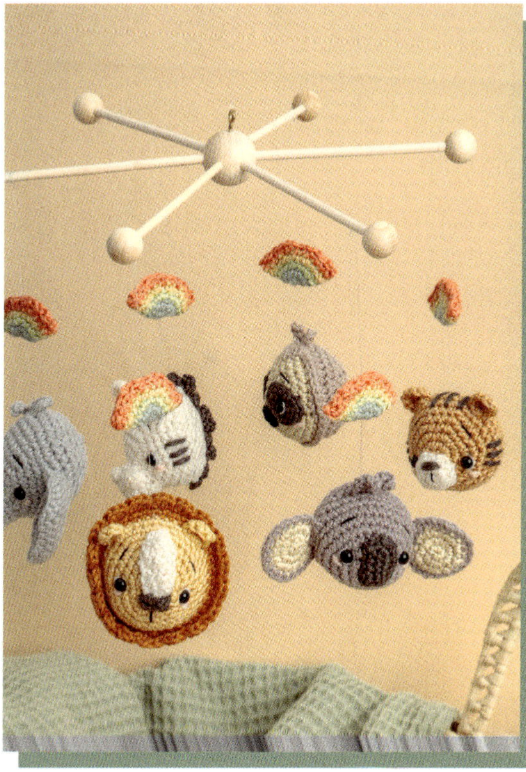

Elefant

Kopf (in Nebel)

Häkle in Spiral-Rd. Den Kopf fortlaufend mit Füllwatte ausstopfen.

1. Rd: 6 fM in einen Fadenring häkeln. [6]

2. Rd: 6 x 1 M zun. [12]

3. Rd: *1 fM, 1 M zun*, von * bis * noch 5 x wdh. [18]

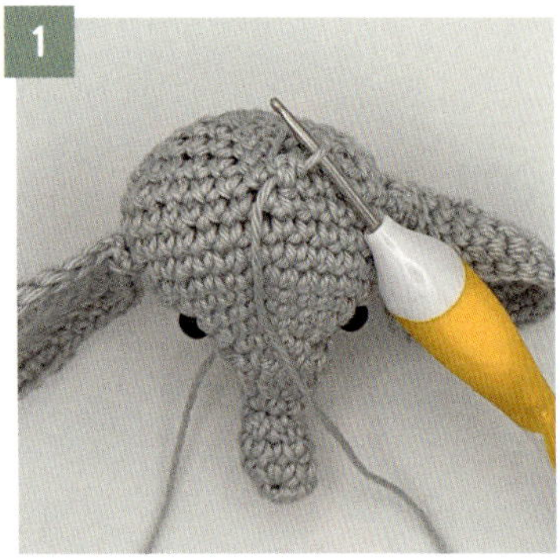

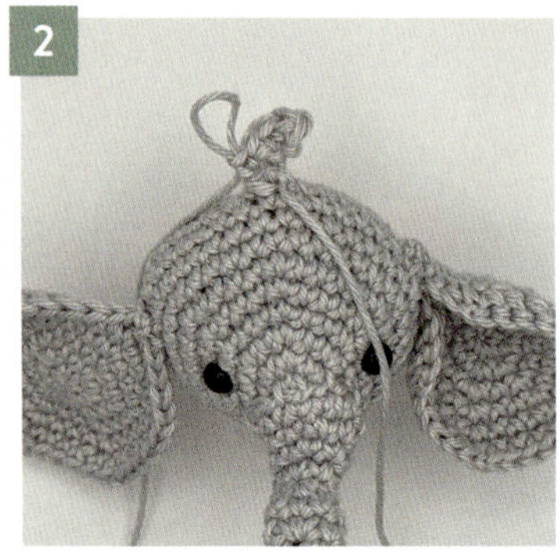

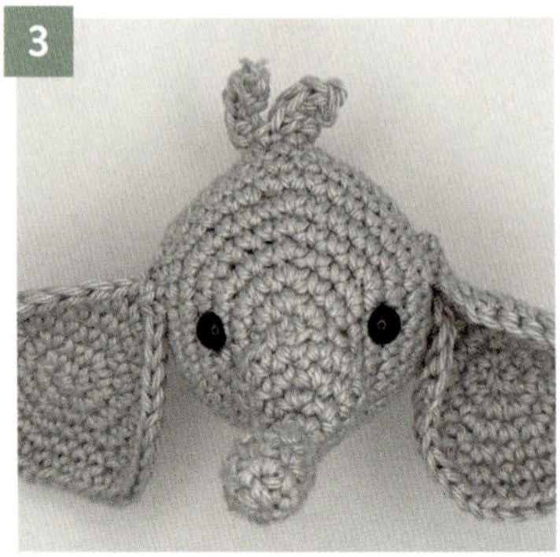

4. Rd: *2 fM, 1 M zun*, von * bis * noch 5x wdh. [24]
5. Rd: *3 fM, 1 M zun*, von * bis * noch 5x wdh. [30]
6. Rd: *4 fM, 1 M zun*, von * bis * noch 5x wdh. [36]
7.–10. Rd: 36 fM.
11. Rd: *4 fM, 1 M abn*, von * bis * noch 5x wdh. [30]
12. Rd: *3 fM, 1 M abn*, von * bis * noch 5x wdh. [24]
Die Augen zwischen Rd 4 und 5 mit 6 M Abstand befestigen.
13. Rd: *2 fM, 1 M abn*, von * bis * noch 5x wdh. [18]
14. Rd: *1 fM, 1 M abn*, von * bis * noch 5x wdh. [12]
15. Rd: 6x 1 M abn. [6]
Den Faden lang abschneiden, durch die vorderen M-Glieder der letzten Rd fädeln, festziehen und vernähen.

Rüssel (in Nebel)

Häkle in Spiral-Rd. Den Rüssel nur leicht mit Füllwatte ausstopfen.
1. Rd: 6 fM in einen Fadenring häkeln. [6]
2. Rd: 6 fM häkeln.
3. Rd: 2 fM, 2x 1 M zun, 2 fM. [8]
4. Rd: 8 fM häkeln.
5. Rd: 2 fM, 2x 1 M abn, 2 fM. [6]
6. Rd: 2 fM, 2x 1 M zun, 2 fM. [8]
7. Rd: 3 fM, 2x 1 M zun, 3 fM. [10]
8. Rd: 4 fM, 2x 1 M zun, 4 fM. [12]
9. Rd: 12 fM häkeln.
Den Faden lang abschneiden und den Rüssel zwischen den Augen festnähen.

Ohren (2x in Nebel)

Häkle in Spiral-Rd.
1. Rd: 6 fM in einen Fadenring häkeln. [6]
2. Rd: 6x 1 M zun. [12]
3. Rd: *1 fM, 1 M zun*, von * bis * noch 5x wdh. [18]
4. Rd: *2 fM, 1 M zun*, von * bis * noch 5x wdh. [24]
5. Rd: *3 fM, 1 M zun*, von * bis * noch 5x wdh. [30]
6. Rd: *5 fM, 1 Lm*, von * bis * noch 5x wdh. [30]
Die Lm aus Rd 6 werden nicht mitgezählt. Den Faden lang abschneiden und die Kanten der Ohren mit wenigen Stichen zusammennähen. Die Ohren 3 M neben den Augen, seitlich am Kopf festnähen.

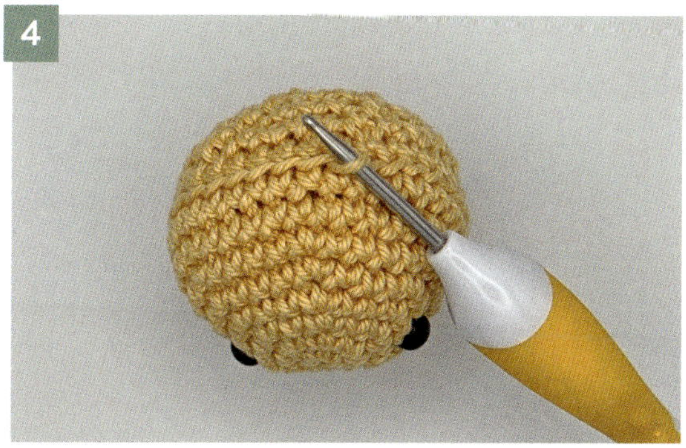

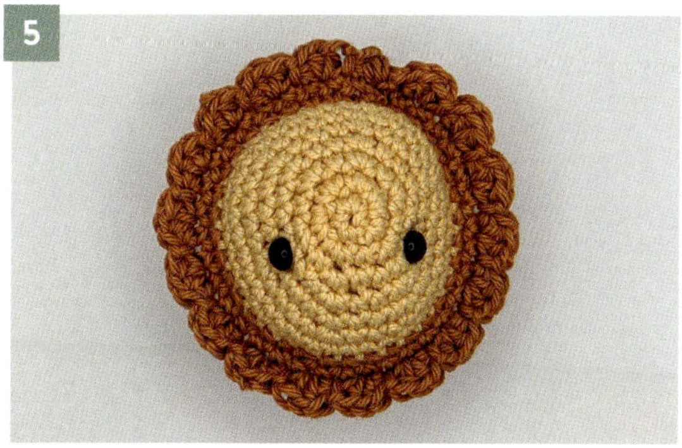

Locken (in Nebel)

Den Faden mittig auf dem Kopf aufnehmen und mit einer Km fixieren **(Bild 1)**. Anschließend 4 LM anschlagen, in die 2. Lm von der Nd aus einstechen und entlang der Lm-Kette 3 x 1 M zun **(Bild 2)**. Eine Km in den Kopf häkeln und das Ganze für die zweite Locke noch 1 x wdh. Den Faden abschneiden und vernähen **(Bild 3)**.

Gesicht fertig stellen

Die Wangen in Rosé Gold unter den Augen über 1 M breit sticken, dazu 2 x einstechen. Die Augenbrauen in schwarzem Filetgarn 3 Rd über den Augen über 2 fM breit sticken. Das Augenweiß in weißem Filetgarn direkt unter den Augen aufsticken.

Löwe

Kopf (in Honig)

Häkle in Spiral-Rd. Den Kopf fortlaufend mit Füllwatte ausstopfen.

1. Rd: 6 fM in einen Fadenring häkeln. [6]
2. Rd: 6 x 1 M zun. [12]
3. Rd: *1 fM, 1 M zun*, von * bis * noch 5 x wdh. [18]
4. Rd: *2 fM, 1 M zun*, von * bis * noch 5 x wdh. [24]
5. Rd: *3 fM, 1 M zun*, von * bis * noch 5 x wdh. [30]
6. Rd: *4 fM, 1 M zun*, von * bis * noch 5 x wdh. [36]
7.–8. Rd: 36 fM häkeln.
9. Rd: 36 fM ihM häkeln.
10. Rd: *4 fM, 1 M abn*, von * bis * noch 5 x wdh. [30]
11. Rd: *3 fM, 1 M abn*, von * bis * noch 5 x wdh. [24]
Befestige die Augen zwischen Rd 4 und 5 mit 6 M Abstand.
12. Rd: *2 fM, 1 M abn*, von * bis * noch 5 x wdh. [18]
13. Rd: *1 fM, 1 M abn*, von * bis * noch 5 x wdh. [12]
14. Rd: 6 x 1 M abn. [6]
Den Faden lang abschneiden, durch die vorderen M-Glieder der letzten Rd fädeln, festziehen und vernähen.

Mähne (in Zimt)

Den Faden ivM aus Rd 9 des Kopfes wieder aufnehmen. Dazu von oben nach unten einstechen **(Bild 4)** und wie folgt weiterhäkeln:

1. Rd: 36 fM ivM häkeln.

2. Rd: 36 fM häkeln.
3. Rd: *3 hStb in eine M, 1 Km in die nächste M*, von * bis * noch 17x wdh. **(Bild 5)**
Den Faden abschneiden und vernähen.

Ohren (2x in Honig)

Häkle in Spiral-Rd.
1. Rd: 6 fM in einen Fadenring häkeln. [6]
2. Rd: 6 fM häkeln.
Mit einer Km in die 1. M beenden. Den Faden lang abschneiden und die Ohren direkt vor der Mähne, parallel über den Augen festnähen.

Nasenrücken (in Creme)

3 Lm anschlagen, in die 2. Lm von der Nd aus einstechen und wie folgt in R weiterhäkeln: (Die Wende-Lm am Ende jeder R werden nicht mitgezählt).
1.–5. R: 2 fM, 1 Lm und wenden. [2]
6. R: 1 M abn, 1 Lm und wenden. [1]
7. R: 1 fM häkeln.
Zum Abschluss 17 fM rund um die R häkeln. Dazu je 7 fM in die Enden der R, 2 fM oberhalb des Nasenrückens und 1 fM unterhalb. Mit einer Km beenden, den Faden lang abschneiden und den Nasenrücken zwischen den Augen festnähen.

Nase (in Zartbitter)

Schlage 4 Lm an, stich in die 2. Lm von der Nd aus ein und häkle wie folgt um die Lm-Kette herum:
1. Rd: 3 fM, 1 fM in die 1. Lm. [4]
Den Faden lang abschneiden und die Nase am Kopf festnähen.

Gesicht fertigstellen

Das Augenweiß direkt neben den Augen aufsticken. Die Augenbrauen 2 Rd über den Augen über 2 fM breit sticken. Unter der Nase 2 fM nach unten stechen, um die Schnauze fertigzustellen. Die Wangen in Rosé Gold unter den Augen über 1 fM breit sticken, dazu 2x einstechen.

Faultier

Augenpatches (2x in Zartbitter)

Schlage 6 Lm an, stich in die 2. Lm von der Nd aus ein und häkle wie folgt um die Lm-Kette herum:
1. Rd: 4 fM, 3 fM in eine M, 3 fM, 1 M zun. [12]
2. Rd: 1 M zun, 10 fM, 1 M zun. [14]
Mit einer Km beenden, den Faden lang abschneiden und die Sicherheitsaugen mittig feststecken, jedoch noch nicht verschließen.

Kopf (in Sand und Bast)

Häkle in Spiral-Rd. Beginne in Sand.
1. Rd: 6 fM in einen Fadenring häkeln. [6]
2. Rd: 6x 1 M zun. [12]
3. Rd: *1 fM, 1 M zun*, von * bis * noch 5x wdh. [18]
4. Rd: *2 fM, 1 M zun*, von * bis * noch 5x wdh. [24]
5. Rd: *3 fM, 1 M zun*, von * bis * noch 5x wdh. [30]
6. Rd: *4 fM, 1 M zun*, von * bis * noch 5x wdh. [36]
7. Rd: 36 fM häkeln.
Fb-Wechsel zu Bast.
8. Rd: 36 fM häkeln.
9. Rd: 36 fM ihM häkeln.
10. Rd: 36 fM häkeln.
11. Rd: *4 fM, 1 M abn*, von * bis * noch 5x wdh. [30]
12. Rd: *3 fM, 1 M abn*, von * bis * noch 5x wdh. [24]

6

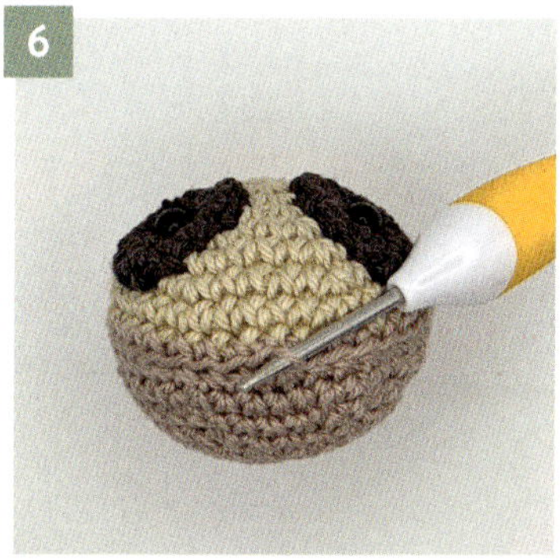

7

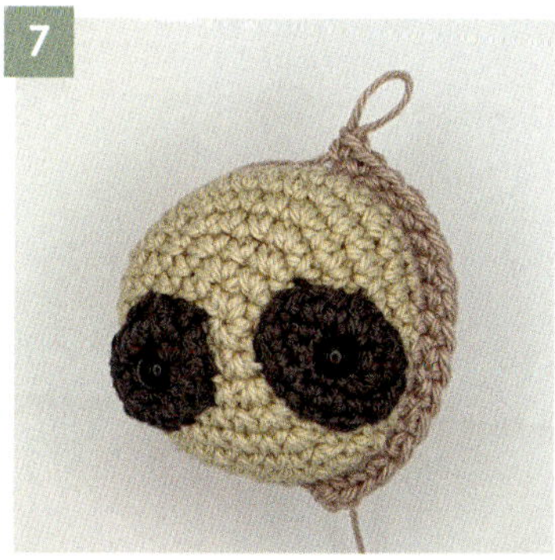

8

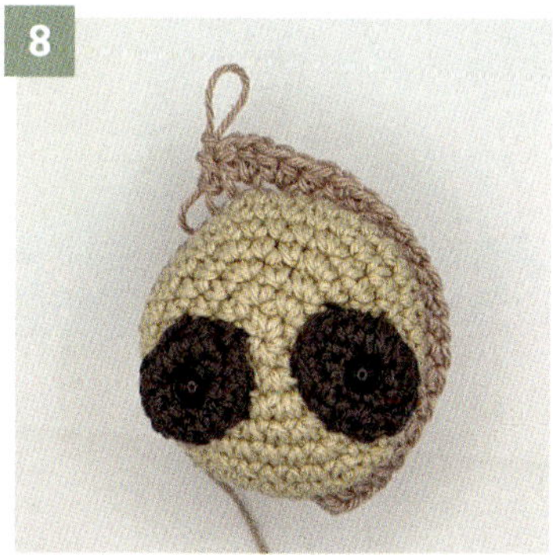

9

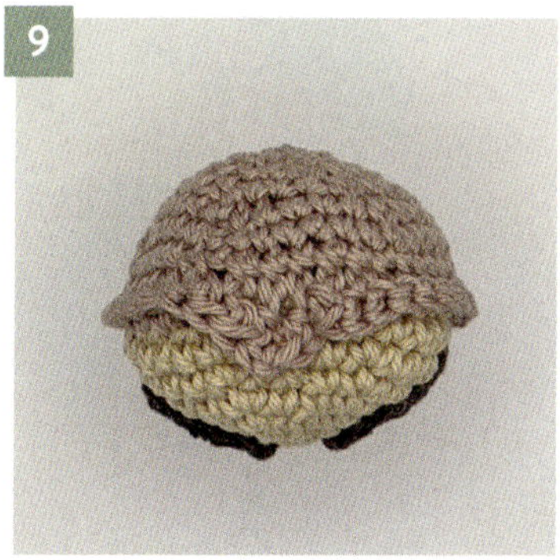

10

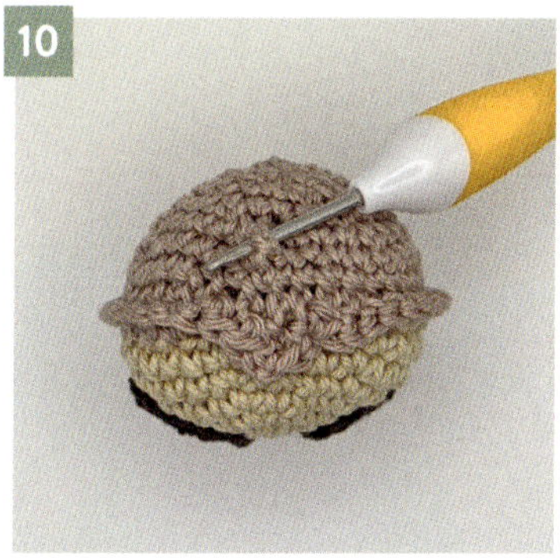

11

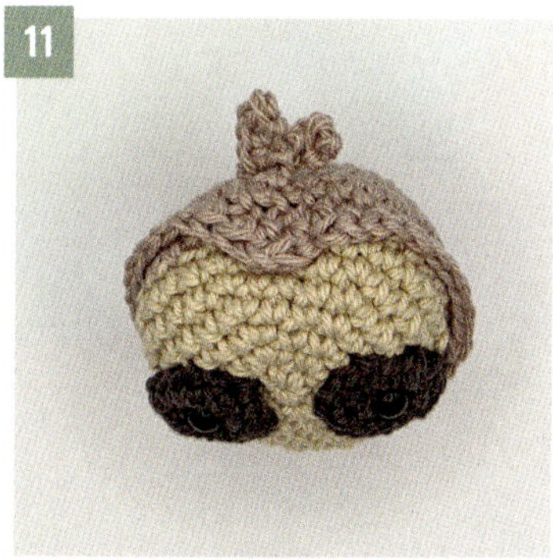

Befestige die Augen zwischen Rd 4 und 5 mit 2 M Abstand zwischen den Augenpatches.
13. Rd: *2 fM, 1 M abn*, von * bis * noch 5 x wdh. [18]
14. Rd: *1 fM, 1 M abn*, von * bis * noch 5 x wdh. [12]
15. Rd: 6 x 1 M abn. [6]
Den Faden lang abschneiden, durch die vorderen M-Glieder der letzten Rd fädeln, festziehen und vernähen. Die Augenpatches festnähen.

Kopf fertigstellen

Den Faden in Bast mittig, unterhalb der Augen ivM aus Rd 9 aufnehmen. Dazu von unten nach oben einstechen **(Bild 6)** und 18 fM häkeln. Nun solltest du oberhalb, auf Höhe des linken Augenpatches, angekommen sein **(Bild 7)**. Häkle ggf noch ein paar fM dazu, um zu diesem Punkt zu kommen. Häkle nun 1 hStb, 2 hStb in eine M, 1 Lm, 2 hStb in eine M, 1 hStb **(Bild 8)**. Weitere 15 fM entlang der restlichen vorderen M-Glieder. Mit einer Km beenden und den Faden lang abschneiden. Diesen dann anschließend durch das Innere des Kopfes oberhalb zur Spitze zwischen den Augen fädeln und diese mit ein paar Stichen am Kopf festnähen **(Bild 9)**. Den Faden abschneiden und vernähen.

Locken (in Bast)

Den Faden mittig am Kopf aufnehmen und mit 1 Km fixieren. Anschließend 3 Lm häkeln, in die 2. Lm einstechen und 2 x 1 M zun entlang der Lm-Kette. 1 Km in den Kopf häkeln und das Ganze für die zweite Locke noch einmal wdh. Den Faden abschneiden und vernähen **(Bild 10–11)**.

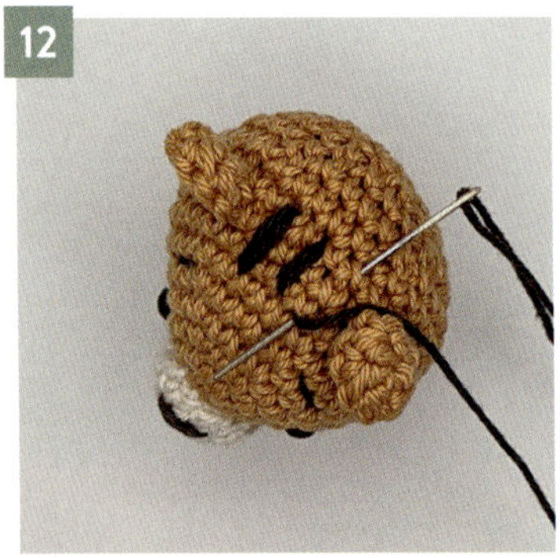

12

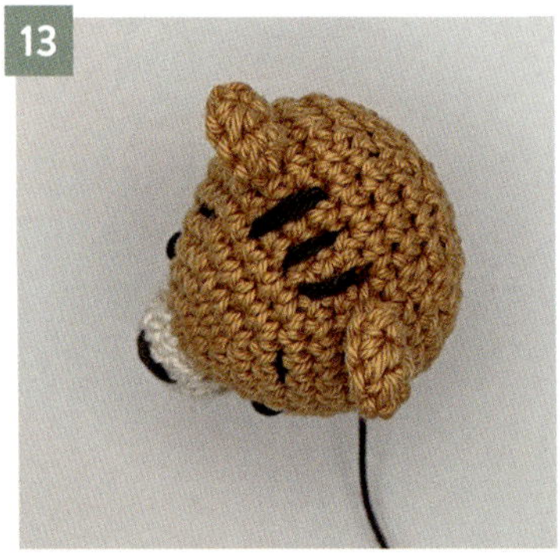

13

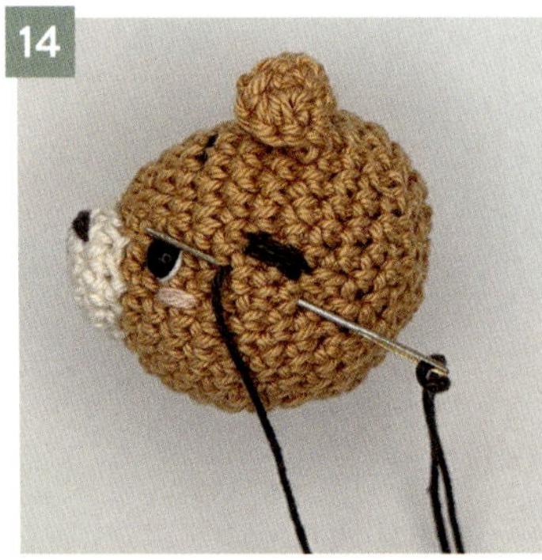

14

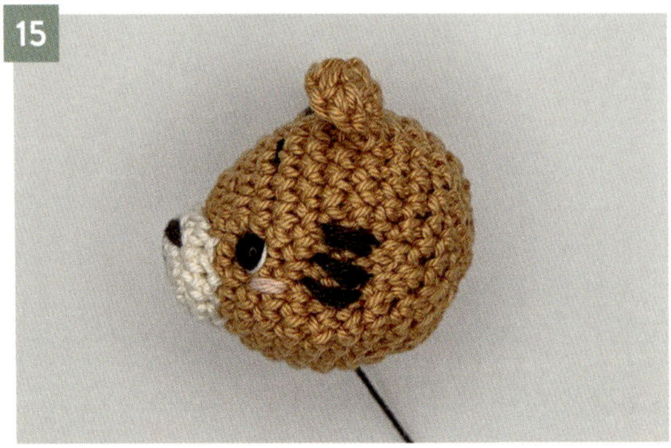

15

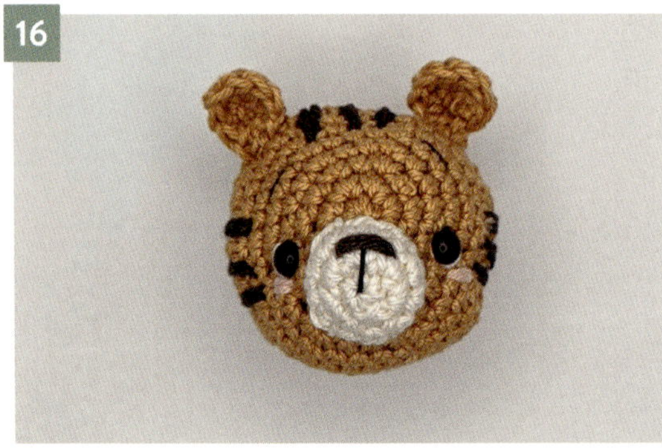

16

Nase (in Schwarz)

3 Lm anschlagen, in die 2. Lm von der Nd aus einstechen und wie folgt um die Lm-Kette herumhäkeln:

1. Rd: 1 fM, 3 fM in eine M, 1 fM. [5]

Mit einer Km beenden, den Faden lang abschneiden und die Nase zwischen den Augen festnähen.

Gesicht fertigstellen

Das Augenweiß direkt unter den Augen sticken. Die Augenbrauen 1 Rd über den Augenpatches über 1 Rd hoch und 2 fM breit sticken. Die Wangen über 2 fM breit direkt unter die Patches sticken, dazu 2 x einstechen.

Tiger

Kopf (in Camel)

Folge dazu der Anleitung zum Kopf des Elefanten auf S. 97–98.

Schnauze (in Creme)

Häkle in Spiral-Rd. Die Schnauze nur leicht mit Füllwatte ausstopfen.

1. Rd: 6 fM in einen Fadenring häkeln. [6]

2. Rd: 6 x 1 M zun. [12]

3. Rd: 12 fM häkeln.

Mit einer Km beenden. Den Faden lang abschneiden und die Schnauze zwischen den Augen festnähen.

Ohren (2 x in Camel)

Häkle in Spiral-Rd.

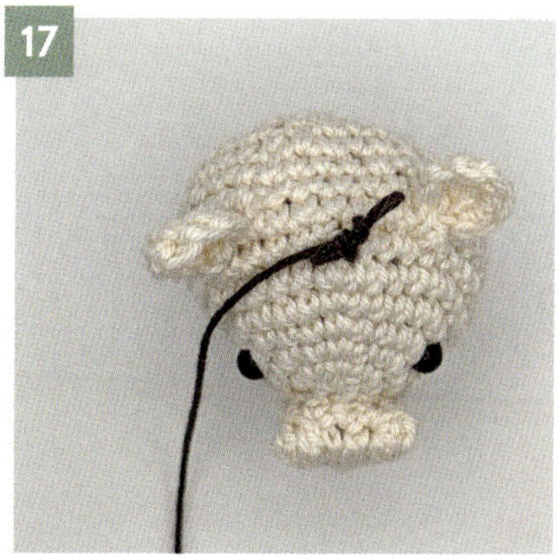

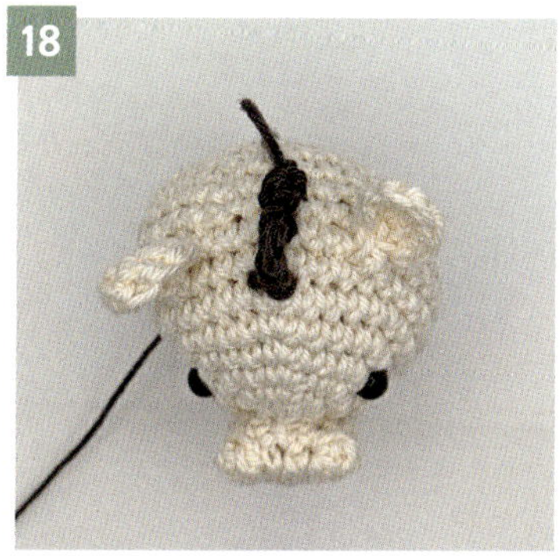

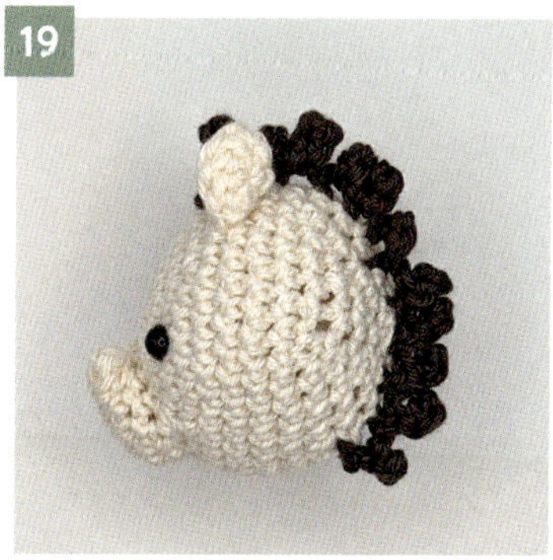

1. Rd: 6 fM in einen Fadenring häkeln. [6]
2. Rd: *1 fM, 1 M zun*, von * bis * noch 2 x wdh. [9]
Mit einer Km beenden und den Faden lang abschneiden. Die Kante der Ohren falten und mit ein paar Stichen zusammennähen. Die Ohren 4 Rd über den Augen, mit 6 M Abstand zwischen den Ohren festnähen.

Gesicht fertigstellen

Die Nase in Deep Amber zwischen Rd 2 und 3 der Schnauze, über 2 fM breit aufsticken, dazu ca. 6x einstechen. Unter der Nase mit demselben Faden noch 2 M nach unten stechen, um die Schnauze fertigzustellen. Das Augenweiß direkt neben den Augen und die Augenbrauen in schwarzem Filetgarn 2 Rd über den Augen über 2 fM breit aufsticken. Die Wangen in Rosé Gold unter den Augen über 1 M breit sticken, dazu 2 x einstechen. Die Streifen in Deep Amber über 3 M Länge mithilfe des Rückstichs aufsticken, pro Streifen ca. 2 x einstechen. Sticke dazu je 3 Streifen oberhalb des Gesichtes und je 3 Streifen an den Seiten **(Bild 12–16)**.

Zebra

Kopf (in Creme)

Häkle in Spiral-Rd. Den Kopf fortlaufend mit Füllwatte ausstopfen.
Folge dazu der Anleitung zum Kopf des Elefanten auf S. 97–98.

Schnauze (in Creme)

Häkle in Spiral-Rd. Die Schnauze fortlaufend mit Füllwatte ausstopfen.
1. Rd: 6 fM in einen Fadenring häkeln. [6]
2. Rd: 6 x 1 M zun. [12]
3. Rd: 2 fM, 1 N aus 3 Stb, 2 fM, 1 N aus 3 Stb, 6 fM. [12]
4. Rd: 12 fM häkeln.
Mit einer Km beenden, den Faden lang abschneiden und die Schnauze zwischen den Augen festnähen.

Ohren (2 x in Creme)

Häkle in Spiral-Rd.
1. Rd: 6 fM in einen Fadenring häkeln. [6]
2. Rd: *1 M zun, 2 fM*, von * bis * noch 1 x wdh. [8]
Den Faden lang abschneiden. Das Ende falten und die Kanten mit 2 Stichen zusammennähen. Die Ohren 3 Rd über den Augen mit 6 M Abstand dazwischen festnähen.

20

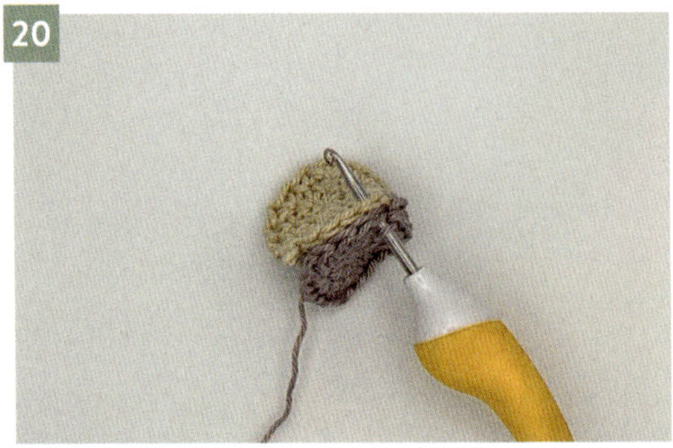

21

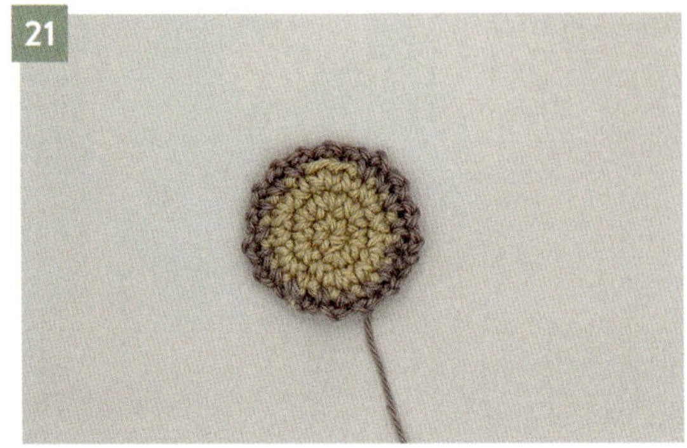

Mähne (in Zartbitter)

Den Faden in Zartbitter mittig, 1 Rd vor den Ohren aufnehmen und mit 1 Km fixieren **(Bild 17)**. Anschließend zwischen den Ohren hindurch entlang des Hinterkopfes weiterhäkeln. Dazu 3 Lm anschlagen, in die 2. Lm von der Nd aus einstechen und 1 M zun, 1 fM entlang der Lm-Kette. Anschließend 1 fM in den Kopf häkeln **(Bild 18)**. Das Ganze noch weitere 11 x wdh., um die Mähne fertigzustellen. Den Faden abschneiden und vernähen **(Bild 19)**.

Gesicht fertigstellen

Das Augenweiß neben den Augen und die Augenbrauen 2 Rd über den Augen über 2 fM breit aufsticken. Je 3 Streifen in Zartbitter an den Wangen, über 3 M breit aufsticken, dazu pro Streifen ca. 3 x einstechen. Die Wangen in Rosé Gold über 1 M breit direkt unter den Augen aufsticken, dazu 2 x einstechen.

Koala

Kopf (in Schlamm)

Häkle in Spiral-Rd. Den Kopf fortlaufend mit Füllwatte ausstopfen. Folge dazu der Anleitung zum Kopf des Elefanten auf S. 97–98.

Nase (in Zartbitter)

Die Nase nicht mit Füllwatte ausstopfen.
6 Lm anschlagen, in die 2. Lm von der Nd aus einstechen und wie folgt um die Lm-Kette herumhäkeln:
1. Rd: 4 fM, 3 fM in eine M, 3 fM, 1 M zun. [12]
2. Rd: *1 M zun, 5 fM*, von * bis * noch 1 x wdh. [14]
Mit einer Km beenden. Den Faden lang abschneiden und die Nase zwischen den Augen festnähen.

Ohren (2 x in Sand und Schlamm)

Häkle in Spiral-Rd. Beginne in Sand.
Die Ohren nicht mit Füllwatte ausstopfen.
1. Rd: 6 fM in einen Fadenring häkeln. [6]
2. Rd: 6 x 1 M zun. [12]
3. Rd: *1 fM, 1 M zun*, von * bis * noch 5 x wdh. [18]
Mit einer Km beenden, den Faden abschneiden und vernähen. Einen zweiten Teil in Schlamm identisch häkeln, jedoch nicht abketten. Beide Teile rücklinks aufeinanderlegen und durch beide Schichten stechen **(Bild 20)**, anschließend wie folgt zusammenhäkeln:

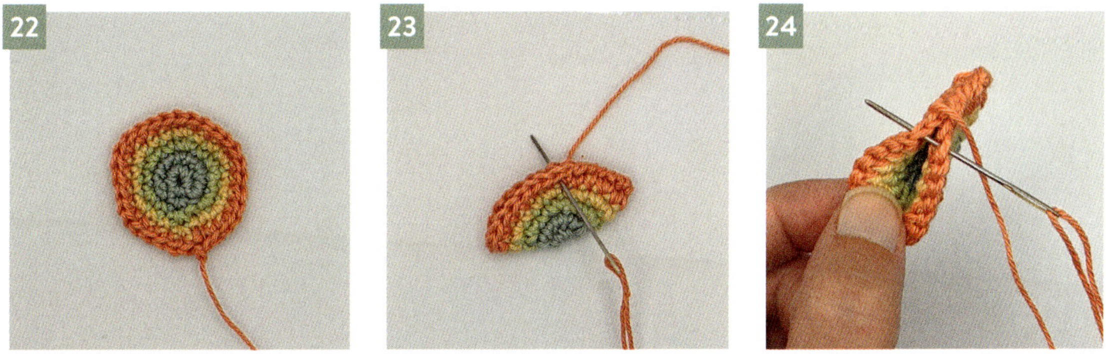

4. Rd: *1 fM, 1 Lm*, von * bis * noch 17 x wdh. [18] **(Bild 21)**
Die Lm in Rd 4 werden nicht mitgezählt.
Den Faden lang abschneiden, ein zweites Ohr häkeln. Anschließend die Ohren 3 Rd neben den Augen, seitlich am Kopf, festnähen.

Locken

Den Faden in Schlamm, mittig am Kopf aufnehmen und mit 1 Km fixieren. Anschließend 4 Lm anschlagen, in die 2. Lm von der Nd aus einstechen und 3 x 1 M zun. 1 Km in den Kopf häkeln und das Ganze noch 1 x wdh. Den Faden abschneiden und vernähen.

Gesicht fertigstellen

Das Augenweiß neben den Augen und die Augenbrauen 2 Rd über den Augen über 2 M breit aufsticken. Die Wangen in Rosé Gold über 1 fM direkt unter den Augen aufsticken, dazu 2 x einstechen.

Regenbogen

(6 x in Reseda, Gelbgrün, Honig und Scampi)

Häkle in Spiral-Rd. Den Regenbogen nicht mit Füllwatte ausstopfen. Beginne in Reseda.
1. Rd: 10 fM in einen Fadenring häkeln. [10]
2. Rd: 1 M zun, 8 fM, 1 M zun. [12]
Fb-Wechsel zu Gelbgrün.
3. Rd: *1 fM, 1 M zun*, von * bis * noch 5 x wdh. [18]
Fb-Wechsel zu Honig.
4. Rd: *2 fM, 1 M zun*, von * bis * noch 5 x wdh. [24]
Fb-Wechsel zu Scampi.
5. Rd: *3 fM, 1 M zun*, von * bis * noch 5 x wdh. [30]
Den Faden lang abschneiden. Das Häkelstück mittig falten und die gegenüberliegenden Seiten zusammennähen. Den Faden abschneiden und vernähen **(Bild 22–24)**.

Mobile fertigstellen

Folge dazu der Anleitung zum Fertigstellen des Mobiles auf S. 19 der Grundlagen.

Schnullerkette

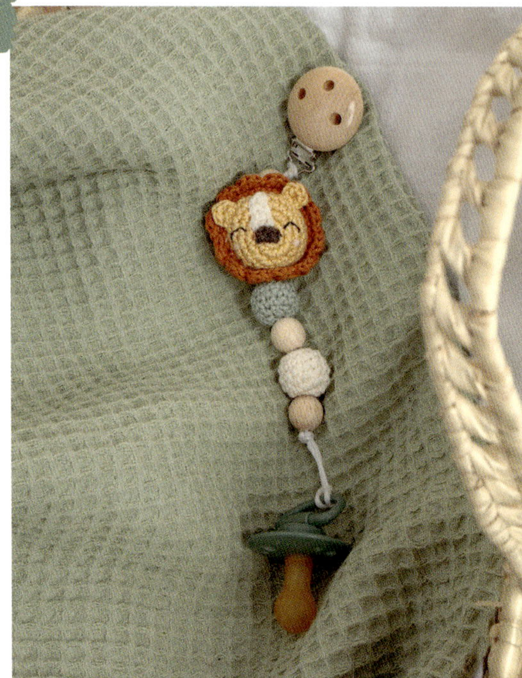

Material

- Schachenmayr Catania (100 % Baumwolle, LL 125m/50 g) in
  - Honig (Fb 206), 5 g
  - Zimt (Fb 383), 5 g
  - Crème (Fb 130), ein Rest
  - Zartbitter (Fb 415), ein Rest
  - Reseda (Fb 402), ein Rest
  - Rosé Gold (Fb 433), ein Rest

- Filetgarn in Schwarz
- Holzclip Ø 37 mm
- 5 x Rohholzkugeln gebohrt Ø 15 mm
- Fädelschnur
- Füllwatte
- Häkelnadel 2,5 mm
- Stecknadeln zum Fixieren
- Stopfnadel zum Vernähen

Kopf (in Honig)

Häkle in Spiral-Rd. Den Kopf fortlaufend mit Füllwatte ausstopfen.

1. Rd: 6 fM in einen Fadenring häkeln. [6]
2. Rd: 6 x 1 M zun. [12]
3. Rd: *1 fM, 1 M zun*, von * bis * noch 5 x wdh. [18]
4. Rd: *2 fM, 1 M zun*, von * bis * noch 5 x wdh. [24]
5.–6. Rd: 24 fM häkeln
7. Rd: 24 fM ihM häkeln.
8. Rd: 24 fM häkeln.
9. Rd: *2 fM, 1 M abn*, von * bis * noch 5 x wdh. [18]
10. Rd: *1 fM, 1 M abn*, von * bis * noch 5 x wdh. [12]
11. Rd: 6 x 1 M abn. [6]

Den Faden abschneiden, durch die vorderen M-Glieder der letzten Rd fädeln, festziehen und vernähen.

Mähne (in Zimt)

Den Faden ivM aus Rd 7 des Kopfs aufnehmen, von oben einstechen und wie folgt um den Kopf herumhäkeln:
1.–2. Rd: 24 fM häkeln.
3. Rd: *3 hStb in eine M, 1 Km*, von * bis * noch 11x wdh. [24]
Den Faden abschneiden und vernähen.

Ohren (2x in Honig)

Häkle 6 fM in einen Fadenring. Mit 1 Km in die 1. fM beenden. Den Faden lang abschneiden und damit die Ohren mit 5 M Abstand direkt vor der Mähne festnähen.

Nase (in Zartbitter)

3 Lm anschl, in die 2. Lm von der Nd aus einstechen und 2 fM entlang der Lm-Kette häkeln. Mit 1 Km in die 1. Lm beenden, den Faden lang abschneiden und damit die Nase über den ersten beiden Rd des Kopfs festnähen.

Nasenrücken (in Crème)

5 Lm anschl, in die 2. Lm von der Nd aus einstechen und 4 fM entlang der Lm-Kette häkeln. Den Faden lang abschneiden und damit den Nasenrücken über der Nase festnähen.

Gesicht fertigstellen

Sticke die Augen mit schwarzem Filetgarn über 2 M Breite neben dem Nasenrücken auf. Ziehe den Faden anschließend mit einer Schlaufe 1 Rd nach oben. Sticke die Wangen in Rosé Gold 1 Rd unter den Augen über 1 M Breite auf, dazu ca. 2x einstechen.
Hinweis: Eine bebilderte Anleitung zum Sticken der Augen findest du in der Anleitung der Schnullerkette Schildkröte auf S. 30.

Kugeln umhäkeln (1x in Reseda und 1x in Crème)

Folge dazu der Anleitung Kugeln Umhäkeln auf S. 17 der Grundanleitungen.

Schnullerkette fertigstellen

Folge dazu der Anleitung zum Fertigstellen der Schnullerkette auf S. 18 der Grundanleitungen.

Greifring

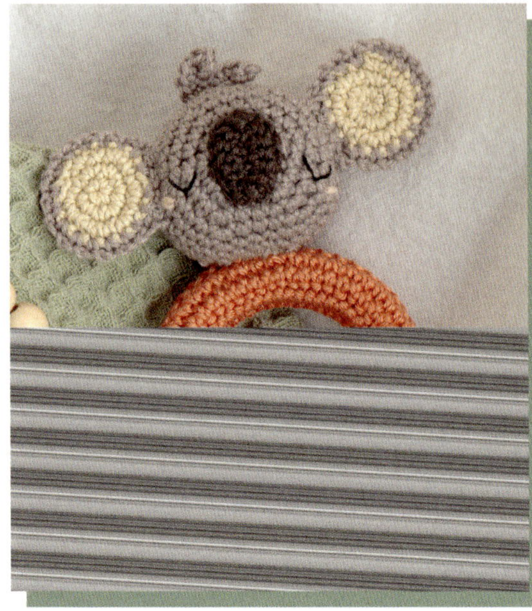

Material

- » Schachenmayr Catania (100 % Baumwolle, LL 125m/50 g) in
  - Scampi (Fb 427), 8 g
  - Schlamm (Fb 406), 10 g
  - Zartbitter (Fb 415), 5 g
  - Sand (Fb 404), 5 g
  - Rosé Gold (Fb 433), ein Rest
- » Filetgarn in Schwarz
- » Häkelnadel 2,5 mm
- » Opry Holzring Ø 70 mm
- » Füllwatte
- » Häkelnadel 2,5 mm
- » Stecknadeln zum Fixieren
- » Stopfnadel zum Vernähen

Ring umhäkeln (in Scampi)

Häkle in R. 31 Lm anschl, in die 2. Lm von der Nd aus einstechen und wie folgt häkeln:

1.–8. R: 30 fM, 1 Lm, wenden. [30]

Den Faden lang genug abschneiden und das Häkelstück um den Ring legen. Die gegenüberliegenden Enden M für M zusammennähen, um das Häkelstück so am Ring zu befestigen. Achte darauf, beim Zusammennähen immer nur von einer Seite aus einzustechen (also nicht über Kreuz). Den Faden abschneiden und vernähen.

Hinweis: Eine bebilderte Anleitung zum Umhäkeln des Rings findest du in der Anleitung Greifring Wal auf S. 31.

Kopf (in Schlamm)

Häkle in Spiral-Rd. Den Kopf fortlaufend mit Füllwatte ausstopfen.

1. Rd: 6 fM in einen Fadenring häkeln. [6]

2. Rd: 6 x 1 M zun. [12]

3. Rd: *1 fM, 1 M zun*, von * bis * noch 5 x wdh. [18]

4. Rd: *2 fM, 1 M zun*, von * bis * noch 5 x wdh. [24]

5. Rd: *3 fM, 1 M zun*, von * bis * noch 5 x wdh. [30]

6. Rd: *4 fM, 1 M zun*, von * bis * noch 5 x wdh. [36]

7.–10. Rd: 36 fM häkeln.

11. Rd: *4 fM, 1 M abn*, von * bis * noch 5 x wdh. [30]

12. Rd: *3 fM, 1 M abn*, von * bis * noch 5 x wdh. [24]

1

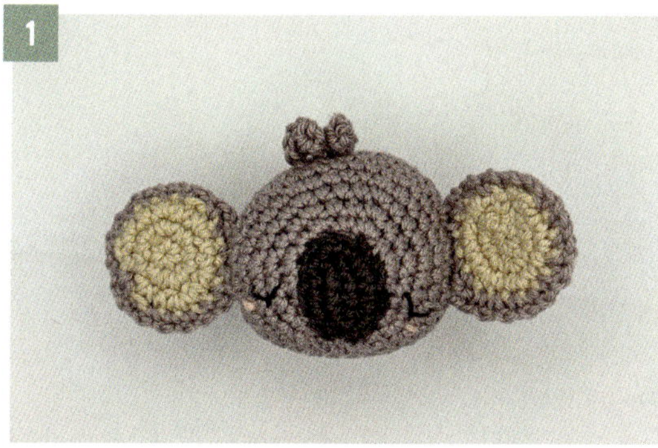

2

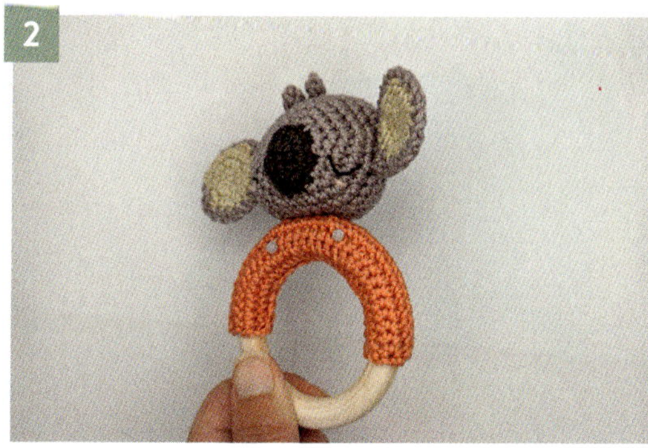

13. Rd: *2 fM, 1 M abn*, von * bis * noch 5 x wdh. [18]
14. Rd: *1 fM, 1 M abn*, von * bis * noch 5 x wdh. [12]
15. Rd: 6 x 1 M abn. [6]
Den Faden lang abschneiden, durch die vorderen M-Glieder der letzten Rd fädeln, festziehen und vernähen.

Nase (in Zartbitter)

Häkle in Spiral-Rd. Die Nase nicht mit Füllwatte ausstopfen. 6 Lm anschl, in die 2. Lm von der Nd aus einstechen und wie folgt um die Lm-Kette herumhäkeln:
1. Rd: 4 fM, 3 fM in eine M, 3 fM, 1 M zun. [12]
2. Rd: *1 M zun, 5 fM*, von * bis * noch 1 x wdh. [14]
Mit 1 Km in die 1. M beenden. Den Faden lang abschneiden und damit die Nase über Rd 1–3 des Kopfs festnähen.

Ohren (2 x in Sand und Schlamm)

Häkle in Spiral-Rd. Beginne in Sand. Die Ohren nicht mit Füllwatte ausstopfen.
1. Rd: 6 fM in einen Fadenring häkeln. [6]
2. Rd: 6 x 1 M zun. [12]
3. Rd: *1 fM, 1 M zun*, von * bis * noch 5 x wdh. [18]
Mit 1 Km in die 1. M beenden, den Faden abschneiden und vernähen. Einen identischen zweiten Teil in Schlamm häkeln, jedoch nicht abketten. Beide Teile mit der Rückseite aufeinanderlegen, durch die fM der 3. Rd stechen und sie so wie folgt zusammenhäkeln:
4. Rd: *1 fM, 1 Lm*, von * bis * noch 17 x wdh. [18]
Den Faden lang abschneiden und damit die Ohren 4 Rd neben der Nase seitlich am Kopf festnähen.

Locken

Den Faden in Schlamm mittig am Kopf aufnehmen und mit 1 Km fixieren. *4 Lm anschl, in die 2. Lm von der Nd aus einstechen und 3 x 1 M zun, entlang der Lm-Kette häkeln. 1 Km zurück in den Kopf häkeln*. Von * bis * noch 1 x wdh. Den Faden abschneiden und vernähen.

Gesicht fertigstellen

Sticke die Augen mit schwarzem Filetgarn neben der Nase über 2 M Breite auf und ziehe diese anschließend mit einer Schlaufe 1 Rd nach unten. Die Wangen in Rosé Gold über 1 M Breite aufsticken, dazu ca. 2 x einstechen. Nähe den Kopf anschließend mit einem Restfaden in Schlamm am Ring fest **(Bild 1–2)**.
Hinweis: Eine bebilderte Anleitung zum Sticken der Augen findest du in der Anleitung der Schnullerkette Schildkröte auf S. 30.

Spieluhr

Material

- Schachenmayr Catania (100 % Baumwolle, LL 125m/50 g) in
  - Nebel (Fb 434), 60 g
  - Reseda (Fb 402), 16 g
  - Crème (Fb 130), ein Rest
  - Rosé Gold (Fb 433), ein Rest
- 2 x Sicherheitsaugen Ø 10 mm
- Spieluhr „Circle of Life“ von Glückswolke
- Füllwatte
- Häkelnadel 2,5 mm
- Stecknadeln zum Fixieren
- Stopfnadel zum Vernähen

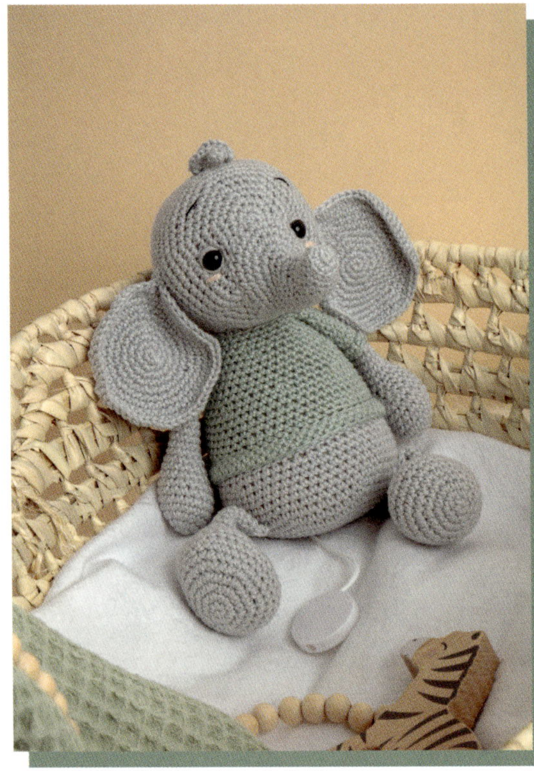

Beine (2 x in Nebel)

Häkle in Spiral-Rd. Nur den Fuß mit Füllwatte ausstopfen.

1. Rd: 6 fM in einen Fadenring häkeln. [6]
2. Rd: 6 x 1 M zun. [12]
3. Rd: *1 fM, 1 M zun*, von * bis * noch 5 x wdh. [18]
4. Rd: *2 fM, 1 M zun*, von * bis * noch 5 x wdh. [24]
5. Rd: *3 fM, 1 M zun*, von * bis * noch 5 x wdh. [30]
6.–10. Rd: 30 fM häkeln.
11. Rd: 9 fM, 6 x 1 M abn, 9 fM. [24]
12. Rd: 6 fM, 6 x 1 M abn, 6 fM. [18]
13. Rd: 7 fM, 2 x 1 M abn, 7 fM. [16]
14.–23. Rd: 16 fM häkeln.

Das Ende zusammendrücken und mit 8 fM zusammenhäkeln. Die Kante sollte dabei seitlich zur Fußwölbung liegen **(Bild 1–2)**. Den Faden abschneiden und vernähen.

Arme (2 x in Nebel und Reseda)

Häkle in Spiral-Rd. Beginne in Nebel. Nur die Faust mit Füllwatte ausstopfen.

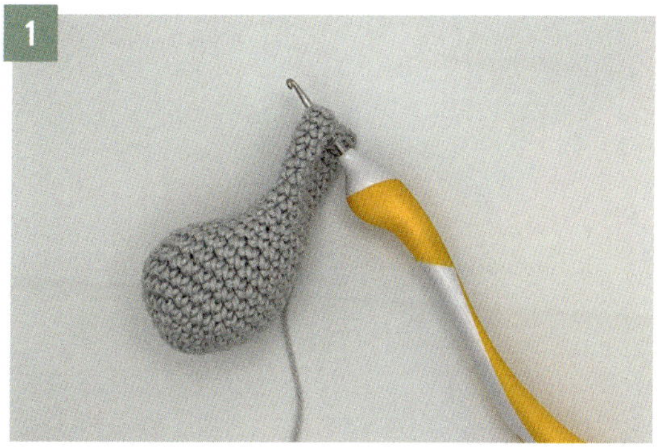

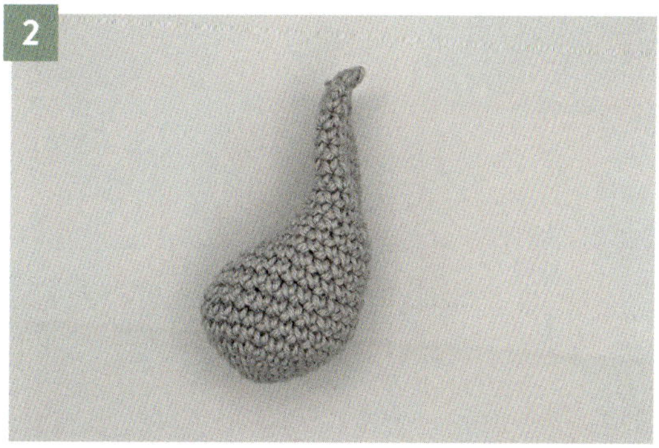

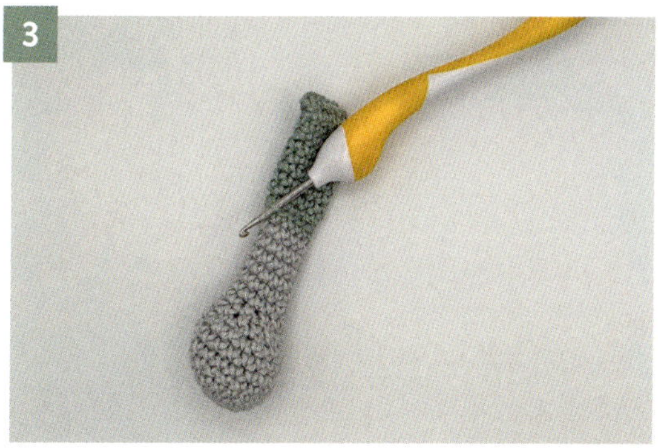

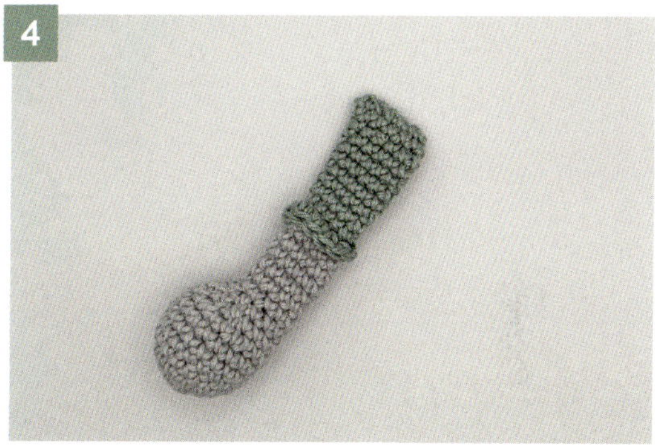

1. Rd: 6 fM in einen Fadenring häkeln. [6]
2. Rd: 6 x 1 M zun. [12]
3. Rd: *1 fM, 1 M zun*, von * bis * noch 5 x wdh. [18]
4.–8. Rd: 18 fM häkeln.
9. Rd: 5 fM, 4 x 1 M abn, 5 fM. [14]
10. Rd: 5 fM, 2 x 1 M abn, 5 fM. [12]
11.–16. Rd: 12 fM häkeln.
Fb-Wechsel zu Reseda.
17. Rd: 12 fM häkeln.
18. Rd: 12 fM ihM häkeln.
19.–26. Rd: 12 fM häkeln.
Das Ende zusammendrücken und mit 6 fM zusammenhäkeln. Die Kante sollte dabei seitlich zur Faustwölbung liegen. Den Faden abschneiden und vernähen. Den Faden in Reseda ivM aus Rd 18 aufnehmen, von oben einstechen und 12 fM rundherumhäkeln **(Bild 3–4)**. Den Faden abschneiden und vernähen.

Körper (in Nebel und Reseda)

Häkle in Spiral-Rd. Beginne in Nebel.
1. Rd: 6 fM in einen Fadenring häkeln. [6]
2. Rd: 6 x 1 M zun. [12]
3. Rd: *1 fM, 1 M zun*, von * bis * noch 5 x wdh. [18]
4. Rd: *2 fM, 1 M zun*, von * bis * noch 5 x wdh. [24]
5. Rd: *3 fM, 1 M zun*, von * bis * noch 5 x wdh. [30]
6. Rd: *4 fM, 1 M zun*, von * bis * noch 5 x wdh. [36]
7. Rd: *5 fM, 1 M zun*, von * bis * noch 5 x wdh. [42]
8. Rd: *6 fM, 1 M zun*, von * bis * noch 5 x wdh. [48]

5

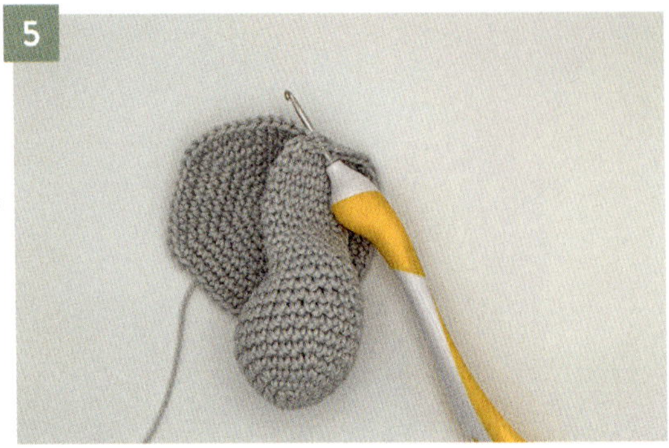

6

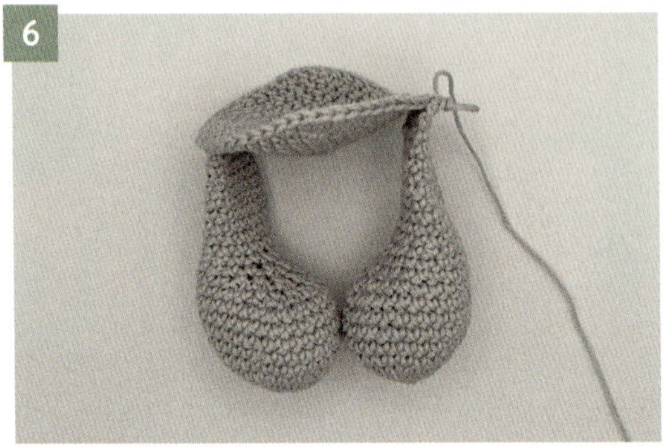

9. Rd: *7 fM, 1 M zun*, von * bis * noch 5 x wdh. [54]

In der folgenden Rd werden die Beine eingehäkelt. Achte darauf, dass die Füße dabei nach innen zeigen.

10. Rd: 19 fM, 8 fM durch Bein und Körper, 19 fM, 8 fM durch Bein und Körper. [54]

(Bild 5–6)

11.–15. Rd: 54 fM häkeln.

16. Rd: *7 fM, 1 M abn*, von * bis * noch 5 x wdh. [48]

Fülle etwa ein Drittel des Körpers mit Füllwatte. Stecke die Spieluhr in den Körper, mit der Schnur nach hinten und unten zeigend. Stopfe nun weitere Füllwatte rund um die Spieluhr, bis sie von außen nicht mehr zu fühlen ist. In der nächsten Rd wird die Schnur mit eingehäkelt. Lege sie dazu beim Häkeln der Rd zwischen 2 fM nach außen. Die Schnur wird dabei am Rücken des Körpers mittig nach unten herausgeführt.

Hinweis: Eine bebilderte Anleitung zum Einhäkeln der Schnur findest du in der Anleitung der Spieluhr Wal auf S. 34.

17. Rd: 48 fM häkeln (hier die Schnur mit einhäkeln).

Drücke die Spieluhr in den weiteren Rd nun immer wieder nach innen und stopfe Füllwatte nach.

18. Rd: 48 fM häkeln.

Fb-Wechsel zu Reseda.

19. Rd: 48 fM häkeln.

20. Rd: 48 fM ihM häkeln.

21.–25. Rd: 48 fM häkeln.

26. Rd: *6 fM, 1 M abn*, von * bis * noch 5 x wdh. [42]

27.–31. Rd: 42 fM häkeln.

32. Rd: *5 fM, 1 M abn*, von * bis * noch 5 x wdh. [36]

33. Rd: *4 fM, 1 M abn*, von * bis * noch 5 x wdh. [30]

34. Rd: 30 fM häkeln.

In der nächsten Rd werden die Arme mit eingehäkelt. Die Faustwölbung sollte dabei nach innen zeigen.

35. Rd: 9 fM entlang der Brust häkeln, 6 fM durch Arm und Körper häkeln, 9 fM entlang des Rückens häkeln, 6 fM durch Arm und Körper häkeln. [30]

Fb-Wechsel zu Nebel.

36. Rd: alles ihM, *3 fM, 1 M abn*, von * bis * noch 5 x wdh. [24]

Mit 1 Km in die 1. M beenden und den Faden lang abschneiden. Den Faden in Reseda ivM aus Rd 20 aufnehmen, von oben einstechen und 3 Rd mit je 48 fM rundherumhäkeln. Den Faden abschneiden und vernähen.

Kopf (in Nebel)

Häkle in Spiral-Rd.

1. Rd: 6 fM in einen Fadenring häkeln. [6]

2. Rd: 6 x 1 M zun. [12]

3. Rd: *1 fM, 1 M zun*, von * bis * noch 5 x wdh. [18]

4. Rd: *2 fM, 1 M zun*, von * bis * noch 5 x wdh. [24]

5. Rd: *3 fM, 1 M zun*, von * bis * noch 5 x wdh. [30]

6. Rd: *4 fM, 1 M zun*, von * bis * noch 5 x wdh. [36]

7. Rd: *5 fM, 1 M zun*, von * bis * noch 5 x wdh. [42]

8. Rd: *6 fM, 1 M zun*, von * bis * noch 5 x wdh. [48]

9. Rd: *7 fM, 1 M zun*, von * bis * noch 5 x wdh. [54]

10. Rd: *8 fM, 1 M zun*, von * bis * noch 5 x wdh. [60]

11.–14. Rd: 60 fM häkeln.

15. Rd: *8 fM, 1 M abn*, von * bis * noch 5 x wdh. [54]

16.–20. Rd: 54 fM häkeln.

Die Augen zwischen Rd 7–8 mit 11 M Abstand befestigen. Beginne, den Kopf fortlaufend mit Füllwatte auszustopfen.

21. Rd: *7 fM, 1 M abn*, von * bis * noch 5 x wdh. [48]

22. Rd: 48 fM häkeln.

23. Rd: *6 fM, 1 M abn*, von * bis * noch 5 x wdh. [42]

24. Rd: *5 fM, 1 M abn*, von * bis * noch 5 x wdh. [36]

25. Rd: *4 fM, 1 M abn*, von * bis * noch 5 x wdh. [30]

26. Rd: *3 fM, 1 M abn*, von * bis * noch 5 x wdh. [24]

27. Rd: *2 fM, 1 M abn*, von * bis * noch 5 x wdh. [18]

28. Rd: *1 fM, 1 M abn*, von * bis * noch 5 x wdh. [12]

29. Rd: 6 x 1 M abn. [6]

Den Faden lang abschneiden, durch die vorderen M-Glieder der letzten Rd fädeln, festziehen und den Faden zum Annähen lang abschneiden.

Rüssel (in Nebel)

Häkle in Spiral-Rd. Den Rüssel nur im vorderen Bereich leicht mit Füllwatte ausstopfen.

1. Rd: 5 fM in einen Fadenring häkeln. [5]

2. Rd: 5 x 1 M zun. [10]

3. Rd: 10 fM ihM häkeln.

4.–8. Rd: 10 fM häkeln.

9. Rd: 4 fM, 2 x 1 M zun, 4 fM. [12]

10. Rd: 5 fM, 2 x 1 M zun, 5 fM. [14]

11. Rd: 14 fM häkeln.

12. Rd: 5 fM, 4 x 1 M zun, 5 fM. [18]

13. Rd: 7 fM, 4 x 1 M zun, 7 fM. [22]

14. Rd: 9 fM, 4 x 1 M zun, 9 fM. [26]

15. Rd: *12 fM, 1 M zun*, von * bis * noch 1 x wdh. [28]

16. Rd: *13 fM, 1 M zun*, von * bis * noch 1 x wdh. [30]

Mit 1 Km in die 1. M beenden, den Faden lang abschneiden und damit den Rüssel zwischen den Augen festnähen.

Ohren (2 x in Nebel)

Häkle in Spiral-Rd. Die Ohren nicht mit Füllwatte ausstopfen.

1. Rd: 6 fM in einen Fadenring häkeln. [6]

2. Rd: 6 x 1 M zun. [12]

3. Rd: *1 fM, 1 M zun*, von * bis * noch 5 x wdh. [18]

4. Rd: *2 fM, 1 M zun*, von * bis * noch 5 x wdh. [24]

5. Rd: *3 fM, 1 M zun*, von * bis * noch 5x wdh. [30]
6. Rd: *4 fM, 1 M zun*, von * bis * noch 5x wdh. [36]
7. Rd: *5 fM, 1 M zun*, von * bis * noch 5x wdh. [42]
8. Rd: *6 fM, 1 M zun*, von * bis * noch 5x wdh. [48]
9. Rd: *7 fM, 1 M zun*, von * bis * noch 5x wdh. [54]
10. Rd: *8 fM, 1 M zun*, von * bis * noch 5x wdh. [60]
Das untere Ende zusammendrücken und zwei der gegenüberliegenden fM mit 2 fM zusammenhäkeln. Den Faden lang abschneiden und damit die Ohren 5 Rd neben den Augen seitlich am Kopf festnähen.

Locken

Schlinge den Faden in Nebel auf dem Kopf mit 1 Km an, stich dabei von oben ein. *7 Lm anschl, in die 2. Lm von der Nd aus einstechen und 6x 1 M zun, entlang der Lm-Kette häkeln. 1 Km zurück in den Kopf häkeln*. Von * bis * noch 1x wdh. Den Faden abschneiden und vernähen.

Gesicht fertigstellen

Das Augenweiß mit Crème direkt neben den Augen aufsticken. Die Augenlider in Nebel direkt über den Augen aufsticken, dazu ca. 3x einstechen. Die Augenbrauen mit schwarzem Filetgarn 3 Rd über den Augen über 1 Rd Höhe und 3 M Breite sticken. Die Wangen in Rosé Gold über 2 M Breite unter den Augen sticken, dazu ca. 2x einstechen. Anschließend den Kopf am Körper festnähen.

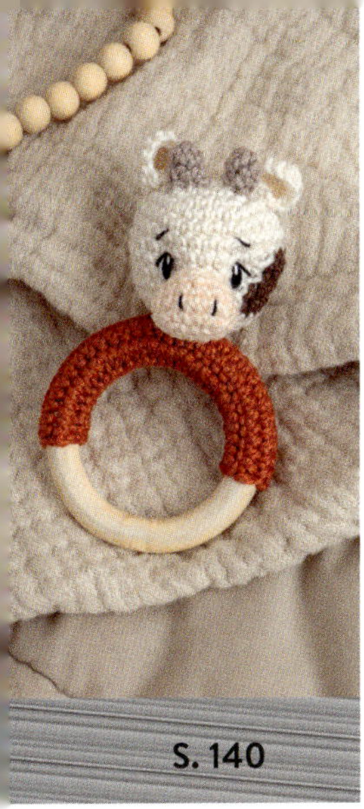
S. 140

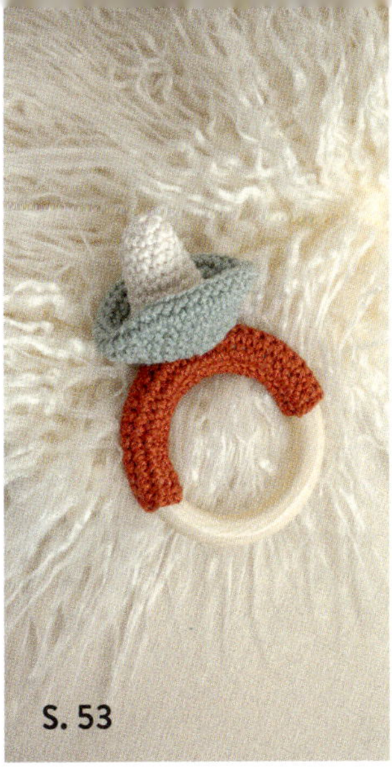
S. 53

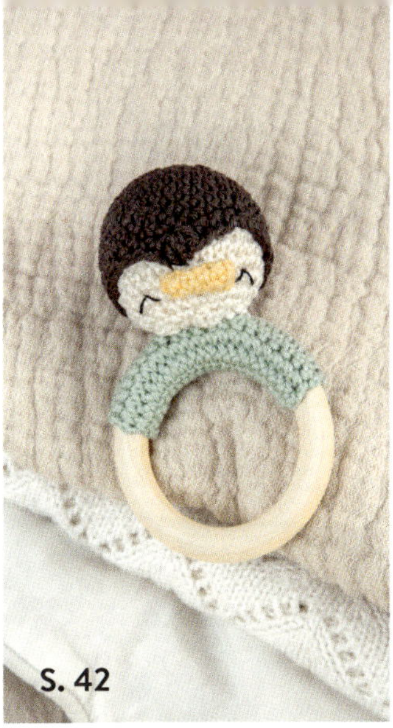
S. 42

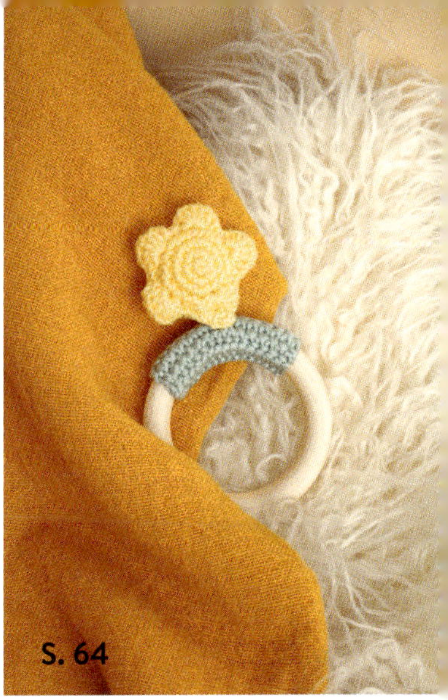
S. 64

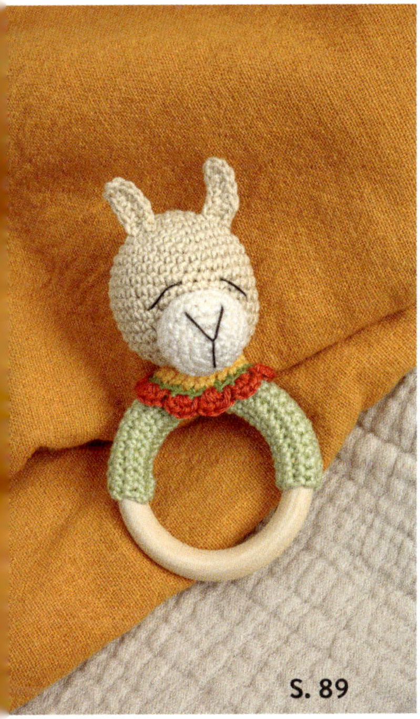
S. 89

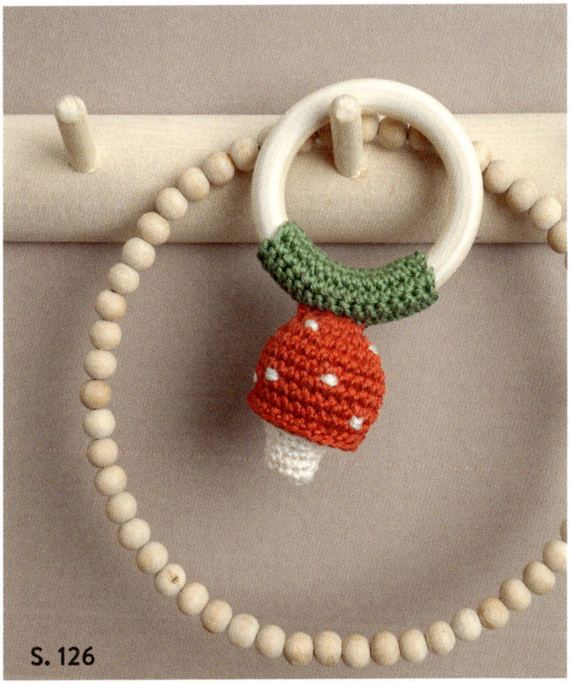
S. 126

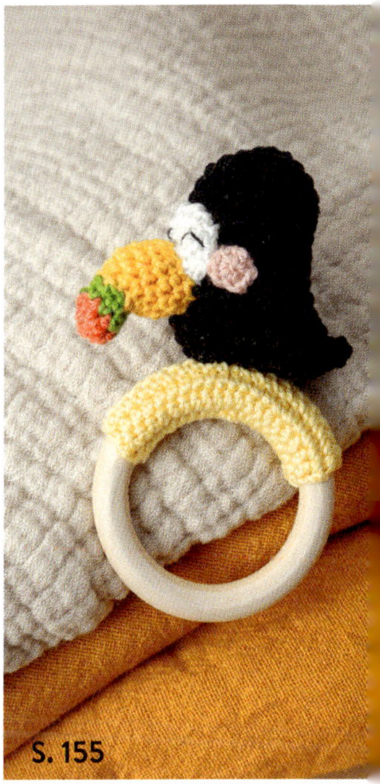
S. 155

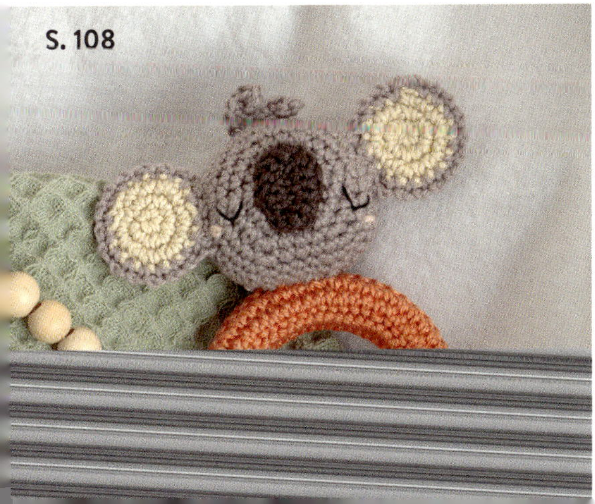
S. 108

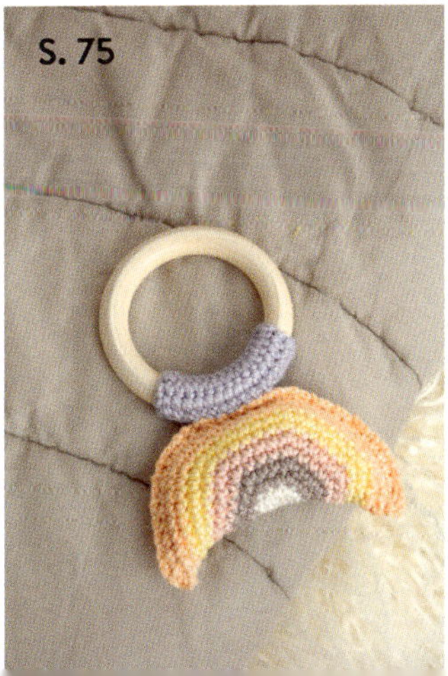
S. 75

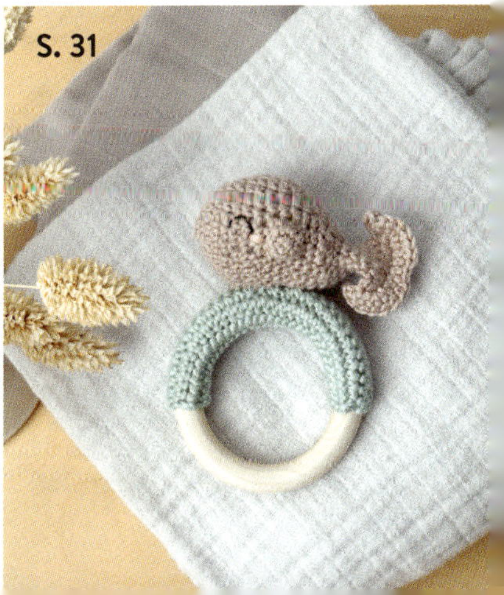
S. 31

Zu Besuch im Wald

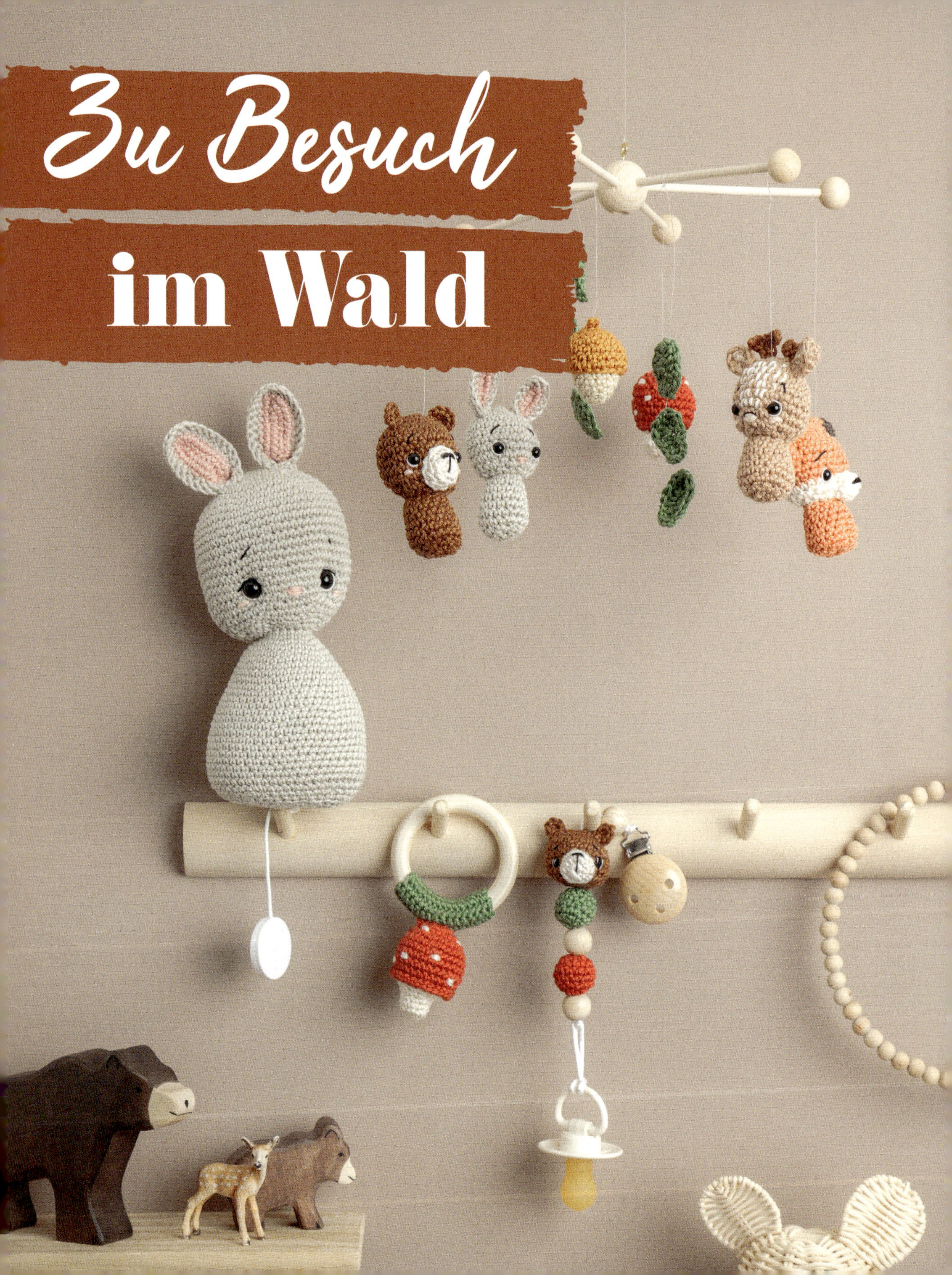

Mobile

Material

» Schachenmayr Catania (100 % Baumwolle, LL 125m/50 g) in
  - Leinen (Fb 248), 10 g
  - Crème (Fb 130), 10 g
  - Scampi (Fb 427), 10 g
  - Sun-kissed (Fb 437), 10 g
  - Marone (Fb 157), 8 g
  - Kirsche (Fb 424), 8 g
  - Sand (Fb 404), 8 g
  - Zimt (Fb 383), 8 g
  - Rosé Gold (Fb 433), ein Rest
  - Altrosa (Fb 408), ein Rest
  - Zartbitter (Fb 415), ein Rest
  - Ivory (Fb 436), ein Rest
  - Khaki (Fb 212), ein Rest

» Filetgarn in Schwarz und Weiß
» 8 x Sicherheitsaugen Ø 6 mm
» Mobile Stern aus Holz Ø 23 cm
» Perlonfaden Ø 0,35 mm
» Füllwatte
» Häkelnadel 2,5 mm
» Stecknadeln zum Fixieren
» Stopfnadel zum Vernähen

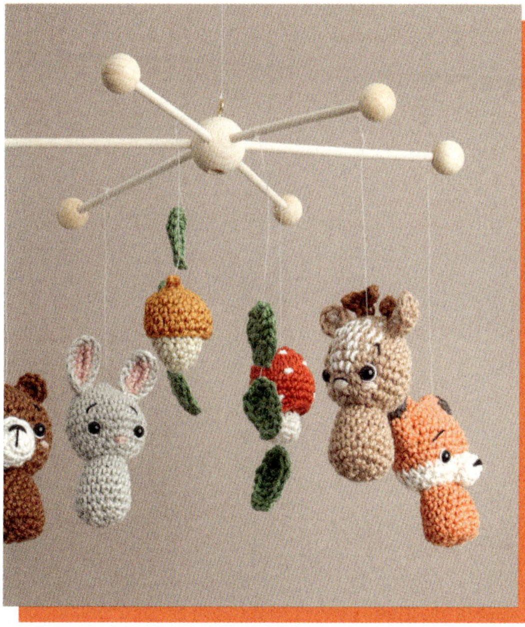

Bär

Kopf (in Marone)

Häkle in Spiral-Rd.

1. Rd: 6 fM in einen Fadenring häkeln. [6]
2. Rd: 6 x 1 M zun. [12]
3. Rd: *1 fM, 1 M zun*, von * bis * noch 5 x wdh. [18]
4. Rd: *2 fM, 1 M zun*, von * bis * noch 5 x wdh. [24]
5.–10. Rd: 24 fM.
11. Rd: *2 fM, 1 M abn*, von * bis * noch 5 x wdh. [18]

1

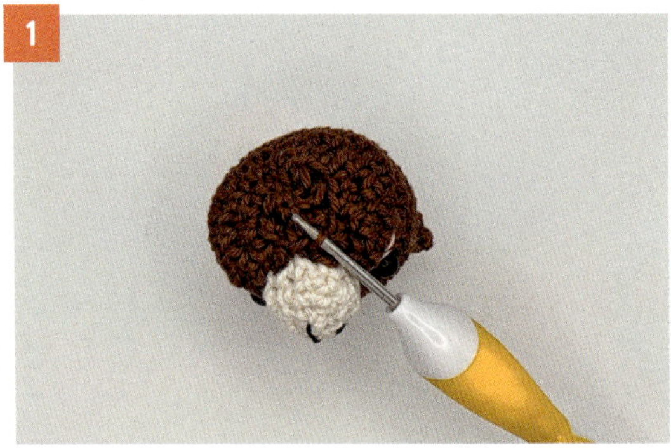

2

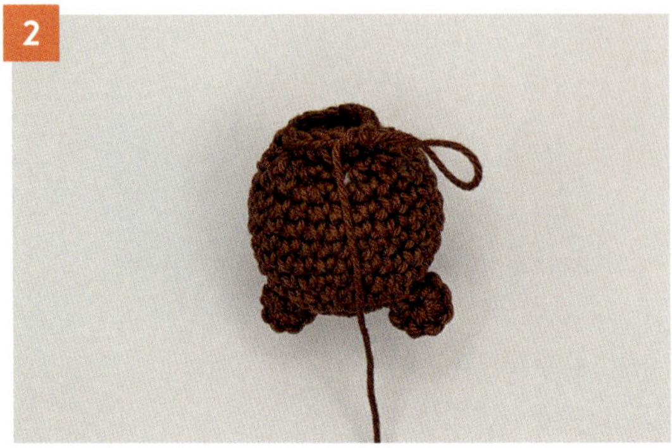

Die Augen zwischen Rd 8–9 mit 5 M Abstand befestigen. Beginne, den Kopf fortlaufend mit Füllwatte auszustopfen.

12. Rd: *1 fM, 1 M abn*, von * bis * noch 5 x wdh. [12]

13. Rd: 6 x 1 M abn ihM. [6]

Den Faden lang abschneiden, durch die vorderen M-Glieder der letzten Rd fädeln, festziehen und vernähen.

Schnauze (in Crème)

Häkle in Spiral-Rd. Die Schnauze leicht mit Füllwatte ausstopfen.

1. Rd: 5 fM in einen Fadenring häkeln. [5]

2. Rd: 5 x 1 M zun. [10]

3. Rd: 10 fM häkeln.

Den Faden lang abschneiden und damit die Schnauze über Rd 8–11 am Kopf festnähen.

Ohren (2 x in Marone)

Häkle in Spiral-Rd. Die Ohren werden nicht ausgestopft.

1. Rd: 8 fM in einen Fadenring häkeln. [8]

Mit 1 Km in die 1. fM beenden. Den Faden lang abschneiden und damit die Ohren über Rd 3–4 am Kopf festnähen.

Gesicht fertigstellen

Das Augenweiß mit weißem Filetgarn direkt unter den Augen aufsticken. Die Nase mit schwarzem Filetgarn zwischen Rd 2–3 der Schnauze über 2 M Breite sticken, dazu ca. 3 x einstechen. Unter der Nase 2 M nach unten stechen, um die Schnauze fertigzustellen. Die Augenbrauen ebenfalls mit schwarzem Filetgarn 1 Rd über den Augen über 1 Rd Höhe und 1 M Breite sticken. Die Wangen in Rosé Gold unter den Augen über 1 M Breite sticken, dazu ca. 2 x einstechen.

Körper (in Marone)

Häkle in Spiral-Rd. Den Körper fortlaufend mit Füllwatte ausstopfen. Den Faden ivM aus Rd 13 des Kopfs aufnehmen, von oben einstechen und wie folgt weiterhäkeln: **(Bild 1)**

1. Rd: 12 fM häkeln. [12] **(Bild 2)**

2. Rd: *3 fM, 1 M zun*, von * bis * noch 2 x wdh. [15]

3.–4. Rd: 15 fM häkeln. [15]

5. Rd: *4 fM, 1 M zun*, von * bis * noch 2 x wdh. [18]

6.–7. Rd: 18 fM häkeln. [18]

8. Rd: *1 fM, 1 M abn*, von * bis * noch 5 x wdh. [12]

9. Rd: 6 x 1 M abn. [6]

Den Faden lang abschneiden, durch die vorderen M-Glieder der letzten Rd fädeln, festziehen und vernähen.

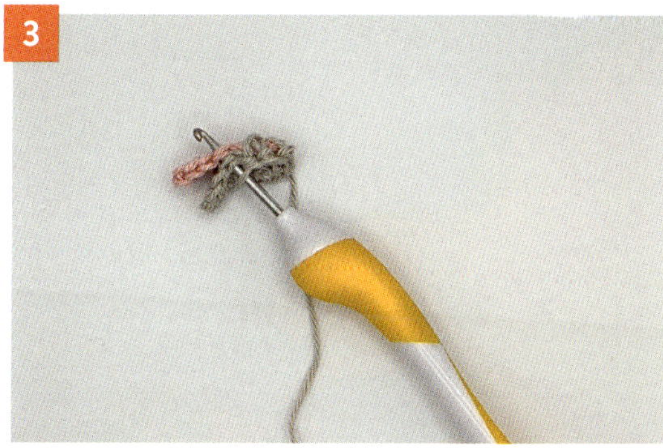

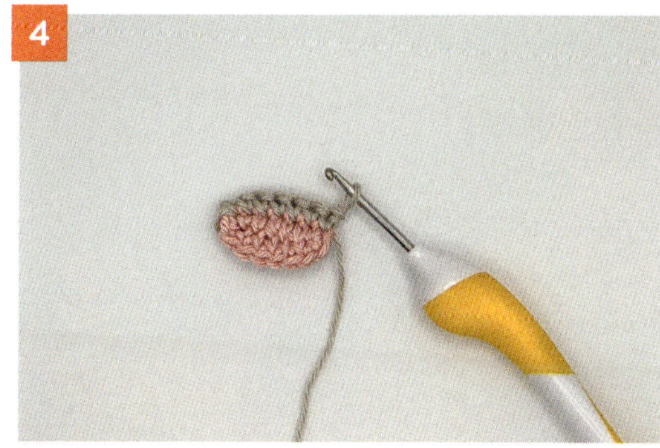

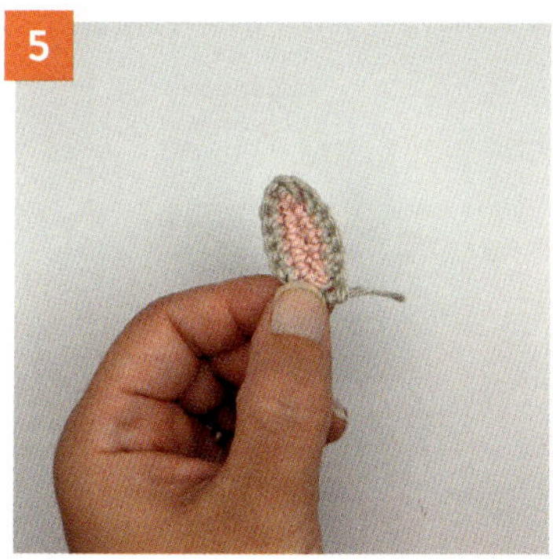

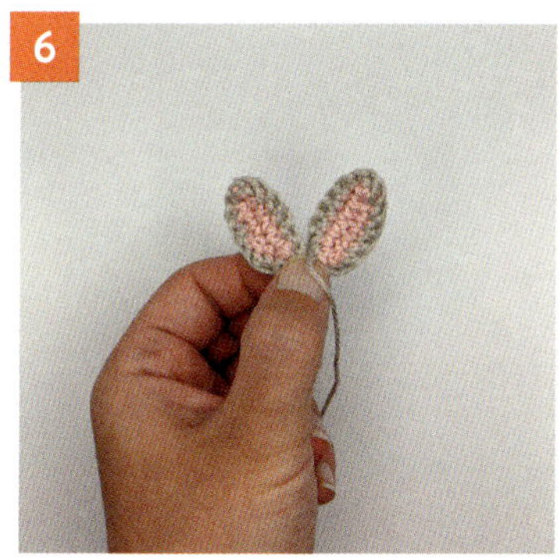

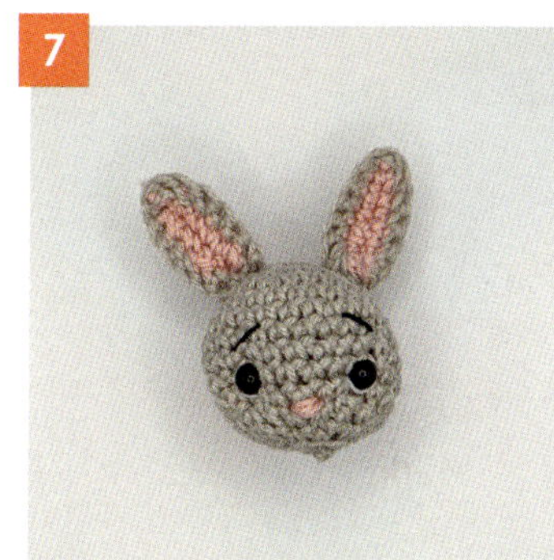

Hase

Kopf (in Leinen)

Folge dazu der Anleitung zum Kopf des Bären auf S. 117–118. Die Augen dabei zwischen Rd 9–10 mit 5 M Abstand befestigen.

Ohren (2 x in Altrosa und Leinen)

Häkle in Spiral-Rd. Beginne in Altrosa. 7 Lm anschl, in die 2. Lm von der Nd aus einstechen und wie folgt um die Lm-Kette herumhäkeln:
1. Rd: 5 fM, 3 fM in eine M, 4 fM, 1 M zun. [14]
Den Faden abschneiden und vernähen. Einen identischen zweiten Teil in Leinen häkeln, jedoch den Faden nicht abschneiden. Beide Teile mit der Rückseite aufeinanderlegen, durch die fM der 1. Rd stechen und sie so mit 14 fM zusammenhäkeln **(Bild 3–6)**. Den Faden lang abschneiden und damit die Ohren über Rd 3–4 auf dem Kopf festnähen.

Gesicht fertigstellen

Das Augenweiß mit weißem Filetgarn direkt neben den Augen aufsticken. Die Nase in Altrosa über Rd 10–11 über 1 M Breite sticken, dazu ca. 4 x einstechen. Die Augenbrauen mit schwarzem Filetgarn 1 Rd über den Augen über 1 Rd Höhe und 1 M Breite sticken. **(Bild 7)**

Körper (in Leinen)

Folge dazu der Anleitung zum Körper des Bären auf S. 118.

8

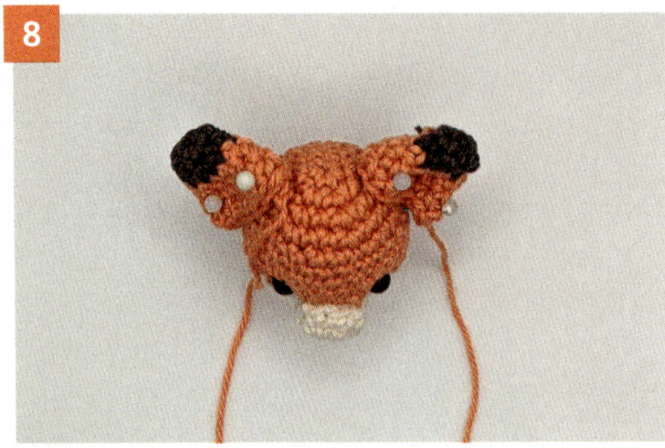

9

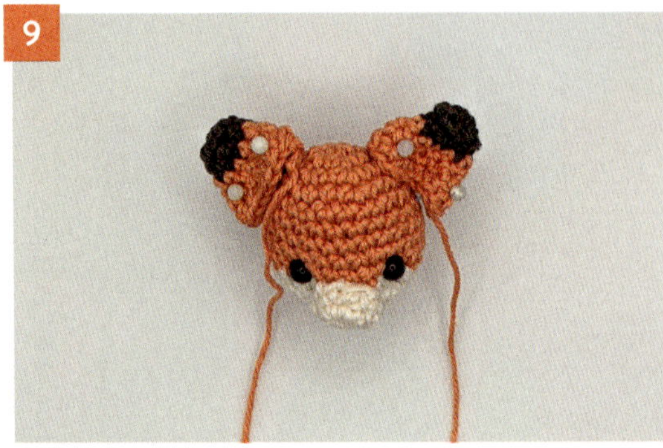

Fuchs

Kopf (in Scampi und Crème)

Häkle in Spiral-Rd. Beginne in Scampi. Rd 1–9 des Bärenkopfs wdh. Nicht abketten, sondern wie folgt weiterhäkeln:

Fb-Wechsel Crème.

10. Rd: 24 fM häkeln.

11. Rd: *2 fM, 1 M abn*, von * bis * noch 5 x wdh. [18]

Die Augen zwischen Rd 9–10 mit 5 M Abstand befestigen. Beginne, den Kopf fortlaufend mit Füllwatte auszustopfen.

12. Rd: *1 fM, 1 M abn*, von * bis * noch 5 x wdh. [12]

13. Rd: 6 x 1 M abn ihM. [6]

Den Faden lang abschneiden, durch die vorderen M-Glieder der letzten Rd fädeln, festziehen und vernähen.

Schnauze (in Crème)

Häkle in Rd. Die Schnauze nur leicht mit Füllwatte ausstopfen. 4 Lm anschl, in die 2. Lm von der Nd aus einstechen und wie folgt um die Lm-Kette herumhäkeln:

1. Rd: 2 fM, 3 fM in eine M, 1 fM, 1 M zun. [8]

2. Rd: 8 fM häkeln.

Mit 1 Km in die 1. M beenden, den Faden lang abschneiden und damit die Schnauze zwischen den Augen festnähen.

Ohren (2 x in Scampi und Zartbitter)

Häkle in Spiral-Rd. Beginne in Zartbitter. Die Ohren nicht mit Füllwatte ausstopfen.

1. Rd: 6 fM in einen Fadenring häkeln. [6]

2. Rd: 6 fM häkeln.

3. Rd: *1 fM, 1 M zun*, von * bis * noch 2 x wdh. [9]

Fb-Wechsel zu Scampi.

4. Rd: 9 fM häkeln.

5. Rd: *2 fM, 1 M zun*, von * bis * noch 2 x wdh. [12]

6. Rd: *3 fM, 1 M zun*, von * bis * noch 2 x wdh. [15]

7. Rd: 15 fM häkeln.

Mit 1 Km in die 1. M beenden, den Faden lang abschneiden und damit die Ohren über Rd 3–7 am Kopf festnähen **(Bild 8–9)**.

Gesicht fertigstellen

Das Augenweiß mit weißem Filetgarn direkt neben den Augen aufsticken. Die Nase mit schwarzem Filetgarn über Rd 1–2 der Schnauze über 2 M Breite sticken, dazu ca. 3 x einstechen. Die Augenbrauen ebenfalls mit schwarzem Filetgarn 1 Rd über den Augen über 1 Rd Höhe und 2 M Breite sticken.

10

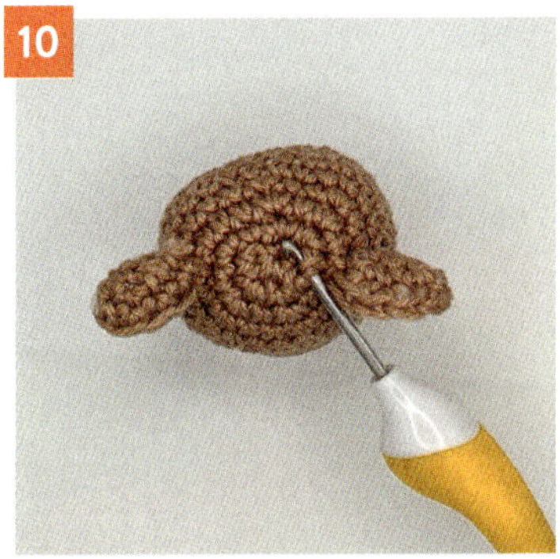

11

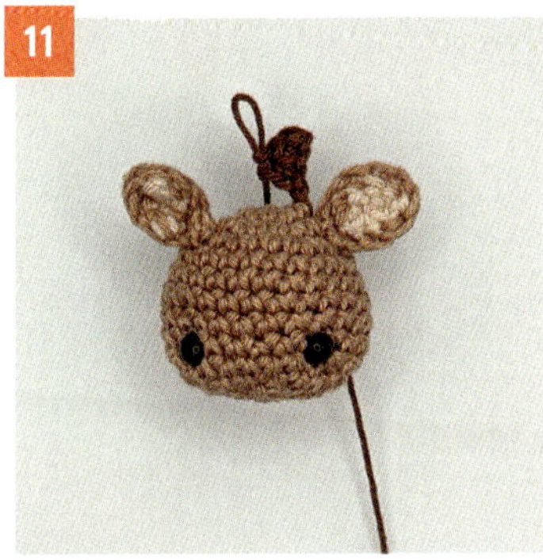

12

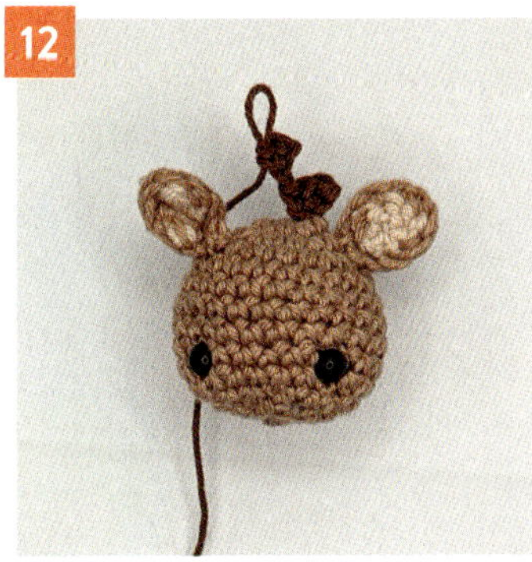

13

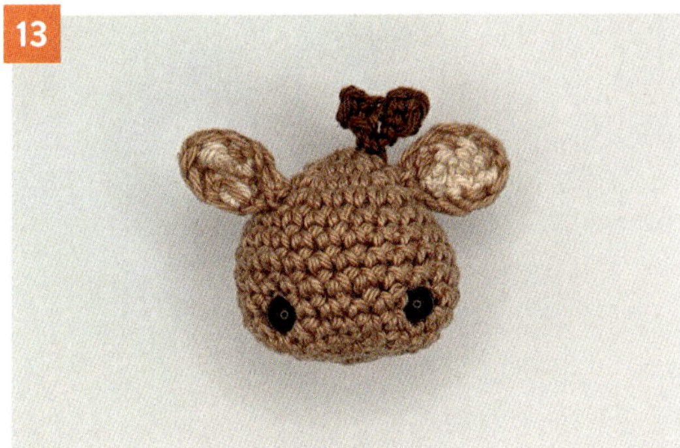

Körper (in Scampi)

Folge dazu der Anleitung zum Körper des Bären auf S. 118

Reh

Kopf (in Sun-kissed)

Folge dazu der Anleitung zum Kopf des Bären auf S. 117–118. Die Augen dabei zwischen Rd 9–10 mit 5 M Abstand befestigen.

Ohren (2 x in Ivory und Sun-kissed)

Häkle in Rd. Beginne in Ivory. 4 Lm anschl, in die 2. Lm von der Nd aus einstechen und wie folgt um die Lm-Kette herumhäkeln:

1. Rd: 2 fM, 3 fM in eine M, 1 fM, 1 M zun. [8]

Den Faden abschneiden und vernähen. Einen identischen zweiten Teil in Sun-kissed häkeln, jedoch den Faden nicht abschneiden. Beide Teile mit der Rückseite aufeinanderlegen, durch die fM der 1. Rd stechen und sie so mit 8 fM zusammenhäkeln

Den Faden lang abschneiden, das untere Ende des Ohres falten und die Kante mit 2 Stichen zusammennähen. Die Ohren zwischen Rd 3–4 auf dem Kopf festnähen.

Hörner (2 x in Marone)

Schlinge den Faden direkt vor den Ohren am Kopf mit 1 Km an. Starte dazu beim rechten Ohr, die Augen zeigen dabei von dir weg **(Bild 10)**. 6 Lm anschl, in die 2. Lm von der Nd aus einstechen und 4 fM entlang der Lm-Kette häkeln **(Bild 11)**. Ohne abzuketten, 3 Lm anschl, in die 2. Lm von der Nd aus einstechen und 2 fM entlang der Lm-Kette häkeln. Mit 1 fM in die 1. Lm der 1. Lm-Kette beenden **(Bild 12–13)**. 1 Km zurück in den Kopf häkeln, den Faden abschneiden und vernähen. Für das zweite Horn wdh. Stich hier von der Seite aus ein, die Augen zeigen dabei nach links **(Bild 14)**.

Gesicht fertigstellen

Die Nase in Ivory zwischen Rd 10–11 des Kopfs aufsticken, dazu ca. 4 x einstechen. Direkt unter der Nase eine Kontrastlinie mit schwarzem

14

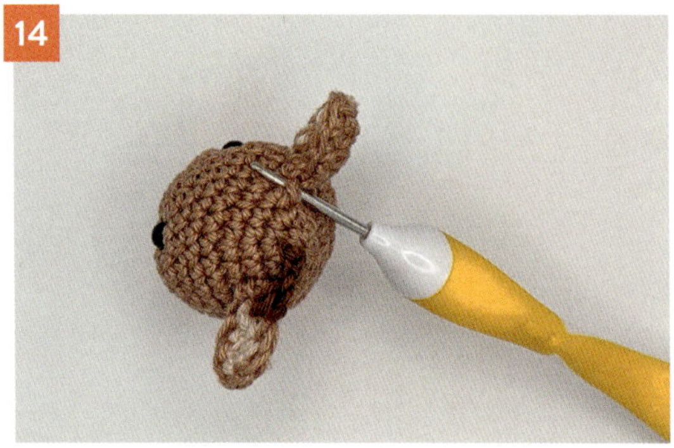

15

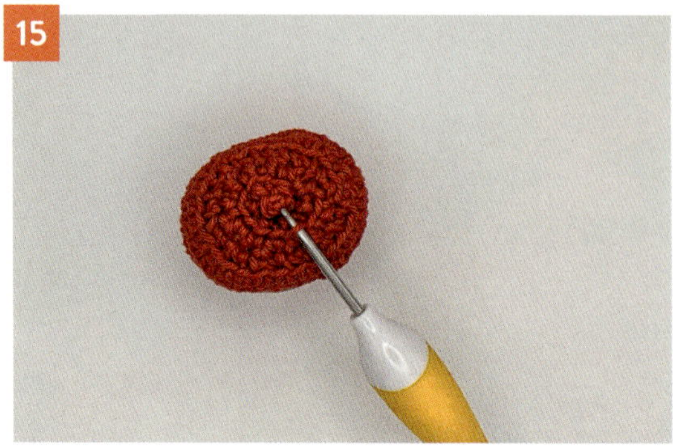

Filetgarn sticken. Das Augenweiß mit weißem Filetgarn direkt neben den Augen aufsticken. Die Augenbrauen mit schwarzem Filetgarn 1 Rd über den Augen über 1 Rd Höhe und 2 M Breite sticken. Die Wangen unter den Augen in Altrosa über 1 M Breite sticken, dazu ca. 2x einstechen. Den Kontrast der Stirn in Crème mithilfe des Rückstichs über 1 M Höhe und 1 M Breite sticken.

Körper (in Sun-kissed)

Folge dazu der Anleitung zum Körper des Bären auf S. 118.

Pilz

Hut (in Kirsche)

Häkle in Spiral-Rd. Den Hut fortlaufend mit Füllwatte ausstopfen. Achte darauf, den unteren Teil so zu stopfen, dass der Boden ab Rd. 10 flach bleibt.

1. Rd: 6 fM in einen Fadenring häkeln. [6]
2. Rd: 6x1 M zun. [12]
3. Rd: *4 fM, 2x1 M zun*, von * bis * noch 1x wdh. [16]
4. Rd: *6 fM, 2x1 M zun*, von * bis * noch 1x wdh. [20]
5. Rd: *8 fM, 2x1 M zun*, von * bis * noch 1x wdh. [24]
6.–9. Rd: 24 fM häkeln.
10. Rd: alles ihM, *2 fM, 1 M abn*, von * bis * noch 5x wdh. [18]
11. Rd: *1 fM, 1 M abn*, von * bis * noch 5x wdh. [12]
12. Rd: 6x1 M abn ihM. [6]

Den Faden lang abschneiden, durch die vorderen M-Glieder der letzten Rd fädeln, festziehen und vernähen. Den Faden in Kirsche ivM aus Rd 10 aufnehmen, von oben einstechen und rundherum fM häkeln. Den Faden abschneiden und vernähen.

Stiel (in Crème)

Häkle in Spiral-Rd. Den Stiel fortlaufend mit Füllwatte ausstopfen.
Den Faden ivM aus Rd 12 des Huts aufnehmen, von oben einstechen und wie folgt weiterhäkeln **(Bild 15)**:

1.–4. Rd: 12 fM häkeln. [12] **(Bild 16–17)**
5. Rd: 6x1 M abn. [6]

Den Faden lang abschneiden, durch die vorderen M-Glieder der letzten Rd fädeln, festziehen und vernähen. Die Punkte in Crème über 1 M Breite aufsticken, dazu ca. 2x einstechen.

16

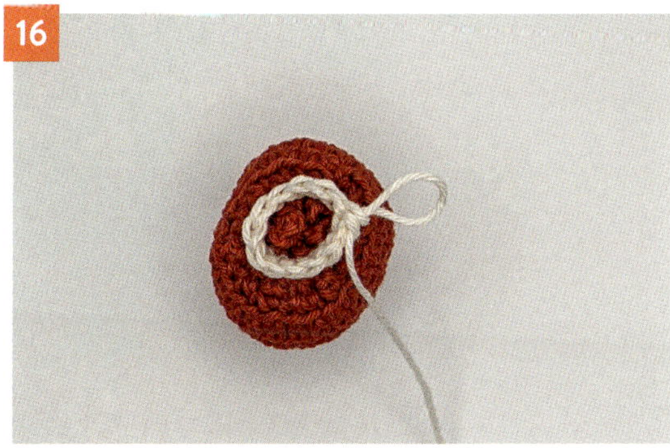

17

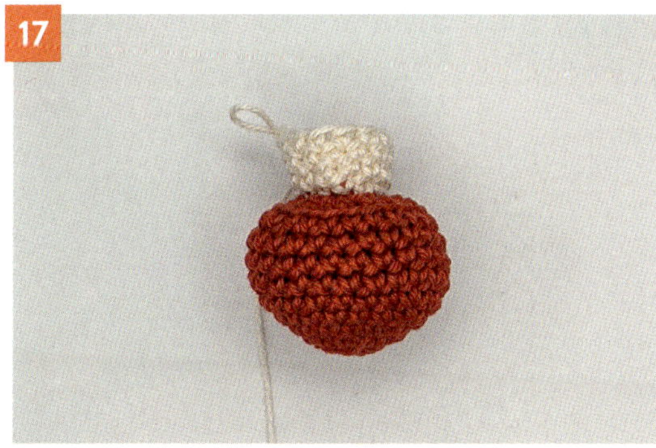

Eichel (in Sand)

Häkle in Spiral-Rd. Die Eichel fortlaufend mit Füllwatte ausstopfen.

1. Rd: 6 fM in einen Fadenring häkeln. [6]

2. Rd: *1 fM, 1 M zun*, von * bis * noch 2 x wdh. [9]

3. Rd: *2 fM, 1 M zun*, von * bis * noch 2 x wdh. [12]

4.–5. Rd: 12 fM häkeln.

6. Rd: *3 fM, 1 M zun*, von * bis * noch 2 x wdh. [15]

7. Rd: *4 fM, 1 M zun*, von * bis * noch 2 x wdh. [18]

8. Rd: *1 fM, 1 M abn*, von * bis * noch 5 x wdh. [12]

9. Rd: 6 x 1 M abn. [6]

Den Faden lang abschneiden, durch die vorderen M-Glieder der letzten Rd fädeln, festziehen und vernähen.

Hut (in Zimt)

Häkle in Spiral-Rd. Den Hut nicht mit Füllwatte ausstopfen.

1. Rd: 6 fM in einen Fadenring häkeln. [6]

2. Rd: 6 x 1 M zun. [12]

3. Rd: *1 fM, 1 M zun*, von * bis * noch 5 x wdh. [18]

4.–6. Rd: 18 fM häkeln.

Mit 1 Km in die 1. M beenden, den Faden lang abschneiden und damit den Hut auf der Eichel festnähen.

Tipp: Beim Annähen nur oberhalb der letzten Rd einstechen, damit der Rand des Huts später nicht zu fest an der Eichel anliegt.

Schlinge den Faden oben auf dem Hut (1. Rd) in Zimt mittig an. 3 Lm anschl, in die 2. Lm von der Nd aus einstechen und 2 fM entlang der Lm-Kette häkeln. 1 Km zurück in den Hut. Faden abschneiden und vernähen.

Blätter (6 x in Khaki)

Häkle in Rd. 7 Lm anschl, in die 2. Lm von der Nd aus einstechen und wie folgt um die Lm-Kette herumhäkeln:

1. Rd: 2 fM, 2 hStb, 1 Stb, 3 Stb in eine M, 2 Stb, 2 hStb, 1 M zun. [14]

Den Faden abschneiden und vernähen.

Mobile fertigstellen

Folge dazu der Anleitung zum Fertigstellen des Mobiles auf S. 19 der Grundanleitungen.

Schnullerkette

Material

» Schachenmayr Catania (100 % Baumwolle, LL 125m/50 g) in
  - Marone (Fb 157), 5 g
  - Crème (Fb 130), ein Rest
  - Khaki (Fb 212), ein Rest
  - Sand (Fb 404), ein Rest
  - Kirsche (Fb 424), ein Rest

» Filetgarn in Schwarz und Weiß
» Holzclip Ø 37 mm
» 5 x Rohholzkugeln gebohrt Ø 15 mm
» Fädelschnur
» Füllwatte
» Häkelnadel 2,5 mm
» Stecknadeln zum Fixieren
» Stopfnadel zum Vernähen

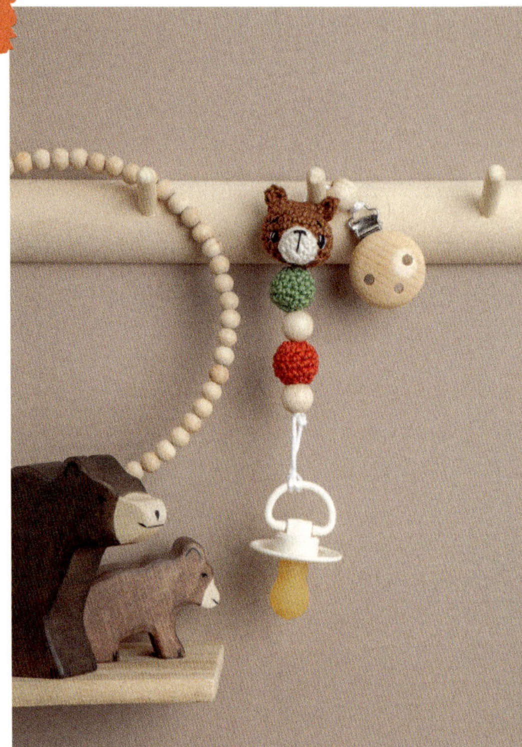

Kopf (in Marone)

Häkle in Spiral-Rd. Den Kopf fortlaufend mit Füllwatte ausstopfen.

1. Rd: 7 fM in einen Fadenring häkeln. [7]
2. Rd: 7 x 1 M zun. [14]
3. Rd: *1 fM, 1 M zun*, von * bis * noch 6 x wdh. [21]
4.–8. Rd: 21 fM häkeln.
9. Rd: *1 fM, 1 M abn*, von * bis * noch 6 x wdh. [14]
10. Rd: 7 x 1 M abn. [7]

Den Faden abschneiden, durch die vorderen M-Glieder der letzten Rd fädeln, festziehen und vernähen.

Schnauze (in Crème)

Häkle in Spiral-Rd. Die Schnauze leicht mit Füllwatte ausstopfen.

1. Rd: 10 fM in einen Fadenring häkeln. [10]
2.–3. Rd: 10 fM häkeln.

Mit 1 Km in die 1. M beenden, den Faden lang abschneiden und damit die Schnauze über Rd 6–9 auf dem Kopf festnähen.

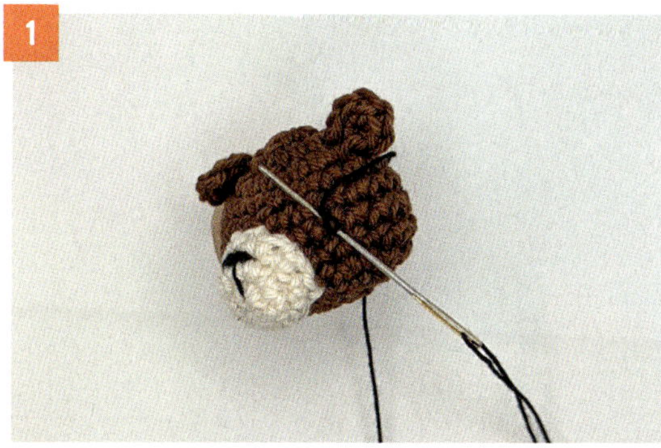
1

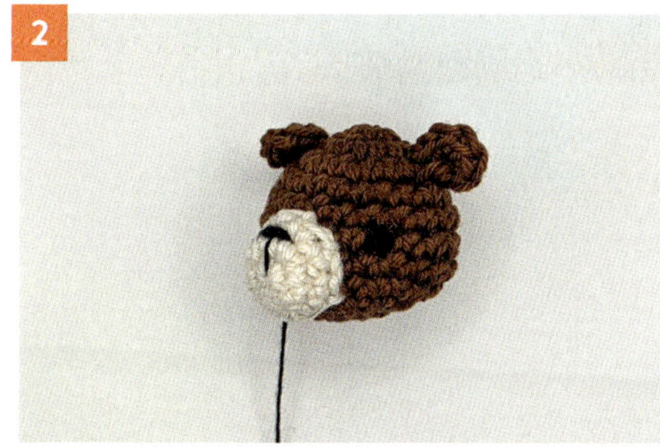
2

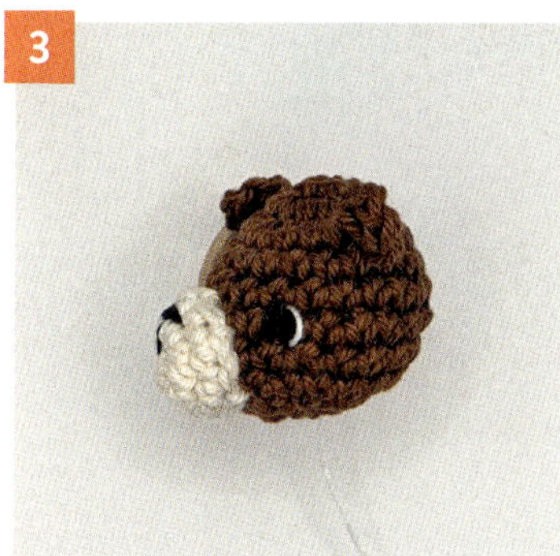
3

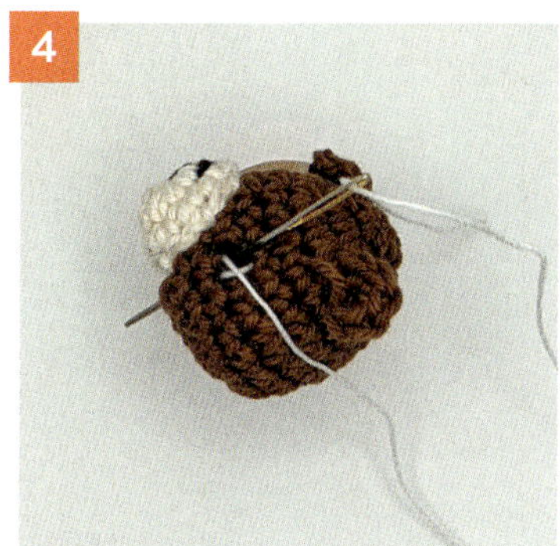
4

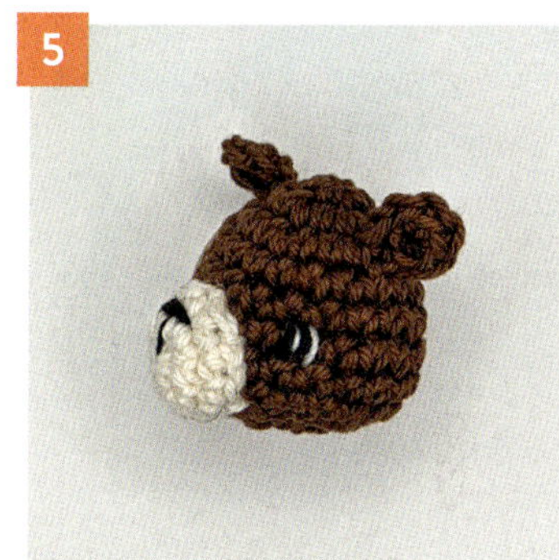
5

Ohren (2 x in Marone)

Häkle in Spiral-Rd.

1. Rd: 6 fM in einen Fadenring häkeln. [6]

Mit einer Km in die 1. fM beenden, den Faden lang abschneiden und damit die Ohren über Rd 3 auf dem Kopf festnähen.

Gesicht fertigstellen

Die Augen mit schwarzem Filetgarn 1 M neben der Schnauze über 1 M Breite aufsticken, dazu ca. 8 x einstechen. Das Augenweiß mit weißem Filetgarn direkt neben den Augen aufsticken. Den Lichtreflex ebenfalls mit weißem Filetgarn mittig in die Augen sticken **(Bild 1–5)**. Die Nase mit schwarzem Filetgarn zwischen Rd 2–3 der Schnauze über 2 M Breite sticken, dazu ca. 4 x einstechen. Unter der Nase 2 M nach unten stechen, um die Schnauze fertigzustellen. Die Augenbrauen ebenfalls mit schwarzem Filetgarn 1 Rd über den Augen über 1 Rd Höhe und 1 M Breite sticken.

Kugeln umhäkeln (1 x in Khaki und 1 x in Kirsche)

Folge dazu der Anleitung Kugeln Umhäkeln auf S. 17 der Grundanleitungen.

Schnullerkette fertigstellen

Folge dazu der Anleitung zum Fertigstellen der Schnullerkette auf S. 18 der Grundanleitungen.

Greifring

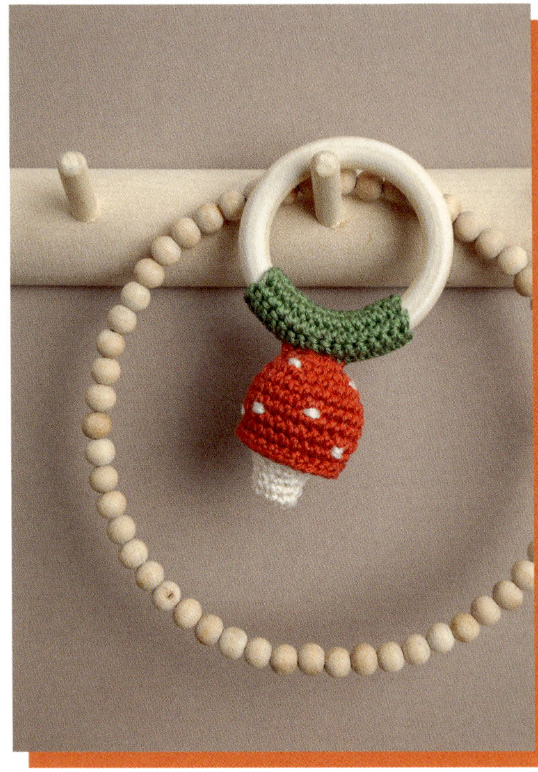

Material

- Schachenmayr Catania (100 % Baumwolle, LL 125m/50 g) in
  - Kirsche (Fb 424), 10 g
  - Khaki (Fb 212), 10 g
  - Crème (Fb 130), 5 g
- Opry Holzring Ø 70 mm
- Füllwatte
- Häkelnadel 2,5 mm
- Stecknadeln zum Fixieren
- Stopfnadel zum Vernähen

Hinweis: Eine bebilderte Anleitung zum Umhäkeln des Rings findest du in der Anleitung Greifring Wal auf S. 31.

Ring umhäkeln (in Khaki)

Häkle in R. 16 Lm anschl, in die 2. Lm von der Nd aus einstechen und wie folgt häkeln:

1.–8. R: 15 fM, 1 Lm, wenden. [15]

Den Faden lang abschneiden und das Häkelstück um den Ring legen. Die gegenüberliegenden Enden M für M zusammennähen, um das Häkelstück so am Ring zu befestigen. Achte darauf, beim Zusammennähen immer nur von einer Seite aus einzustechen (also nicht über Kreuz). Den Faden abschneiden und vernähen

Pilz (in Kirsche und Crème)

Häkle in Spiral-Rd. Beginne in Kirsche. Den Pilz fortlaufend mit Füllwatte ausstopfen.

1. Rd: 7 fM in einen Fadenring häkeln. [7]

2. Rd: 7 x 1 M zun. [14]

3. Rd: *1 fM, 1 M zun*, von * bis * noch 6 x wdh. [21]

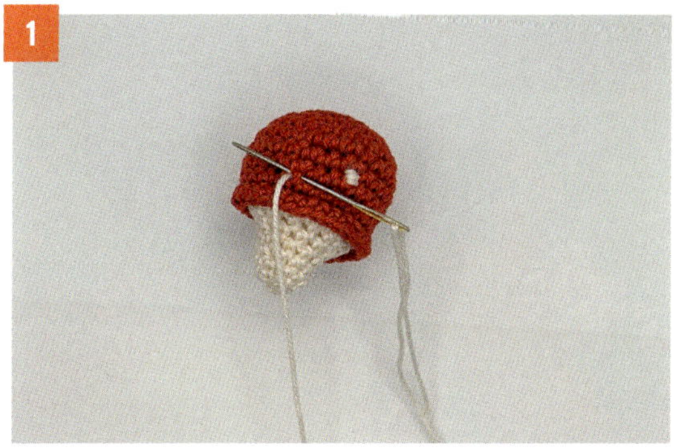

1

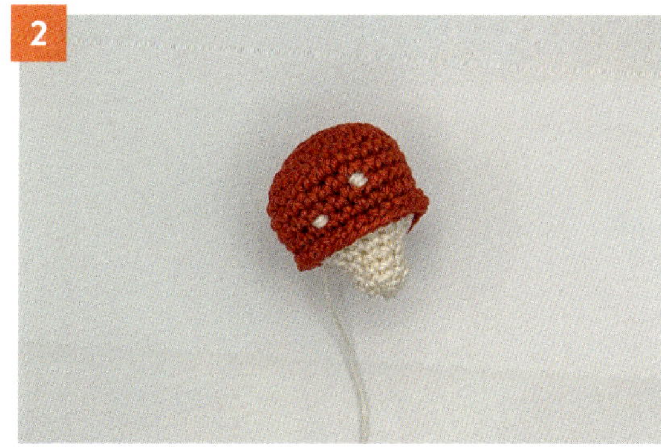

2

4. Rd: *2 fM, 1 M zun*, von * bis * noch 6 x wdh. [28]
5.–9. Rd: 28 fM häkeln.
Fb-Wechsel zu Crème.
10. Rd: alles ihM, *2 fM, 1 M abn*, von * bis * noch 6 x wdh. [21]
11. Rd: *1 fM, 1 M abn*, von * bis * noch 6 x wdh. [14]
12. Rd: *3 fM, 2 x 1 M abn*, von * bis * noch 1 x wdh. [10]
13.–15. Rd: 10 fM häkeln.
16. Rd: 5 x 1 M abn. [5]

Den Faden abschneiden, durch die vorderen M-Glieder der letzten Rd fädeln, festziehen und vernähen. Den Faden in Kirsche ivM aus Rd 10 aufnehmen, von oben einstechen und rundherum fM häkeln. Die Punkte in Crème über 1 M Breite aufsticken, dazu jeweils ca. 4 x einstechen **(Bild 1–2)**. Den Pilz mithilfe eines Restfadens in Kirsche am Ring festnähen.

Spieluhr

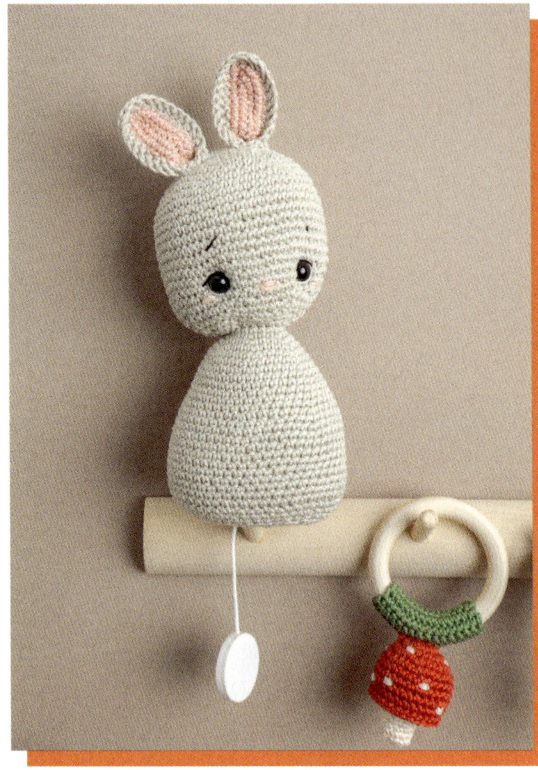

Material

» Schachenmayr Catania (100 % Baumwolle, LL 125m/50 g) in
  - Leinen (Fb 248), 50 g
  - Crème (Fb 130), 5 g
  - Altrosa (Fb 408), 5 g
  - Rosé Gold (Fb 433), ein Rest

» Filetgarn in Schwarz und Weiß
» 2 x Sicherheitsaugen Ø 10 mm
» Spieluhr „Game of Thrones“ von Glückswolke
» Füllwatte
» Häkelnadel 2,5 mm
» Stecknadeln zum Fixieren
» Stopfnadel zum Vernähen

Kopf (in Leinen)
Häkle in Spiral-Rd.
1. Rd: 6 fM in einen Fadenring häkeln. [6]
2. Rd: 6 x 1 M zun. [12]
3. Rd: *1 fM, 1 M zun*, von * bis * noch 5 x wdh. [18]
4. Rd: *2 fM, 1 M zun*, von * bis * noch 5 x wdh. [24]
5. Rd: *3 fM, 1 M zun*, von * bis * noch 5 x wdh. [30]
6. Rd: *4 fM, 1 M zun*, von * bis * noch 5 x wdh. [36]
7. Rd: *5 fM, 1 M zun*, von * bis * noch 5 x wdh. [42]
8. Rd: *6 fM, 1 M zun*, von * bis * noch 5 x wdh. [48]
9. Rd: *7 fM, 1 M zun*, von * bis * noch 5 x wdh. [54]
10. Rd: *8 fM, 1 M zun*, von * bis * noch 5 x wdh. [60]
11.–20. Rd: 60 fM häkeln.
21. Rd: *8 fM, 1 M abn*, von * bis * noch 5 x wdh. [54]
22. Rd: 54 fM häkeln.
23. Rd: *7 fM, 1 M abn*, von * bis * noch 5 x wdh. [48]

1

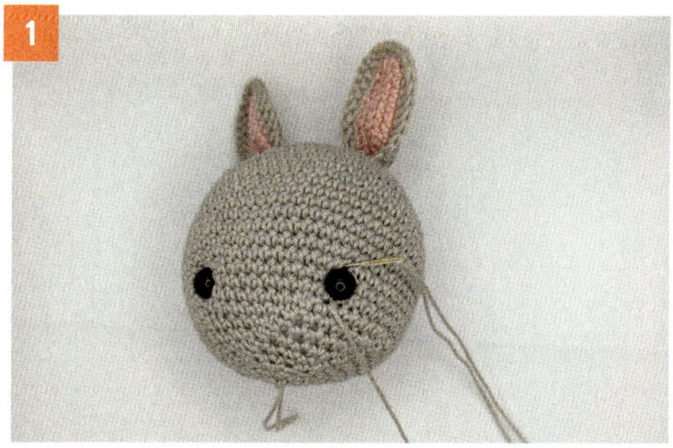

2

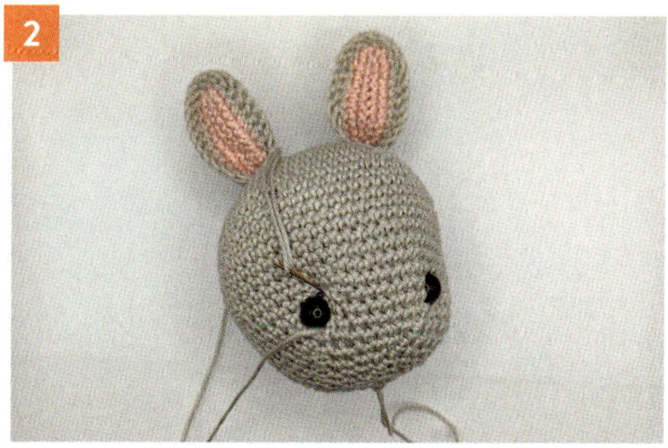

24. Rd: *6 fM, 1 M abn*, von * bis * noch 5x wdh. [42]
25. Rd: *5 fM, 1 M abn*, von * bis * noch 5x wdh. [36]
26. Rd: *4 fM, 1 M abn*, von * bis * noch 5x wdh. [30]
27. Rd: *3 fM, 1 M abn*, von * bis * noch 5x wdh. [24]
Die Augen zwischen Rd 21–22 mit 11 M Abstand befestigen. Beginne, den Kopf fortlaufend mit Füllwatte auszustopfen.
28. Rd: *2 fM, 1 M abn*, von * bis * noch 5x wdh. [18]
29. Rd: 18 fM ihM häkeln.
30. Rd: *1 fM, 1 M abn*, von * bis * noch 5x wdh. [12]
31. Rd: 6x 1 M abn. [6]
Den Faden lang abschneiden, durch die vorderen M-Glieder der letzten Rd fädeln, festziehen und vernähen.

Ohren (2x in Leinen und Altrosa)

Häkle in Spiral-Rd. Beginne in Altrosa. 11 Lm anschl, in die 2. Lm von der Nd aus einstechen und wie folgt um die Lm-Kette herumhäkeln:
1. Rd: 9 fM, 3 fM in eine M, 8 fM, 1 M zun. [22]
2. Rd: *1 M zun, 10 fM*, von * bis * noch 1x wdh. [24]
Den Faden abschneiden und vernähen. Einen identischen zweiten Teil in Leinen häkeln, jedoch den Faden nicht abschneiden. Beide Teile mit der Rückseite aufeinanderlegen, durch die fM der 2. Rd stechen und sie wie folgt zusammenhäkeln:
3. Rd: 24 fM häkeln.
4. Rd: 1 M zun, 22 fM, 1 M zun. [26]
Den Faden lang abschneiden, das untere Ende zusammendrücken und mit 2 Stichen zusammennähen. Die Ohren über Rd 5–6 auf dem Kopf festnähen.

Gesicht fertigstellen

Vertiefe zunächst die Augen. Schneide dazu einen Faden in Leinen ab. Stich unterhalb des Kopfs ein und komme rechts unter dem ersten Auge wieder heraus. Anschließend oberhalb des Auges wieder einstechen und unter dem zweiten Auge wieder herauskommen. Erneut oberhalb des Auges einstechen und den Faden zu deiner ersten Einstichstelle führen. Ziehe nun an den beiden Fadenenden, sodass die Augen nach innen gezogen werden. Anschließend die Enden verknoten und im Kopf vernähen **(Bild 1–4)**. Das Augenweiß in Creme direkt unter den Augen aufsticken. Die Nase in Altrosa zwischen Rd 22–23 des Kopfs über 2 M Breite sticken, dazu ca. 6x einstechen.

3

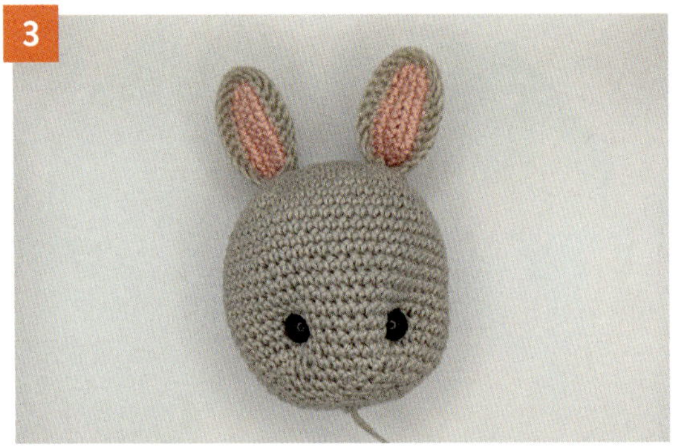

4

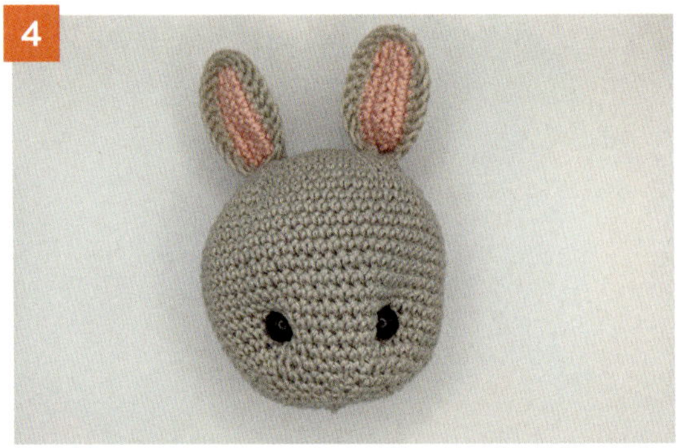

Die Augenbrauen mit schwarzem Filetgarn 3 Rd über den Augen über 1 Rd Höhe und 2 M Breite sticken. Das Augenlid mit schwarzem Filetgarn direkt über den Augen anbringen. Die Wangen in Rosé Gold unter den Augen über 2 M Breite sticken, dazu ca. 3 x einstechen.

Körper (in Leinen)

Den Faden ivM aus Rd 29 des Kopfs aufnehmen, von oben einstechen und wie folgt in Spiral-Rd häkeln:

1. Rd: 18 fM häkeln. [18]

2. Rd: *2 fM, 1 M zun*, von * bis * noch 5 x wdh. [24]

3. Rd: *3 fM, 1 M zun*, von * bis * noch 5 x wdh. [30]

4. Rd: *4 fM, 1 M zun*, von * bis * noch 5 x wdh. [36]

5.–6. Rd: 36 fM häkeln.

7. Rd: *5 fM, 1 M zun*, von * bis * noch 5 x wdh. [42]

8.–12. Rd: 42 fM häkeln.

13. Rd: *6 fM, 1 M zun*, von * bis * noch 5 x wdh. [48]

14. Rd: 48 fM häkeln.

15. Rd: *7 fM, 1 M zun*, von * bis * noch 5 x wdh. [54]

16.–25. Rd: 54 fM häkeln.

Fülle etwa ein Drittel des Körpers mit Füllwatte. Stecke die Spieluhr in den Körper, mit der Schnur nach unten zeigend. Stopfe nun weitere Füllwatte rund um die Spieluhr, bis sie von außen nicht mehr zu fühlen ist. Drücke die Spieluhr in den weiteren Rd immer wieder etwas nach oben und stopfe Füllwatte nach. Führe die Schnur im weiteren Verlauf immer weiter mit und lege sie am Ende in der letzten Rd mittig nach außen.

26. Rd: *7 fM, 1 M abn*, von * bis * noch 5 x wdh. [48]

27. Rd: *6 fM, 1 M abn*, von * bis * noch 5 x wdh. [42]

28. Rd: alles ihM, *5 fM, 1 M abn*, von * bis * noch 5 x wdh. [36]

Ab hier den Boden nicht mehr mit Füllwatte ausstopfen, damit der Hase später gut stehen kann.

29. Rd: *4 fM, 1 M abn*, von * bis * noch 5 x wdh. [30]

30. Rd: *3 fM, 1 M abn*, von * bis * noch 5 x wdh. [24]

31. Rd: *2 fM, 1 M abn*, von * bis * noch 5 x wdh. [18]

32. Rd: *1 fM, 1 M abn*, von * bis * noch 5 x wdh. [12]

33. Rd: 6 x 1 M abn. [6]

Den Faden lang abschneiden, durch die vorderen M-Glieder der letzten Rd fädeln, festziehen und vernähen.

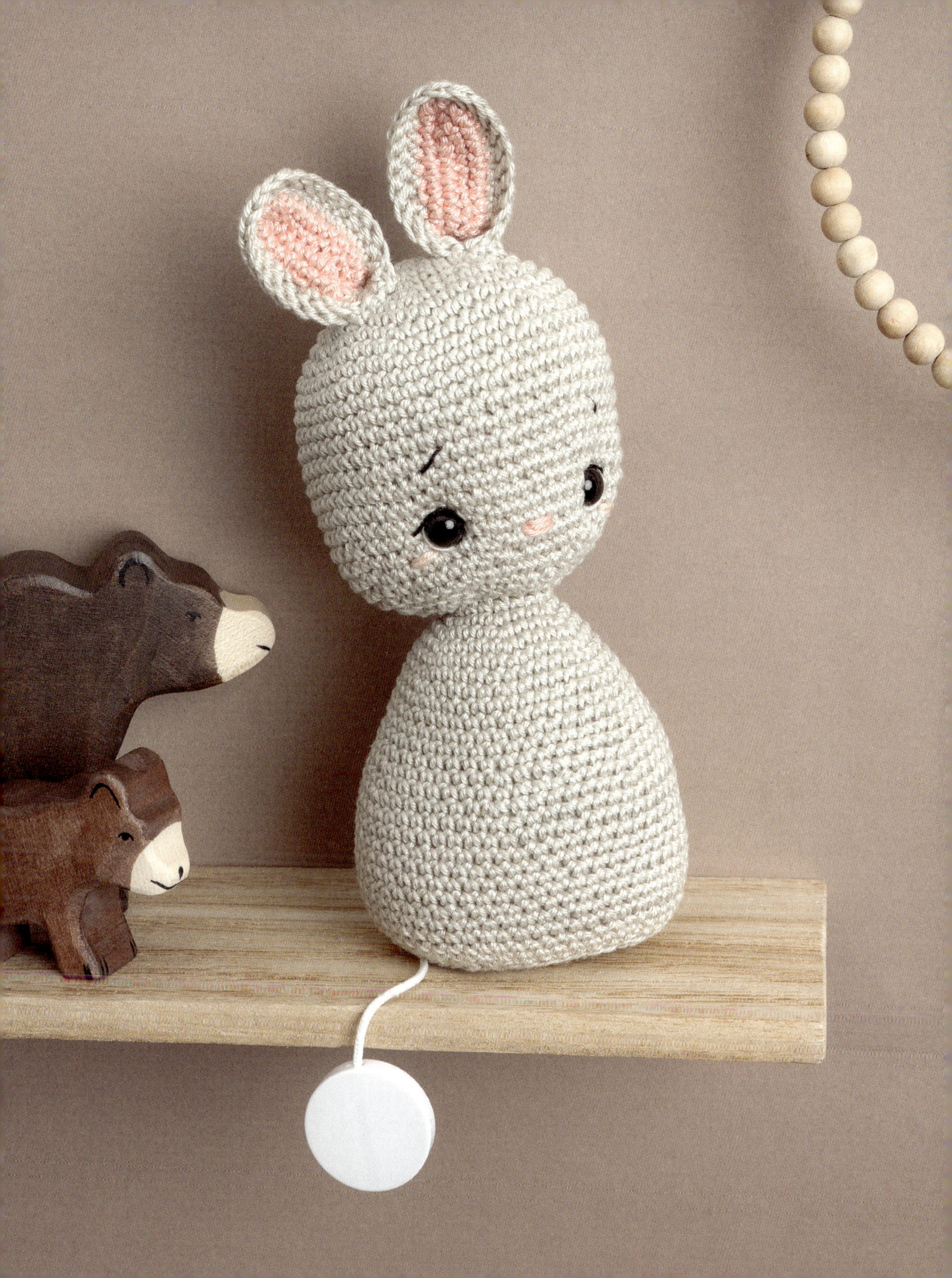

Auf dem Bauernhof

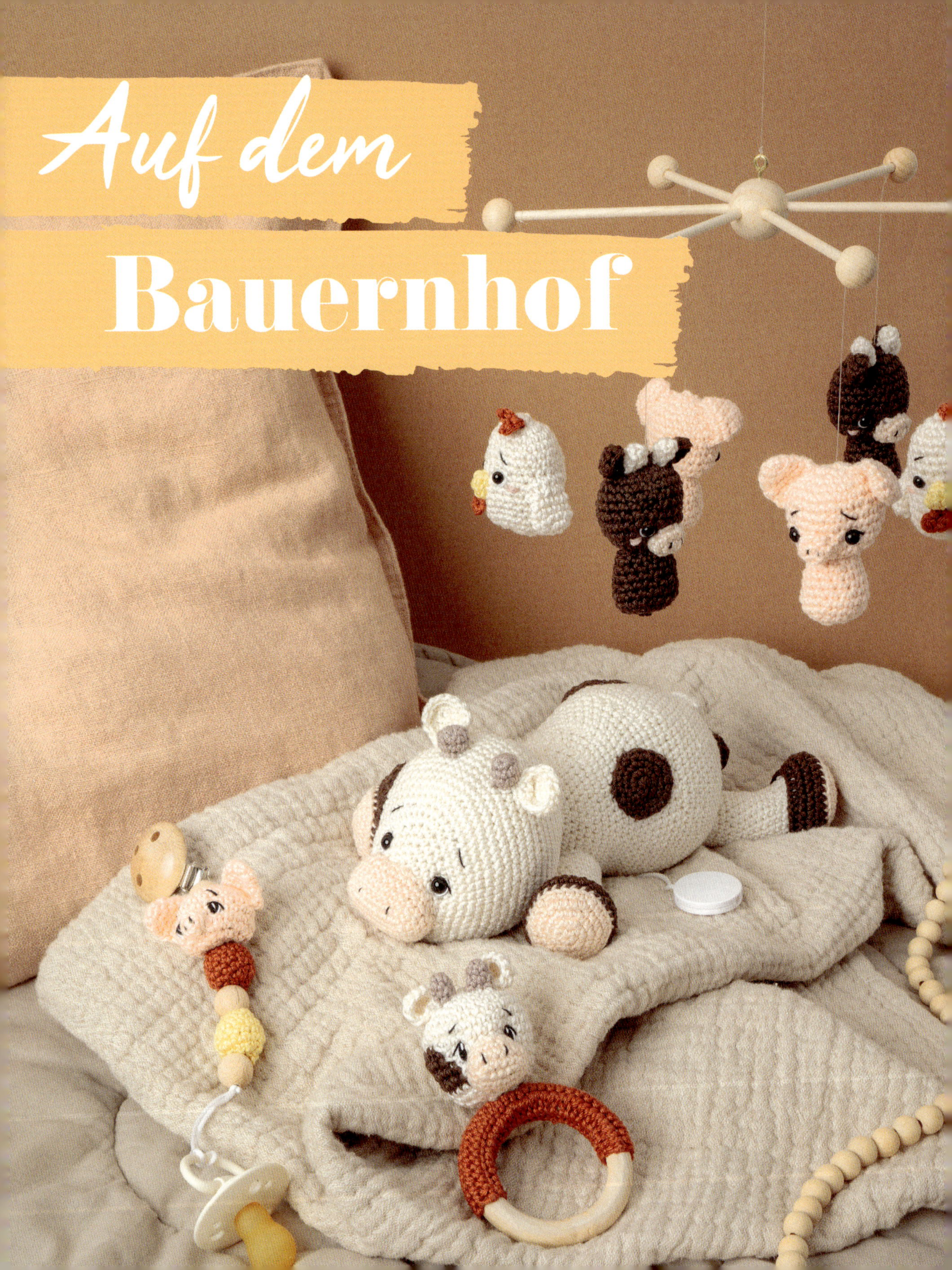

Mobile

Material

- Scheepjes Catona (100 % Baumwolle, LL 125m/50 g) in
  - Old Lace (Fb 130), 20 g
  - Sweet Mandarine (Fb 523), 15 g
  - Black Coffee (Fb 162), 15 g
  - Shell (Fb 255), 5 g
  - Old Rose (Fb 408), ein Rest
  - Rust (Fb 388), ein Rest
  - Primrose (Fb 522), ein Rest
- Filetgarn in Schwarz und Weiß
- 12 x Sicherheitsaugen Ø 6 mm
- Mobile Stern aus Holz Ø 23 cm
- Perlonfaden Ø 0,35 mm
- Füllwatte
- Häkelnadel 2,5 mm
- Stecknadeln zum Fixieren
- Stopfnadel zum Vernähen

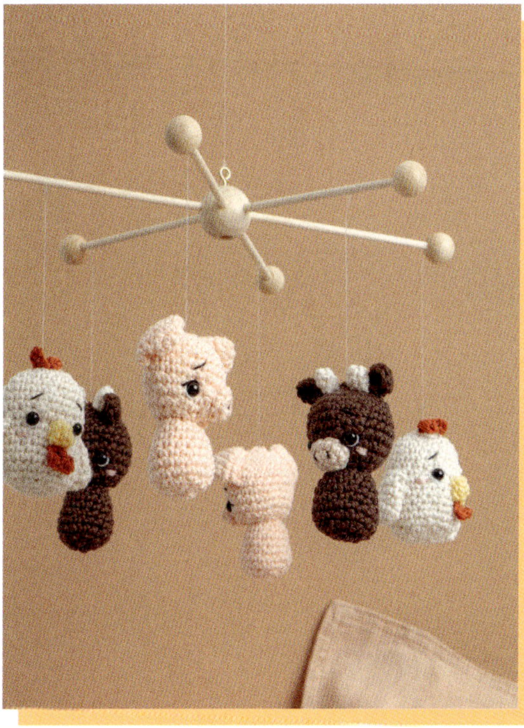

Hahn

Körper (in Old Lace)

Häkle in Spiral-Rd. Den Kopf fortlaufend mit Füllwatte ausstopfen.

1. Rd: 7 fM in einen Fadenring häkeln. [7]

2. Rd: 7 x 1 M zun. [14]

3. Rd: *1 fM, 1 M zun*, von * bis * noch 6 x wdh. [21]

4.–16. Rd: 21 fM häkeln.

Die Augen zwischen Rd 9–10 mit 4 M Abstand befestigen.

17. Rd: *1 fM, 1 M abn*, von * bis * noch 6 x wdh. [14]

18. Rd: 7 x 1 M abn. [7]

Den Faden abschneiden, durch die vorderen M-Glieder der letzten Rd fadeln, festziehen und vernähen.

1
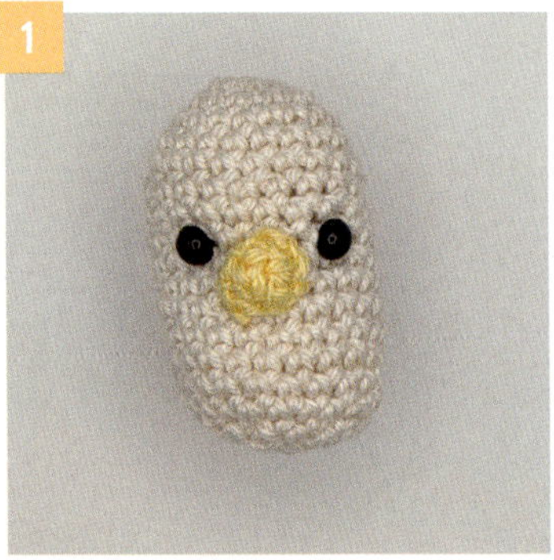

2
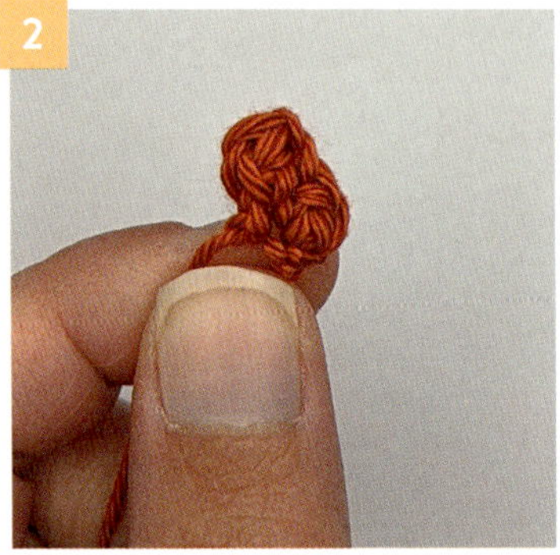

3
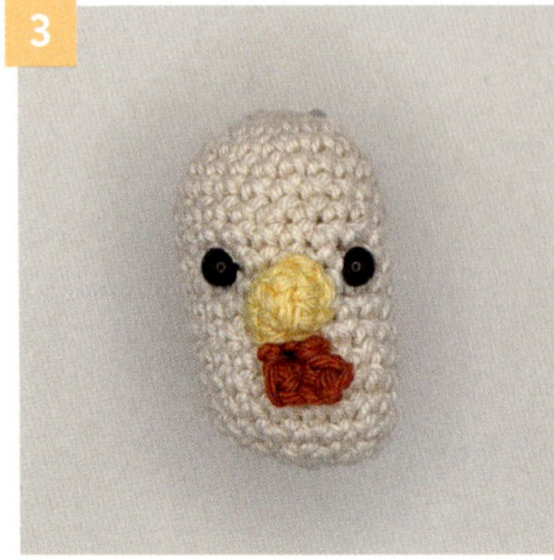

4
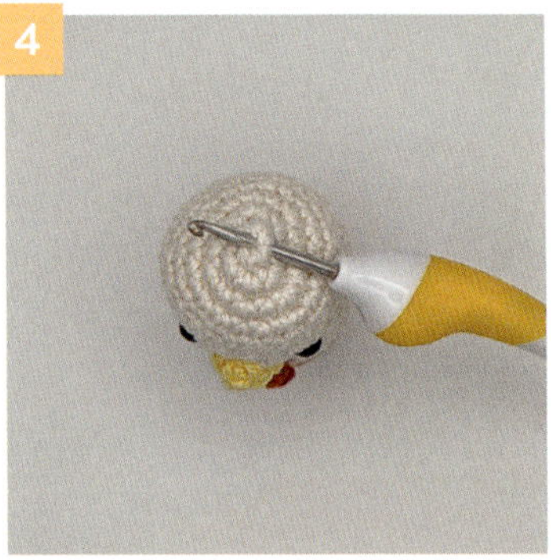

5
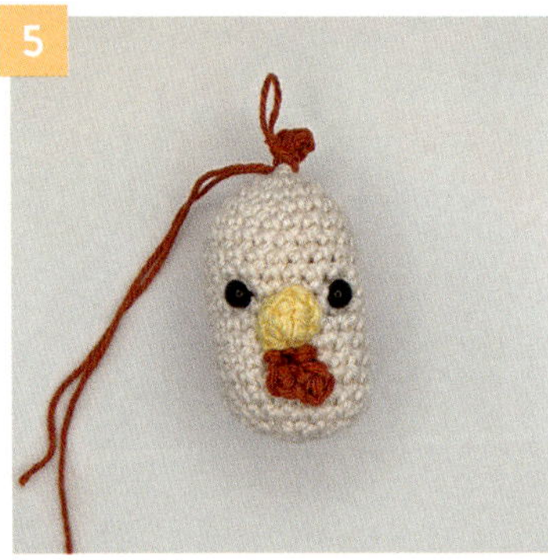

6
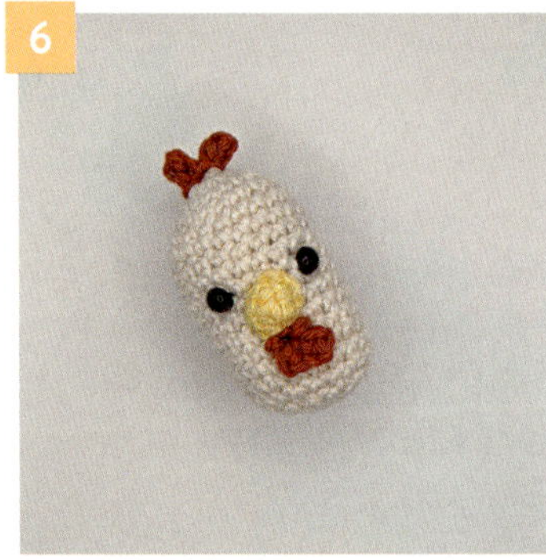

Schnabel (in Primrose)

Häkle in Spiral-Rd. Den Schnabel nicht mit Füllwatte ausstopfen.

1. Rd: 4 fM in einen Fadenring häkeln. [4]

2. Rd: *1 fM, 1 M zun*, von * bis * noch 1x wdh. [6]

Mit 1 Km in die 1. M beenden, den Faden lang abschneiden und damit den Schnabel zwischen den Augen festnähen **(Bild 1)**.

Kehllappen (in Rust)

2 Lm anschl, in die 2. Lm von der Nd aus einstechen und 1 M zun. Ohne abzuketten, weiterhäkeln. 2 Lm anschl, in die 2. Lm von der Nd aus einstechen und 1 M zun. Mit einer Km in die 1. Lm beenden. Den Faden lang abschneiden und damit den Kehllappen unter dem Schnabel festnähen **(Bild 2–3)**.

Kamm (in Rust)

Schlinge den Faden in der 2. Rd des Kopfs an, stich dabei seitlich ein. *3 Lm anschl, in die 2. Lm von der Nd aus einstechen und 2 fM entlang der Lm-Kette häkeln. 1 Km zurück in den Kopf häkeln*. Von * bis * noch 1x wdh. **(Bild 4–6)**. Den Faden abschneiden und vernähen.

Gesicht fertigstellen

Das Augenweiß mit weißem Filetgarn direkt neben den Augen aufsticken. Die Augenbrauen mit schwarzem Filetgarn 1 Rd über den Augen über 1 Rd Höhe und 2 M Breite sticken. Die Wangen in Old Rose neben den Augen über 1 M Breite sticken, dazu ca. 2x einstechen.

7

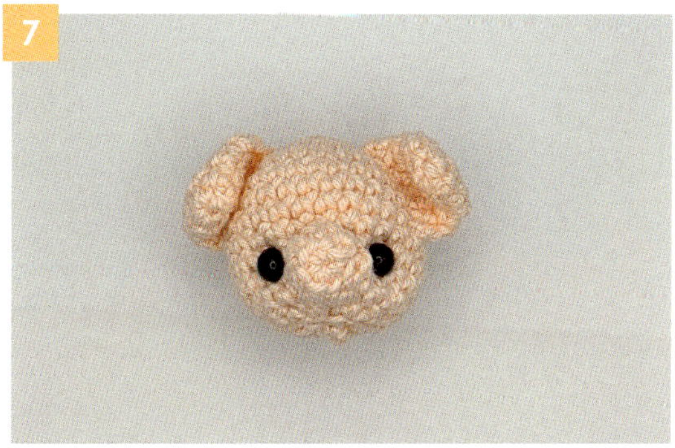

8

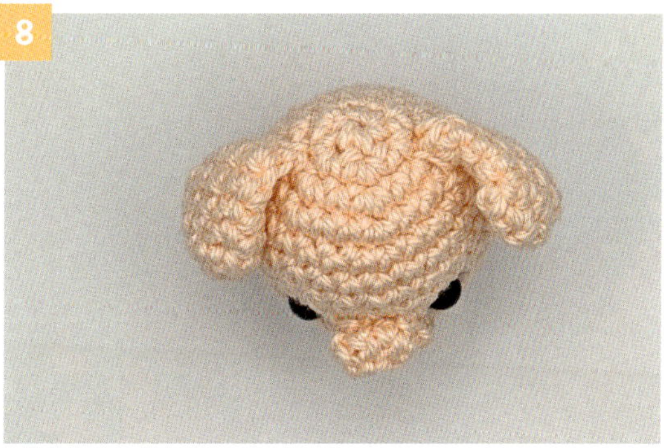

Flügel (2 x in Old Lace)
Häkle in Spiral-Rd. Die Flügel nicht mit Füllwatte ausstopfen. 4 Lm anschl, in die 2. Lm von der Nd aus einstechen und wie folgt um die Lm-Kette herumhäkeln:
1. Rd: 2 fM, 3 fM in eine M, 1 fM, 1 M zun. [8]
2.–5. Rd: 8 fM häkeln.
Das Ende zusammendrücken und mit 4 fM zusammenhäkeln. Den Faden lang abschneiden und damit die Flügel zwischen Rd 9–10 am Körper festnähen. Einen zweiten Hahn häkeln.

Schwein

Kopf (in Sweet Mandarine)
Häkle in Spiral-Rd.
1. Rd: 6 fM in einen Fadenring häkeln. [6]
2. Rd: 6 x 1 M zun. [12]
3. Rd: *1 fM, 1 M zun*, von * bis * noch 5 x wdh. [18]
4. Rd: *2 fM, 1 M zun*, von * bis * noch 5 x wdh. [24]
5.–10. Rd: 24 fM.
11. Rd: *2 fM, 1 M abn*, von * bis * noch 5 x wdh. [18]
Die Augen zwischen Rd 9–10 mit 5 M Abstand befestigen. Beginne, den Kopf fortlaufend mit Füllwatte auszustopfen.
12. Rd: *1 fM, 1 M abn*, von * bis * noch 5 x wdh. [12]
13. Rd: 6 x 1 M abn ihM. [6]
Den Faden lang abschneiden, durch die vorderen M-Glieder der letzten Rd fädeln, festziehen und vernähen.

Nase (in Sweet Mandarine)
Häkle in Spiral-Rd. Die Nase nicht mit Füllwatte ausstopfen.
1. Rd: 8 fM in einen Fadenring häkeln. [8]
2. Rd: 8 fM ihM häkeln.
Mit 1 Km in die 1. M beenden, den Faden lang abschneiden und damit die Nase zwischen den Augen festnähen.

Ohren (2 x in Sweet Mandarine)
Häkle in Spiral-Rd. Die Ohren nicht mit Füllwatte ausstopfen.
1. Rd: 6 fM in einen Fadenring häkeln. [6]
2. Rd: 6 fM häkeln.
3. Rd: *2 fM, 1 M zun*, von * bis * noch 1 x wdh. [8]
4. Rd: *3 fM, 1 M zun*, von * bis * noch 1 x wdh. [10]
5. Rd: *4 fM, 1 M zun*, von * bis * noch 1 x wdh. [12]
Das Ende zusammendrücken und mit 6 fM zusammenhäkeln. Den Faden lang abschneiden und damit die Ohren über Rd 3–7 am Kopf festnähen **(Bild 7–8)**.

9

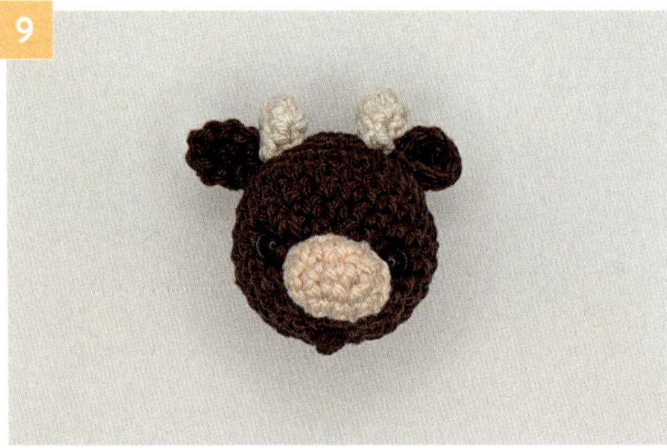

10

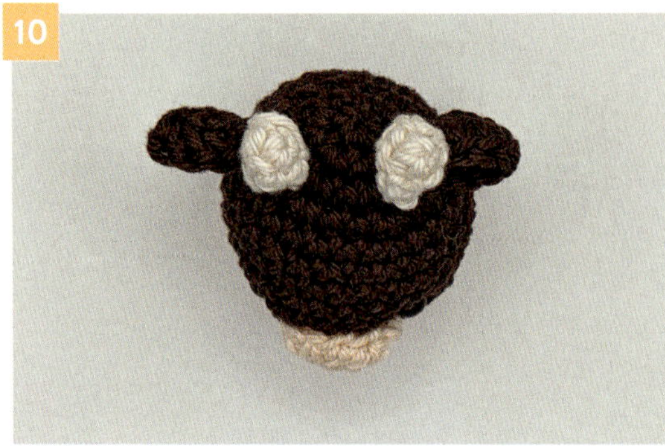

Gesicht fertigstellen

Das Augenweiß mit weißem Filetgarn direkt neben den Augen aufsticken. Die Augenlider werden mit schwarzem Filetgarn direkt über die Augen gestickt. Die Augenbrauen ebenfalls mit schwarzem Filetgarn 1 Rd über den Augen über 1 Rd Höhe und 1 M Breite sticken. Die Nasenlöcher mit schwarzem Filetgarn über 1 M Höhe auf der Schnauze aufsticken.

Körper (in Sweet Mandarine)

Häkle in Spiral-Rd. Den Körper fortlaufend mit Füllwatte ausstopfen.
Den Faden ivM aus Rd 13 des Kopfs wieder aufnehmen, dabei von oben einstechen und wie folgt weiterhäkeln:
1. Rd: 12 fM häkeln. [12]
2. Rd: *3 fM, 1 M zun*, von * bis * noch 2 x wdh. [15]
3.–4. Rd: 15 fM häkeln. [15]
5. Rd: *4 fM, 1 M zun*, von * bis * noch 2 x wdh. [18]
6.–7. Rd: 18 fM häkeln. [18]
8. Rd: *1 fM, 1 M abn*, von * bis * noch 5 x wdh. [12]
9. Rd: 6 x 1 M abn. [6]
Den Faden lang abschneiden, durch die vorderen M-Glieder der letzten Rd fädeln, festziehen und vernähen. Ein zweites Schwein häkeln.

Bulle

Kopf (in Black Coffee)

Folge dazu der Anleitung zum Kopf des Schweins auf S. 135.

Schnauze (in Shell)

Häkle in Spiral-Rd. Die Schnauze fortlaufend mit Füllwatte ausstopfen.
Häkle in Spiral-Rd. 4 Lm anschl, in die 2. Lm von der Nd aus einstechen und wie folgt um die Lm-Kette herumhäkeln:
1. Rd: 2 fM, 3 fM in eine M, 1 fM, 1 M zun. [8]
2. Rd: *3 fM, 1 M zun*, von * bis * noch 1 x wdh. [10]
Mit 1 Km in die 1. M beenden, den Faden lang abschneiden und damit die Schnauze zwischen den Augen festnähen.

Ohren (2 x in Black Coffee)

Häkle in Spiral-Rd. Die Ohren nicht mit Füllwatte ausstopfen.
1. Rd: 6 fM in einen Fadenring häkeln. [6]
2. Rd: 2 fM, 2 x 1 M zun, 2 fM. [8]
Mit 1 Km in die 1. M beenden, den Faden lang abschneiden und damit die Ohren zwischen Rd 3–4 am Kopf festnähen.

Hörner (2 x in Old Lace)

Häkle in Spiral-Rd. Die Hörner nicht mit Füllwatte ausstopfen.

1. Rd: 4 fM in einen Fadenring häkeln. [4]

2.–3. Rd: 4 fM häkeln.

Mit 1 Km in die 1. M beenden, den Faden lang abschneiden und damit die Hörner direkt vor den Ohren festnähen **(Bild 9–10)**.

Gesicht fertigstellen

Das Augenweiß mit weißem Filetgarn direkt neben den Augen aufsticken. Die Augenbrauen mit schwarzem Filetgarn 1 Rd über den Augen über 1 Rd Höhe und 2 M Breite sticken. Die Nasenlöcher ebenfalls mit schwarzem Filetgarn über Rd 1 der Schnauze mit 2 M Abstand zueinander sticken. Die Wangen in Old Rose unter den Augen sticken, dazu ca. 2 x einstechen.

Körper (in Black Coffee)

Folge dazu der Anleitung zum Körper des Schweins auf S. 136.

Mobile fertigstellen

Folge dazu der Anleitung zum Fertigstellen des Mobiles auf S. 19 der Grundanleitungen.

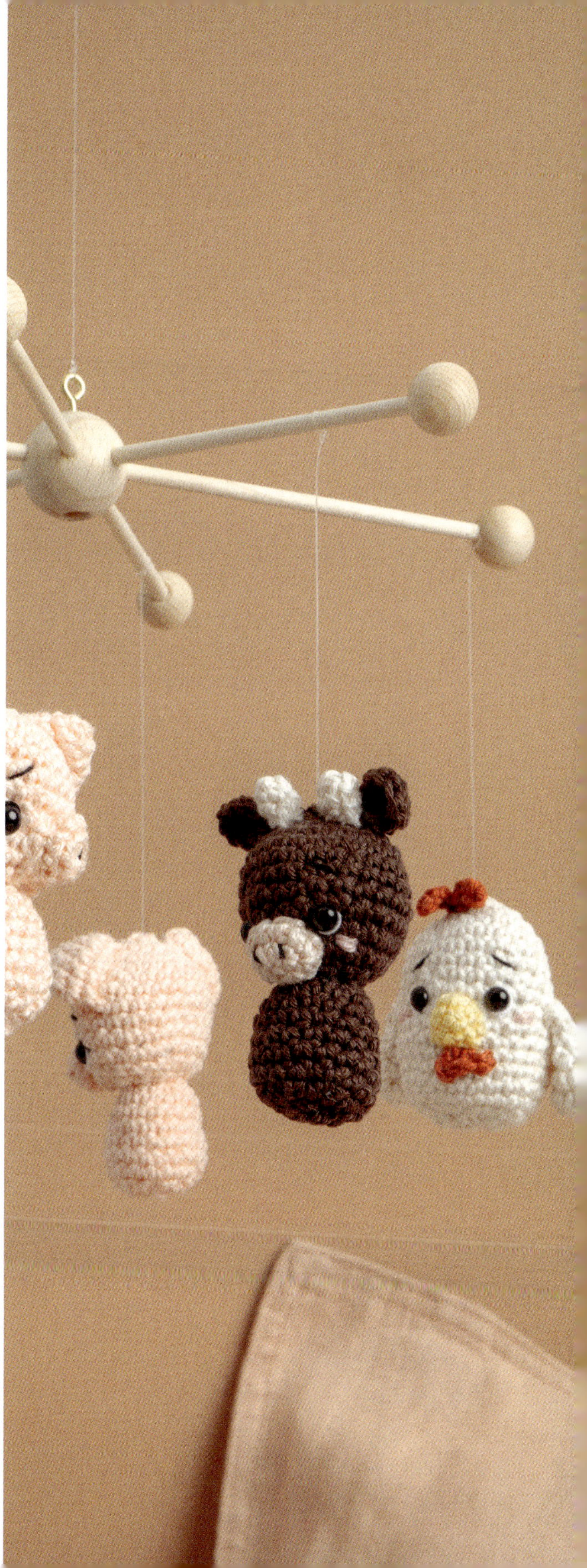

Schnullerkette

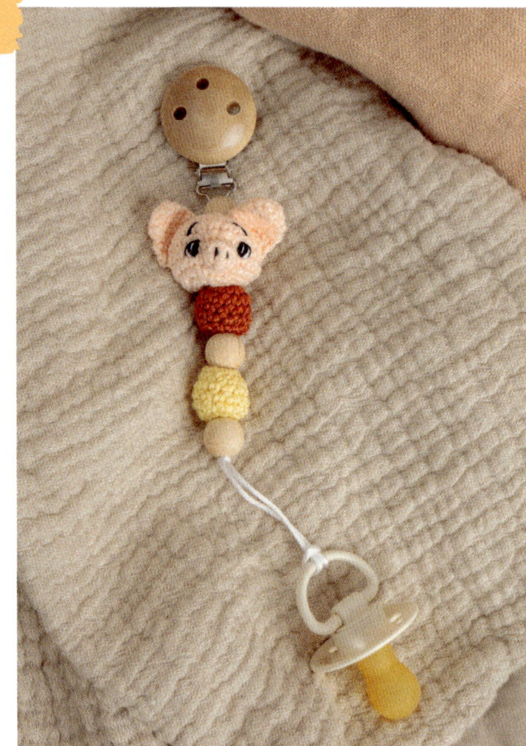

Material

» Scheepjes Catona (100 % Baumwolle, LL 125m/50 g) in
  • Sweet Mandarine (Fb 523), 10 g
  • Primrose (Fb 522), ein Rest
  • Rust (Fb 388), ein Rest

» Filetgarn in Schwarz und Weiß
» Holzclip Ø 37 mm
» 5 x Rohholzkugeln gebohrt Ø 15 mm
» Fädelschnur
» Füllwatte
» Häkelnadel 2,5 mm
» Stecknadeln zum Fixieren
» Stopfnadel zum Vernähen

Kopf (in Sweet Mandarine)

Häkle in Spiral-Rd. Den Kopf fortlaufend mit Füllwatte ausstopfen.
1. Rd: 7 fM in einen Fadenring häkeln. [7]
2. Rd: 7 x 1 M zun. [14]
3. Rd: *1 fM, 1 M zun*, von * bis * noch 6 x wdh. [21]
4.–9. Rd: 21 fM häkeln.
10. Rd: *1 fM, 1 M abn*, von * bis * noch 6 x wdh. [14]
11. Rd: 7 x 1 M abn. [7]
Den Faden lang abschneiden, durch die vorderen M-Glieder der letzten Rd fädeln, festziehen und vernähen.

Nase (in Sweet Mandarine)

Häkle in Spiral-Rd. Die Nase nicht mit Füllwatte ausstopfen.
1. Rd: 6 fM in einen Fadenring häkeln. [6]
2. Rd: 6 fM ihM häkeln.
Mit 1 Km in die 1. M beenden, den Faden lang abschneiden und damit die Nase über Rd 7–8 am Kopf festnähen.

Ohren (2 x in Sweet Mandarine)

Häkle in Spiral-Rd. Die Ohren nicht mit Füllwatte ausstopfen.

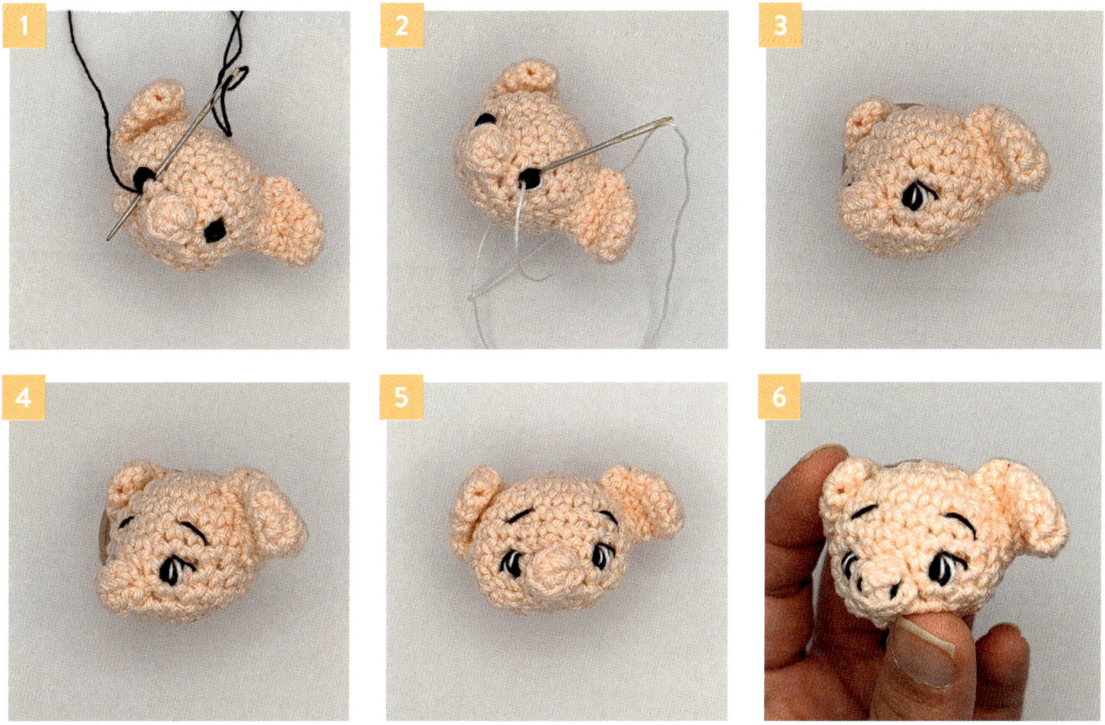

1. Rd: 6 fM in einen Fadenring häkeln. [6]
2. Rd: 6 fM häkeln.
3. Rd: *2 fM, 1 M zun*, von * bis * noch 1x wdh. [8]
4. Rd: 8 fM häkeln.
5. Rd: *3 fM, 1 M zun*, von * bis * noch 1x wdh. [10]

Das Ende zusammendrücken und mit 5 fM zusammenhäkeln. Den Faden lang abschneiden und damit die Ohren über Rd 2–6 am Kopf festnähen.

Gesicht fertigstellen

Die Augen mit schwarzem Filetgarn über 1 M Höhe direkt neben der Nase aufsticken, dazu ca. 8x einstechen. Das Augenweiß mit weißem Filetgarn direkt neben den Augen aufsticken. Den Lichtreflex ebenfalls mit weißem Filetgarn mittig in die Augen sticken. Das Augenlid mit schwarzem Filetgarn direkt über den Augen sticken. Die Augenbrauen ebenfalls mit schwarzem Filetgarn 1 Rd über den Augen über 1 Rd Höhe und 2 M Breite sticken. Die Nasenlöcher mit schwarzem Filetgarn über 1 M Höhe und mit 1 M Abstand auf die Schnauze sticken **(Bild 1–6)**.

Kugeln umhäkeln (1x in Rust, 1x in Primrose)

Folge dazu der Anleitung Kugeln Umhäkeln auf S. 17 der Grundanleitungen.

Schnullerkette fertigstellen

Folge dazu der Anleitung zum Fertigstellen der Schnullerkette auf S. 18 der Grundanleitungen.

Greifring

Material

» Scheepjes Catona (100 % Baumwolle, LL 125m/50g) in
  - Old Lace (Fb 130), 20g
  - Rust (Fb 388), 10g
  - Shell (Fb 255), 5g
  - Soft Beige (Fb 406), 5g
  - Black Coffee (Fb 162), ein Rest

» Filetgarn in Schwarz und Weiß
» Opry Holzring Ø 70mm
» Füllwatte
» Häkelnadel 2,5mm
» Stecknadeln zum Fixieren
» Stopfnadel zum Vernähen

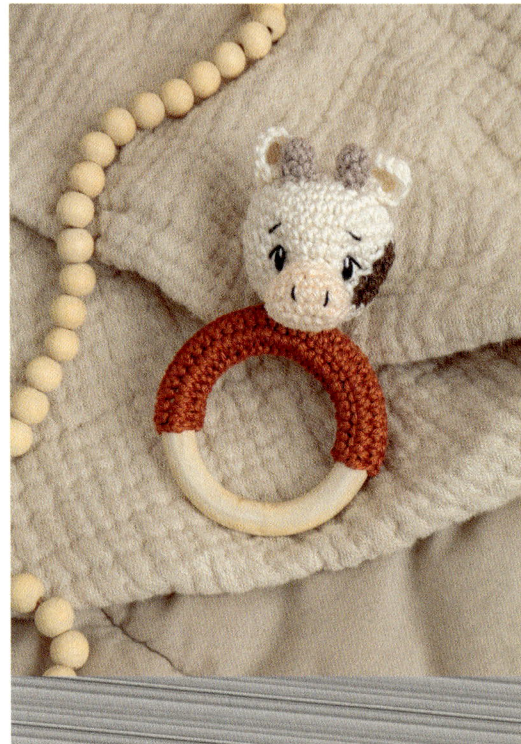

Ring umhäkeln (in Rust)

Häkle in R. 31 Lm anschl, in die 2. Lm von der Nd aus einstechen und wie folgt häkeln:
1.–8. R: 30 fM, 1 Lm, wenden. [30]
Den Faden lang genug abschneiden und das Häkelstück um den Ring legen Die gegenüberliegenden Enden M für M zusammennähen, um das Häkelstück so am Ring zu befestigen. Achte darauf, beim Zusammennähen immer nur von einer Seite aus einzustechen (also nicht über Kreuz). Den Faden abschneiden und vernähen.
Hinweis: Eine bebilderte Anleitung zum Umhäkeln des Rings findest du in der Anleitung Greifring Wal auf S. 31.

Kopf (in Old Lace und Black Coffee)

Häkle in Spiral-Rd. Beginne in Old Lace. Den Kopf fortlaufend mit Füllwatte ausstopfen.
1. Rd: 6 fM in einen Fadenring häkeln. [6]
2. Rd: 6x1 M zun. [12]
3. Rd: *1 fM, 1 M zun*, von * bis * noch 5x wdh. [18]
4. Rd: *2 fM, 1 M zun*, von * bis * noch 5x wdh. [24]
5. Rd: *3 fM, 1 M zun*, von * bis * noch 5x wdh. [30]

1

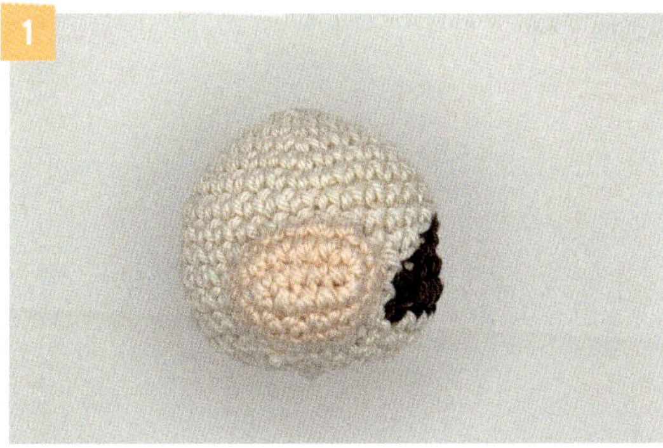

2

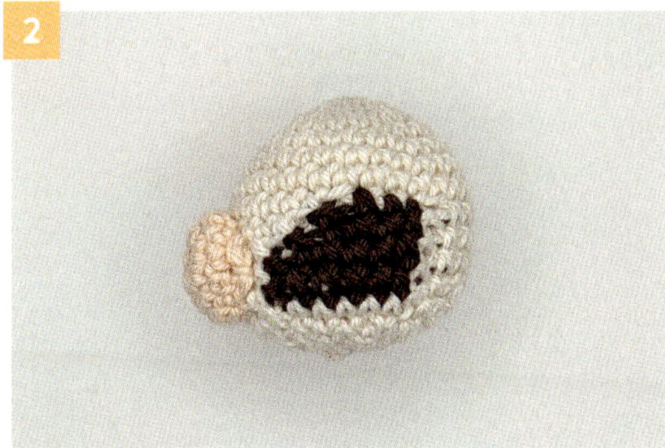

6.–7. Rd: 30 fM häkeln.
8. Rd: 26 fM in Old Lace, 4 M in Black Coffee. [30]
9. Rd: 25 fM in Old Lace, 5 fM in Black Coffee. [30]
10. Rd: 24 fM in Old Lace, 6 fM in Black Coffee. [30]
11. Rd: 23 fM in Old Lace, 7 fM in Black Coffee. [30]
Ab der nächsten Rd nur noch in Old Lace häkeln.
12. Rd: 30 fM häkeln.
13. Rd: *3 fM, 1 M abn*, von * bis * noch 5x wdh. [24]
14. Rd: *2 fM, 1 M abn*, von * bis * noch 5x wdh. [18]
15. Rd: *1 fM, 1 M abn*, von * bis * noch 5x wdh. [12]
16. Rd: 6x 1 M abn ihM. [6]
Den Faden lang abschneiden, durch die vorderen M-Glieder der letzten Rd fädeln, festziehen und den Kopf zur Seite legen.

Schnauze (in Shell)

Häkle in Spiral-Rd. Die Schnauze fortlaufend mit Füllwatte ausstopfen. 6 Lm anschl, in die 2. Lm von der Nd aus einstechen und wie folgt um die Lm-Kette herumhäkeln:
1. Rd: 4 fM, 3 fM in eine M, 3 fM, 1 M zun. [12]
2. Rd: *1 M zun, 5 fM*, von * bis * noch 1x wdh. [14]
3. Rd: 14 fM häkeln.
Mit 1 Km in die 1. M beenden, den Faden lang abschneiden und damit die Schnauze über Rd 9–12 am Kopf festnähen. Der Fleck liegt dabei seitlich **(Bild 1–2)**.

Gesicht fertigstellen

Die Augen mit schwarzem Filetgarn direkt über der Schnauze über 2 Rd Höhe und mit 5 M Abstand sticken, dazu ca. 6x einstechen. Das Augenweiß mit weißem Filetgarn direkt neben den Augen aufsticken. Den Lichtreflex ebenfalls mit weißem Filetgarn mittig in die Augen sticken. Die Augenlider mit schwarzem Filetgarn direkt über den Augen aufsticken.
Die Augenbrauen ebenfalls mit schwarzem Filetgarn 1 Rd über den Augen über 1 Rd Höhe und 1 M Breite sticken. Die Nasenlöcher mit schwarzem Filetgarn mit 3 M Abstand über 1 Rd Höhe über Rd 1 der Schnauze sticken.
Hinweis: Eine bebilderte Anleitung zum Sticken der Augen findest du in der Anleitung der Schnullerkette Schwein auf S. 139.

Ohren (2x in Old Lace)

Häkle in Spiral-Rd. Die Ohren nicht mit Füllwatte ausstopfen.

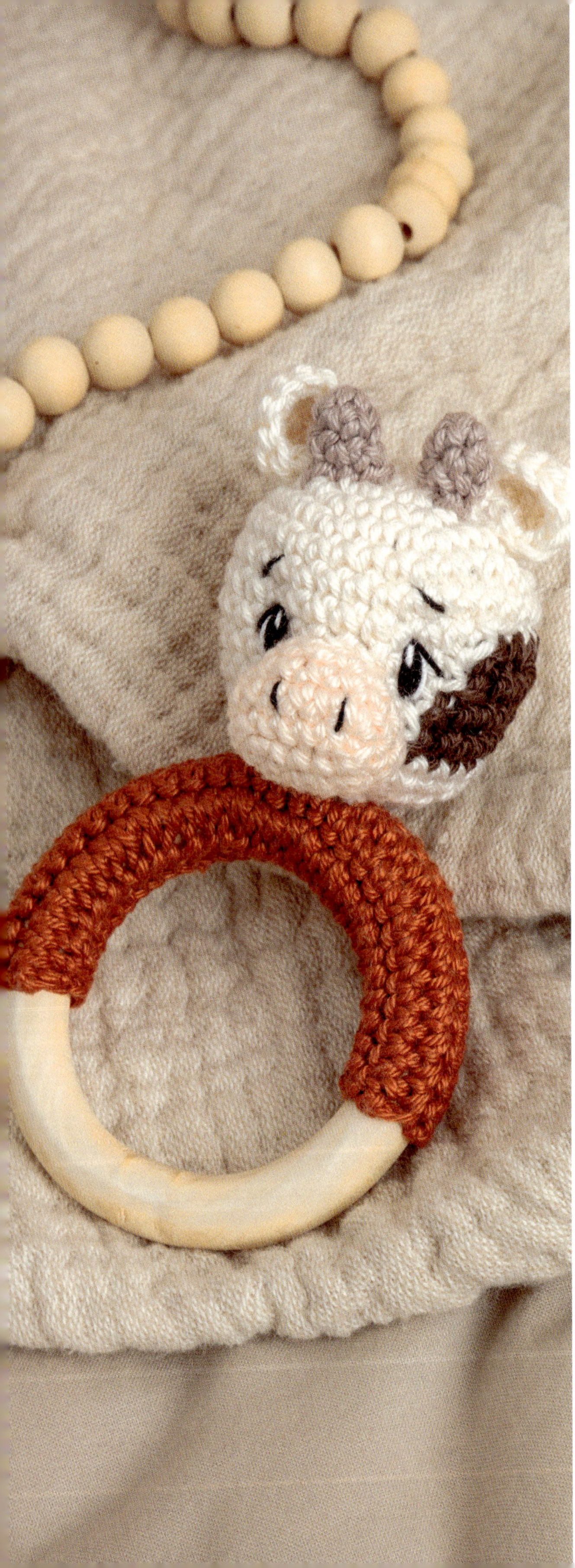

1. Rd: 6 fM in einen Fadenring häkeln. [6]
2. Rd: 2 fM, 2 x 1 M zun, 2 fM. [8]
3. Rd: 3 fM, 2 x 1 M zun, 3 fM. [10]
Mit 1 Km in die 1. M beenden, den Faden lang abschneiden und damit die Ohren über Rd 4–5 am Kopf festnähen.

Hörner (2 x in Soft Beige)

Häkle in Spiral-Rd. Die Hörner nicht mit Füllwatte ausstopfen.
1. Rd: 5 fM in einen Fadenring häkeln. [5]
2.–3. Rd: 5 fM häkeln.
Mit 1 Km in die 1. M beenden, den Faden lang abschneiden und damit die Hörner direkt vor den Ohren festnähen. Den Kopf mit einem Restfaden in Old Lace am Ring festnähen.

Spieluhr

Material

- » Scheepjes Catona (100 % Baumwolle, LL 125m/50 g) in
  - Old Lace (Fb 130), 70 g
  - Black Coffee (Fb 162), 20 g
  - Shell (Fb 255), 10 g
  - Soft Beige (Fb 406), 5 g
- » Filetgarn in Schwarz und Weiß
- » 2 x Sicherheitsaugen Ø 8 mm
- » Spieluhr „Die Schöne und das Biest" von Glückswolke
- » Füllwatte
- » Häkelnadel 2,5 mm
- » Stecknadeln zum Fixieren
- » Stopfnadel zum Vernähen

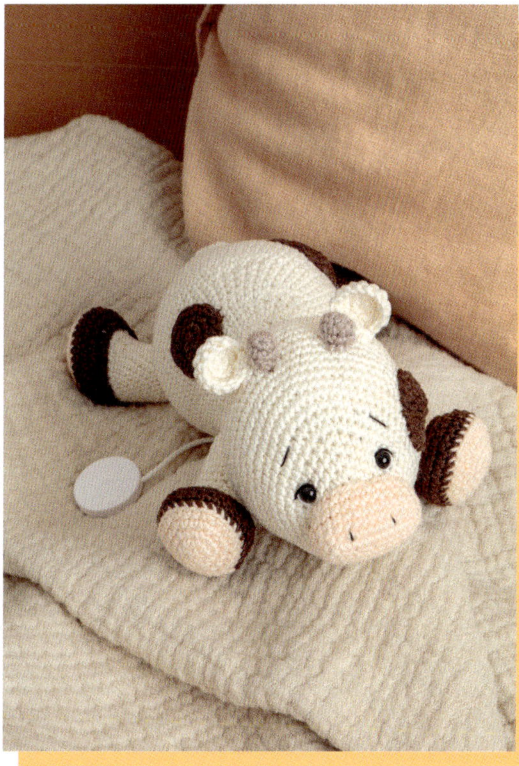

Kopf (in Old Lace)

Häkle in Spiral-Rd.

1. Rd: 6 fM in einen Fadenring häkeln. [6]

2. Rd: 6 x 1 M zun. [12]

3. Rd: *1 fM, 1 M zun*, von * bis * noch 5 x wdh. [18]

4. Rd: *2 fM, 1 M zun*, von * bis * noch 5 x wdh. [24]

5. Rd: *3 fM, 1 M zun*, von * bis * noch 5 x wdh. [30]

6. Rd: *4 fM, 1 M zun*, von * bis * noch 5 x wdh. [36]

7. Rd: *5 fM, 1 M zun*, von * bis * noch 5 x wdh. [42]

8. Rd: 18 fM, 6 x 1 M zun, 18 fM. [48]

9. Rd: 48 fM häkeln.

10. Rd: 21 fM, 6 x 1 M zun, 21 fM. [54]

11. Rd: 54 fM häkeln.

12. Rd: *8 fM, 1 M zun*, von * bis * noch 5 x wdh. [60]

13.–17. Rd: 60 fM häkeln.

Die Augen zwischen Rd 6–7 mit 9 M Abstand befestigen. Beginne, den Kopf fortlaufend mit Füllwatte auszustopfen.

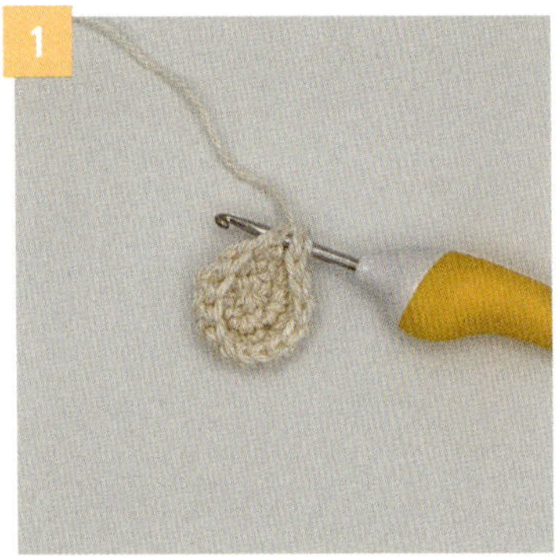

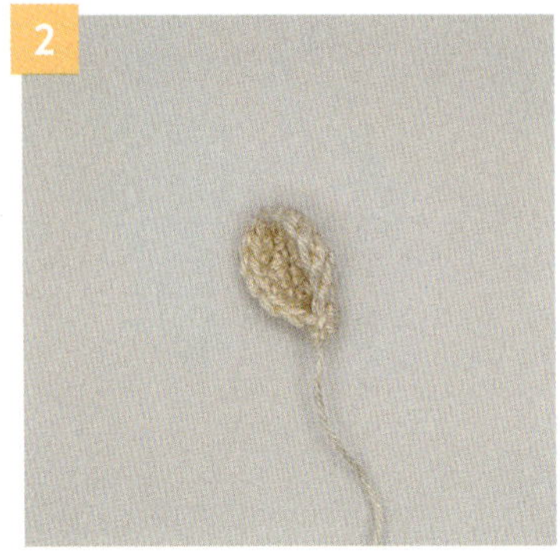

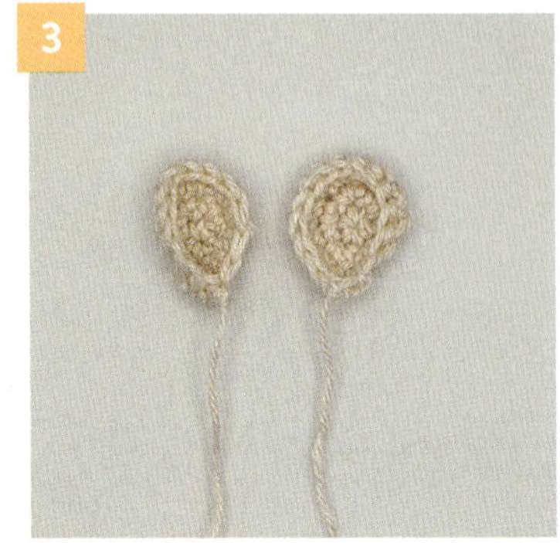

18.–22. Rd: 60 fM häkeln.
23. Rd: *8 fM, 1 M abn*, von * bis * noch 5x wdh. [54]
24. Rd: *7 fM, 1 M abn*, von * bis * noch 5x wdh. [48]
25. Rd: *6 fM, 1 M abn*, von * bis * noch 5x wdh. [42]
26. Rd: *5 fM, 1 M abn*, von * bis * noch 5x wdh. [36]
27. Rd: *4 fM, 1 M abn*, von * bis * noch 5x wdh. [30]
28. Rd: *3 fM, 1 M abn*, von * bis * noch 5x wdh. [24]
29. Rd: *2 fM, 1 M abn*, von * bis * noch 5x wdh. [18]
30. Rd: *1 fM, 1 M abn*, von * bis * noch 5x wdh. [12]
31. Rd: 6x 1 M abn. [6]
Den Faden lang abschneiden, durch die vorderen M-Glieder der letzten Rd fädeln, festziehen und vernähen.

Schnauze (in Shell)

Häkle in Spiral-Rd. Die Schnauze fortlaufend mit Füllwatte ausstopfen. 12 Lm anschl, in die 2. Lm von der Nd aus einstechen und wie folgt um die Lm-Kette herumhäkeln:
1. Rd: 10 fM, 3 fM in eine M, 9 fM, 1 M zun. [24]
2. Rd: *1 M zun, 11 fM*, von * bis * noch 1x wdh. [26]
3.–6. Rd: 26 fM häkeln.
Mit 1 Km in die 1. M beenden, den Faden lang abschneiden und damit die Schnauze direkt unter den Augen festnähen.

Ohren (2x in Old Lace)

Häkle in Spiral-Rd. Die Ohren nicht mit Füllwatte ausstopfen.
1. Rd: 6 fM in einen Fadenring häkeln. [6]
2. Rd: 1 fM, 4x 1 M zun, 1 fM. [10]
3. Rd: 3 fM, 4x 1 M zun, 3 fM. [14]
4. Rd: 14 fM häkeln.
Das untere Ende zusammendrücken und die gegenüberliegenden M mit 1 fM zusammenhäkeln **(Bild 1–3)**. Den Faden lang abschneiden. Die Ohren über Rd 18–19 mit 9 M Abstand am Kopf festnähen **(Bild 4)**.

Hörner (2x in Soft Beige)

Häkle in Spiral-Rd. Die Hörner fortlaufend mit Füllwatte ausstopfen.
1. Rd: 6 fM in einen Fadenring häkeln. [6]
2. Rd: *2 fM, 1 M zun*, von * bis * noch 1x wdh. [8]
3.–4. Rd: 8 fM häkeln.
Mit 1 Km in die 1. M beenden, den Faden lang abschneiden und damit die Hörner direkt vor den Ohren festnähen.

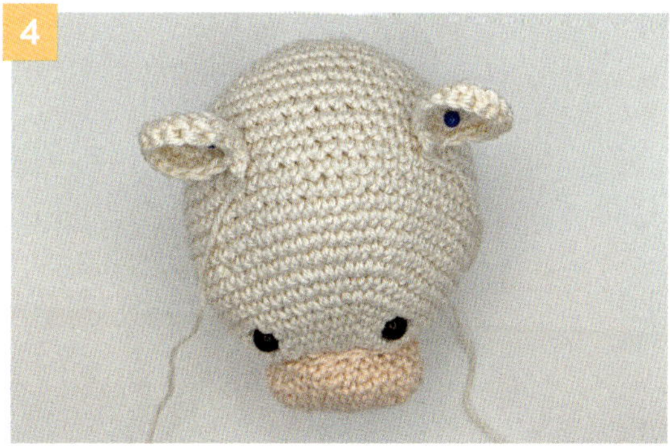

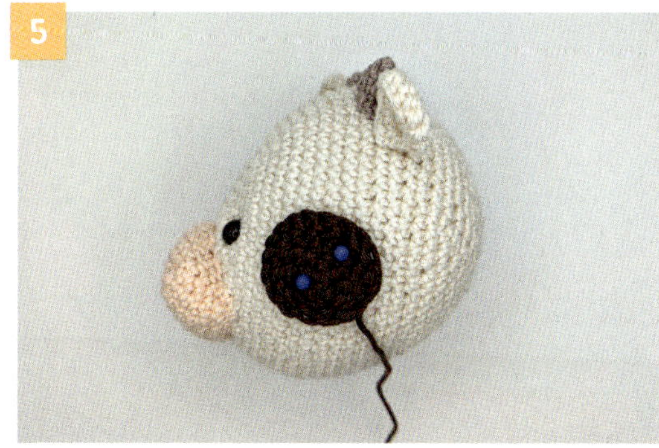

Kleiner Fleck (in Black Coffee)

Häkle in Spiral-Rd.

1. Rd: 6 fM in einen Fadenring häkeln. [6]
2. Rd: 2 fM, 2 x 1 M zun, 2 fM. [8]
3. Rd: 3 fM, 2 x 1 M zun, 3 fM. [10]
4. Rd: 4 fM, 2 x 1 M zun, 4 fM. [12]
5. Rd: 4 fM, 4 x 1 M zun, 4 fM. [16]
Mit 1 Km in die 1. M beenden, den Faden lang abschneiden und damit den Fleck seitlich am Kopf festnähen **(Bild 5)**.

Gesicht fertigstellen

Das Augenweiß mit weißem Filetgarn direkt neben den Augen aufsticken. Die Augenlider mit schwarzem Filetgarn direkt über den Augen aufsticken. Die Augenbrauen ebenfalls mit schwarzem Filetgarn 2 Rd über den Augen über 2 M Breite sticken. Die Nasenlöcher mit schwarzem Filetgarn mit 5 M Abstand über 1 M Höhe auf Rd 2 der Schnauze aufsticken.

Körper (in Old Lace)

Häkle in Spiral-Rd.

1. Rd: 6 fM in einen Fadenring häkeln. [6]
2. Rd: 6 x 1 M zun. [12]
3. Rd: *1 fM, 1 M zun*, von * bis * noch 5 x wdh. [18]
4. Rd: *2 fM, 1 M zun*, von * bis * noch 5 x wdh. [24]
5. Rd: *3 fM, 1 M zun*, von * bis * noch 5 x wdh. [30]
6. Rd: *4 fM, 1 M zun*, von * bis * noch 5 x wdh. [36]
7. Rd: *5 fM, 1 M zun*, von * bis * noch 5 x wdh. [42]
8. Rd: *6 fM, 1 M zun*, von * bis * noch 5 x wdh. [48]
9. Rd: *7 fM, 1 M zun*, von * bis * noch 5 x wdh. [54]
10. Rd: *8 fM, 1 M zun*, von * bis * noch 5 x wdh. [60]
11.–20. Rd: 60 fM häkeln.
21. Rd: *8 fM, 1 M abn*, von * bis * noch 5 x wdh. [54]
22. Rd: 54 fM häkeln.
23. Rd: 23 fM, 4 x 1 M abn, 23 fM. [50]
24.–25. Rd: 50 fM häkeln.
Fülle etwa ein Drittel des Körpers mit Füllwatte. Stecke die Spieluhr in den Körper, mit der Schnur nach unten zeigend. Stopfe nun weitere Füllwatte rund um die Spieluhr, bis sie von außen nicht mehr zu fühlen ist. In der nächsten Rd wird die Schnur mit eingehäkelt. Lege sie dazu beim Häkeln der Rd zwischen 2 fM nach außen. Die Schnur wird dabei unterhalb des Körpers mittig nach unten herausgeführt.

Hinweis: Eine bebilderte Anleitung zum Einhäkeln der Schnur findest du in der Anleitung der Spieluhr Wal auf S. 34.

26. Rd: 50 fM häkeln (hier die Schnur mit einhäkeln).

Drücke die Spieluhr in den weiteren Rd nun immer wieder nach innen und stopfe Füllwatte nach.

27.–28. Rd: 50 fM häkeln.

29. Rd: 21 fM, 4 x 1 M abn, 21 fM. [46]

30.–31. Rd: 46 fM häkeln.

32. Rd: 19 fM, 4 x 1 M abn, 19 fM. [42]

33.–35. Rd: 42 fM häkeln.

36. Rd: *5 fM, 1 M abn*, von * bis * noch 5 x wdh. [36]

37. Rd: *4 fM, 1 M abn*, von * bis * noch 5 x wdh. [30]

38. Rd: 30 fM häkeln.

39. Rd: *3 fM, 1 M abn*, von * bis * noch 5 x wdh. [24]

Mit 1 Km in die 1. M beenden und den Faden lang abschneiden.

Große Flecken (2 x in Black Coffee)

Häkle in Spiral-Rd.

1. Rd: 8 fM in einen Fadenring häkeln. [8]

2. Rd: 2 fM, 4 x 1 M zun, 2 fM. [12]

3. Rd: 4 fM, 4 x 1 M zun, 4 fM. [16]

4. Rd: 6 fM, 4 x 1 M zun, 6 fM. [20]

5. Rd: 8 fM, 4 x 1 M zun, 8 fM. [24]

Mit 1 Km in die 1. M beenden, den Faden lang abschneiden und je einen Flecken pro Körperseite festnähen. Anschließend den Kopf am Körper festnähen.

Beine (4 x in Old Lace, Black Coffee und Shell)

Häkle in Spiral-Rd. Beginne in Shell. Die Beine fortlaufend mit Füllwatte ausstopfen.

1. Rd: 6 fM in einen Fadenring häkeln. [6]

2. Rd: 6 x 1 M zun. [12]

3. Rd: *1 fM, 1 M zun*, von * bis * noch 5 x wdh. [18]

4. Rd: *2 fM, 1 M zun*, von * bis * noch 5 x wdh. [24]

5. Rd: *3 fM, 1 M zun*, von * bis * noch 5 x wdh. [30]

Fb-Wechsel zu Black Coffee.

6. Rd: 30 fM ihM häkeln.

7.–9. Rd: 30 fM häkeln.

Fb-Wechsel zu Old Lace.

10. Rd: alles ihM, 9 fM, 6 x 1 M abn, 9 fM. [24]

11. Rd: 10 fM, 2 x 1 M abn, 10 fM. [22]

12. Rd: 9 fM, 2 x 1 M abn, 9 fM. [20]

13. Rd: 8 fM, 2 x 1 M abn, 8 fM. [18]

14.–22. Rd: 18 fM häkeln.

Den Faden lang abschneiden. Den Faden in Black Coffee ivM aus Rd 10 aufnehmen, von oben einstechen und rundherum Km häkeln. Den Faden abschneiden und vernähen. Die Beine so an den Körper nähen, dass die Kuh auf dem Bauch liegt. Dazu die Vorderbeine direkt hinter dem Kopf und die Hinterbeine über Rd 6–10 des Körpers festnähen.

Schwanz (in Old Lace und Black Coffee)

Häkle in Spiral-Rd. Beginne in Black Coffee. Nur die Spitze mit Füllwatte ausstopfen.

1. Rd: 8 fM in einen Fadenring häkeln. [8]

2. Rd: *3 fM, 1 M zun*, von * bis * noch 1 x wdh. [10]

3. Rd: *4 fM, 1 M zun*, von * bis * noch 1x wdh. [12]

4. Rd: 12 fM ihM häkeln.

5. Rd: *4 fM, 1 M abn*, von * bis * noch 1x wdh. [10]

6. Rd: 10 fM häkeln.

7. Rd: *3 fM, 1 M abn*, von * bis * noch 1x wdh. [8]

8. Rd: 8 fM häkeln.

Fb-Wechsel zu Old Lace.

9.–16. Rd: 8 fM häkeln.

Das Ende zusammendrücken und mit 4 fM zusammenhäkeln. Den Faden lang abschneiden und damit den Schwanz zwischen Rd 11–12 am Körper festnähen.

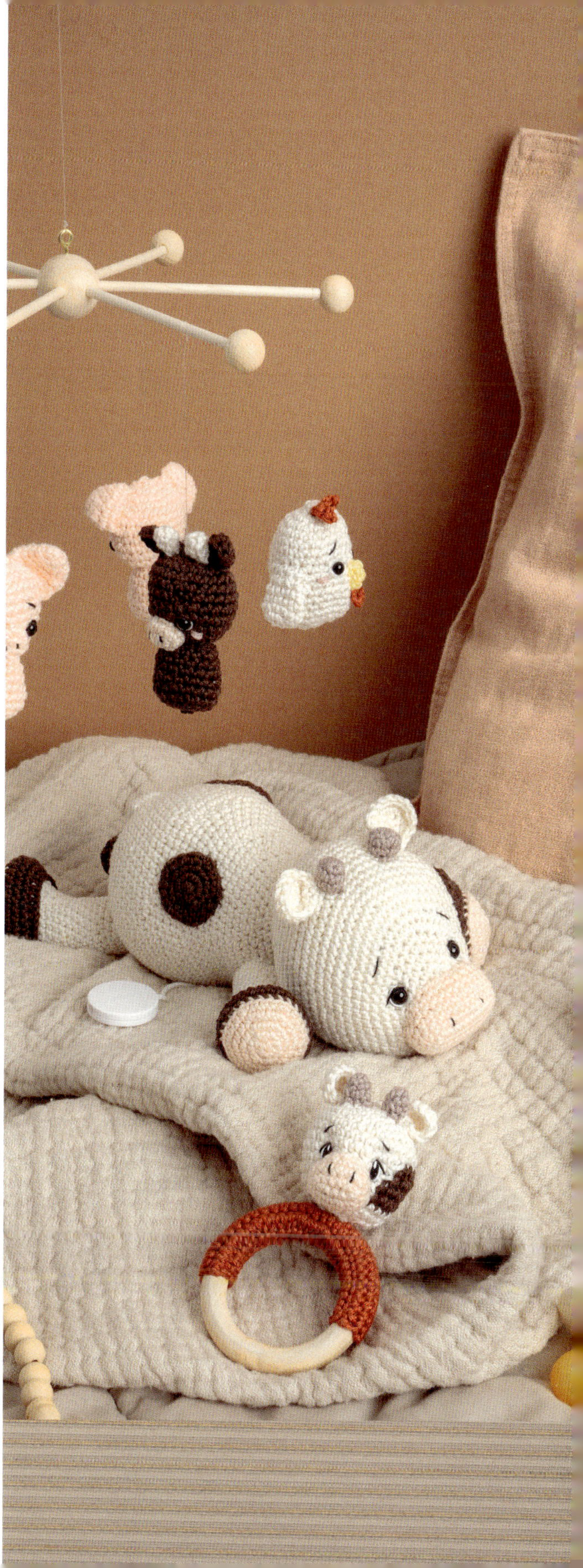

Willkommen auf der Vogelparty

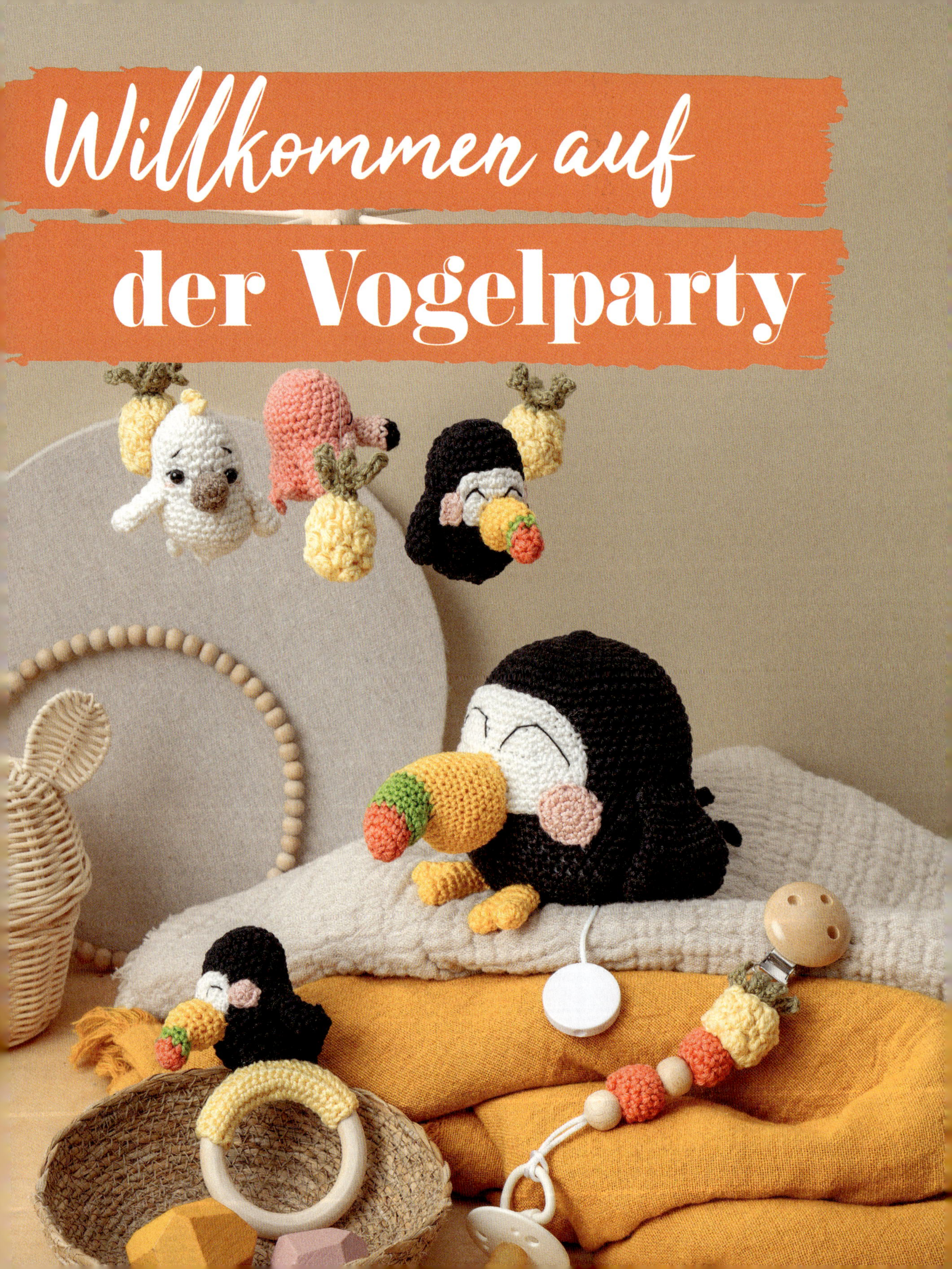

Mobile

Material

- Scheepjes Catona (100 % Baumwolle, LL 125m/50 g) in
  - Jet Black (Fb 110), 15 g
  - Primrose (Fb 522), 13 g
  - Bridal White (Fb 105), 13 g
  - Soft Rose (Fb 409), 8 g
  - Old Rose (Fb 408), 5 g
  - Yellow Gold (Fb 208), 5 g
  - Willow (Fb 395), ein Rest
  - Watermelon (Fb 252), ein Rest
  - Kiwi (Fb 205), ein Rest
  - Moon Rock (Fb 254), ein Rest
- Filetgarn in Schwarz und Weiß
- 2 x Sicherheitsaugen Ø 6 mm
- Mobile Stern aus Holz Ø 23 cm
- Perlonfaden Ø 0,35 mm
- Füllwatte
- Häkelnadel 2,5 mm
- Stecknadeln zum Fixieren
- Stopfnadel zum Vernähen

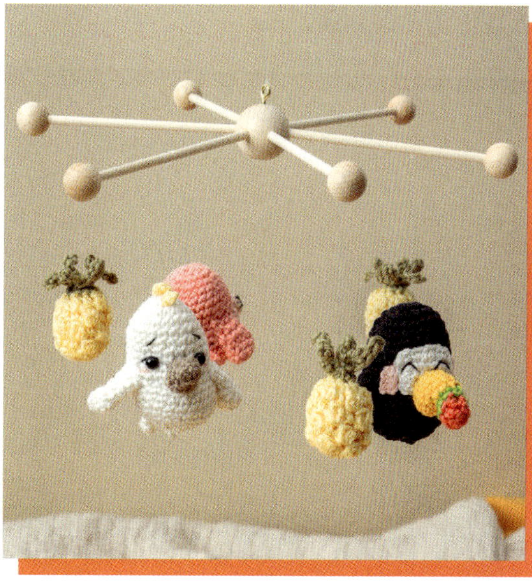

Tukan

Gesicht (in Bridal White)

Häkle in Spiral-Rd. 7 Lm anschl, in die 2. Lm von der Nd aus einstechen und wie folgt um die Lm-Kette herumhäkeln:

1. Rd: 5 fM, 3 fM in eine M, 4 fM, 1 M zun. [14]

2. Rd: *1 fM, 1 M zun*, von * bis * noch 6 x wdh. [21]

Mit 1 Km in die 1. M beenden und den Faden lang abschneiden.

Körper (in Jet Black)

Häkle in Spiral-Rd. Den Körper fortlaufend mit Füllwatte ausstopfen.

1. Rd: 7 fM in einen Fadenring häkeln. [7]

2. Rd: 7 x 1 M zun. [14]

3. Rd: *1 fM, 1 M zun*, von * bis * noch 6 x wdh. [21]

4.–16. Rd: 21 fM häkeln.

17. Rd: *1 fM, 1 M abn*, von * bis * noch 6 x wdh. [14]

18. Rd: 7 x 1 M abn. [7]

Den Faden abschneiden, durch die vorderen M-Glieder der letzten Rd fädeln, festziehen und vernähen. Das Gesicht über Rd 7–11 des Körpers aufnähen.

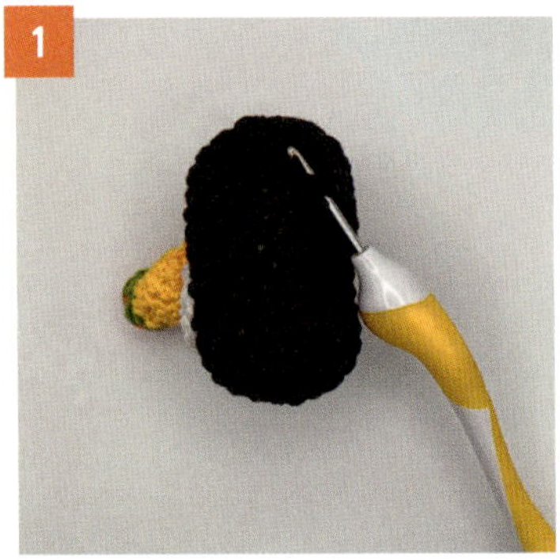

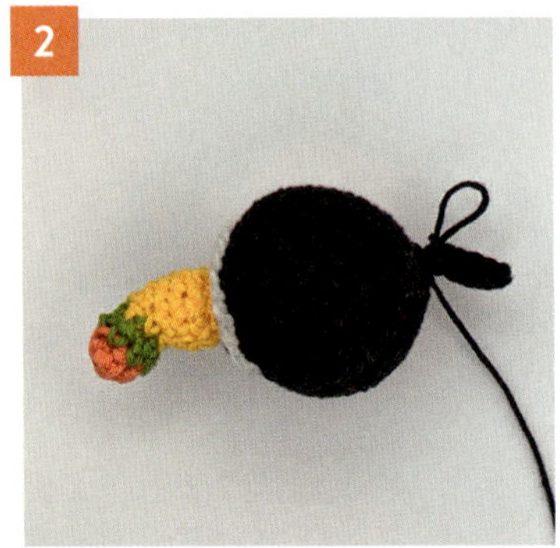

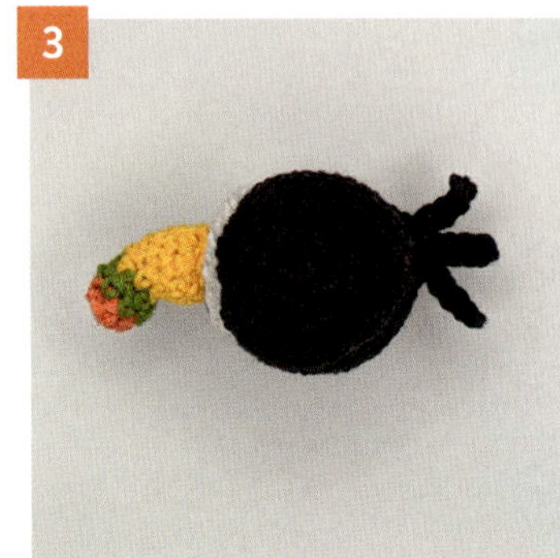

Schnabel (in Watermelon, Kiwi und Yellow Gold)

Häkle in Spiral-Rd. Beginne in Watermelon. Den Schnabel fortlaufend mit Füllwatte ausstopfen.

1. Rd: 6 fM in einen Fadenring häkeln. [6]
2. Rd: 6 fM häkeln.
Fb-Wechsel zu Kiwi.
3. Rd: 2 fM, 2 x 1 M zun, 2 fM. [8]
4. Rd: 2 fM, 2 x 1 M abn, 2 fM. [6]
Fb-Wechsel zu Yellow Gold.
5. Rd: 2 fM, 2 x 1 M zun, 2 fM. [8]
6. Rd: 3 fM, 2 x 1 M zun, 3 fM. [10]
7.–9. Rd: 10 fM häkeln.
10. Rd: *4 fM, 1 M zun*, von * bis * noch 1 x wdh. [12]
Den Faden lang abschneiden und damit den Schnabel über Rd 12–13 des Körpers über dem Gesicht festnähen.

Gesicht fertigstellen

Die Augen mit schwarzem Filetgarn 1 Rd über dem Schnabel über 2 M Breite aufsticken und mit einer Schlaufe 1 Rd nach oben ziehen.
Hinweis: Eine bebilderte Anleitung zum Sticken der Augen findest du in der Anleitung der Schnullerkette Schildkröte auf S. 30.

Schwanzfedern (in Jet Black)

Schlinge den Faden in Rd 12 des Körpers an, stich dabei von oben ein **(Bild 1)**. *6 Lm anschl, in die 2. Lm von der Nd aus einstechen und 5 fM entlang der Lm-Kette häkeln. 1 Km zurück in den Körper häkeln* **(Bild 2)**. Von * bis * noch 2 x wdh. So insgesamt drei Schwanzfeder häkeln **(Bild 3)**. Den Faden abschneiden und vernähen.

Flügel (2 x in Jet Black)

Häkle in Spiral-Rd. Die Flügel nicht mit Füllwatte ausstopfen. 4 Lm anschl, in die 2. Lm von der Nd aus einstechen und wie folgt um die Lm-Kette herumhäkeln:

1. Rd: 2 fM, 3 fM in eine M, 1 fM, 1 M zun. [8]
2.–5. Rd: 8 fM häkeln.
Das Ende zusammendrücken und mit 4 fM zusammenhäkeln. Den Faden lang abschneiden und damit die Flügel zwischen Rd 10–11 am Körper festnähen.

Wangen (2 x in Old Rose)

Häkle 6 fM in einen Fadenring. Mit 1 Km in die 1. M beenden, den Faden lang abschneiden und damit die Wangen seitlich neben dem Gesicht festnähen.

Kakadu

Körper (in Bridal White)

Folge dazu der Anleitung zum Körper des Tukans auf S. 149. Die Augen dabei zwischen Rd 8–9 mit 4 M Abstand befestigen.

Schnabel (in Moon Rock)

Häkle in Spiral-Rd. Den Schnabel fortlaufend mit Füllwatte ausstopfen.
1. Rd: 4 fM in einen Fadenring häkeln. [4]
2. Rd: 1 fM, 2 x 1 M zun, 1 fM. [6]
3. Rd: 2 fM, 2 x 1 M zun, 2 fM. [8]
4. Rd: *3 fM, 1 M zun*, von * bis * noch 1 x wdh. [10]
Den Faden lang abschneiden und damit den Schnabel zwischen den Augen festnähen.

Flügel (2 x in Bridal White)

Folge dazu der Anleitung der Flügel des Tukans auf S. 150.

Schwanzfedern (in Bridal White)

Folge dazu der Anleitung der Schwanzfedern des Tukans auf S. 150.

Kamm (in Primrose)

Schlinge den Faden in Rd 2 des Kopfs an, stich dabei von vorne ein. *4 Lm anschl, in die 2. Lm von der Nd aus einstechen und 3 fM entlang der Lm-Kette häkeln. 1 Km zurück in den Körper häkeln*. Von * bis * noch 4 x wdh. So insgesamt fünf Federn häkeln. Den Faden abschneiden und vernähen.

Gesicht fertigstellen

Das Augenweiß mit weißem Filetgarn direkt neben den Augen aufsticken. Die Augenbrauen mit schwarzem Filetgarn 1 Rd über den Augen über 1 Rd Höhe und 2 M Breite sticken.

Die Wangen in Old Rose direkt unter den Augen über 1 M Breite sticken, dazu ca. 3 x einstechen.

Flamingo

Körper (in Soft Rose)

Folge dazu der Anleitung zum Körper des Tukans auf S. 149.

Schnabel (in Jet Black und Old Rose)

Häkle in Spiral-Rd. Beginne in Jet Black. Den Schnabel fortlaufend mit Füllwatte ausstopfen.
1. Rd: 6 fM in einen Fadenring häkeln. [6]
2. Rd: 6 fM häkeln.
Fb-Wechsel zu Old Rose.
3. Rd: 2 fM, 2 x 1 M zun, 2 fM. [8]
4. Rd: 2 fM, 2 x 1 M abn, 2 fM. [6]
5.–7. Rd: 6 fM häkeln.
Den Faden lang abschneiden und damit den Schnabel über Rd 10–11 am Körper festnähen.

Flügel (2 x in Soft Rose)

Folge dazu der Anleitung der Flügel des Tukans auf S. 150.

Gesicht fertigstellen

Die Augen mit schwarzem Filetgarn 1 Rd über dem Schnabel über 2 M Breite aufsticken und mit einer Schlaufe 1 Rd nach oben ziehen.
Hinweis: Eine bebilderte Anleitung zum Sticken der Augen findest du in der Anleitung der Schnullerkette Schildkröte auf S. 30.

Wangen (2 x in Old Rose)

Folge dazu der Anleitung der Wangen des Tukans auf S. 150. Die Wangen anschließend 1 Rd unter den Augen festnähen.

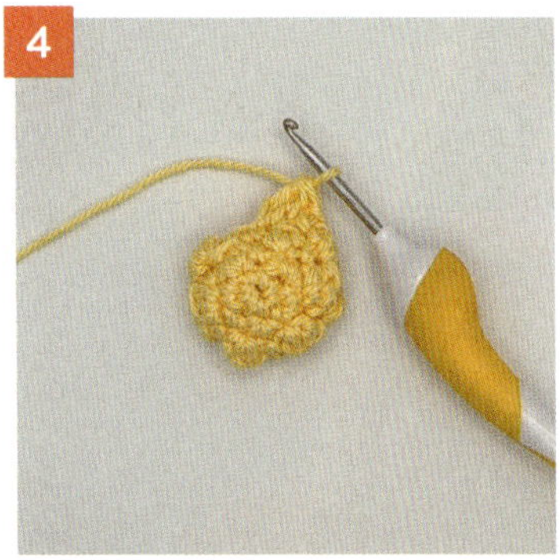

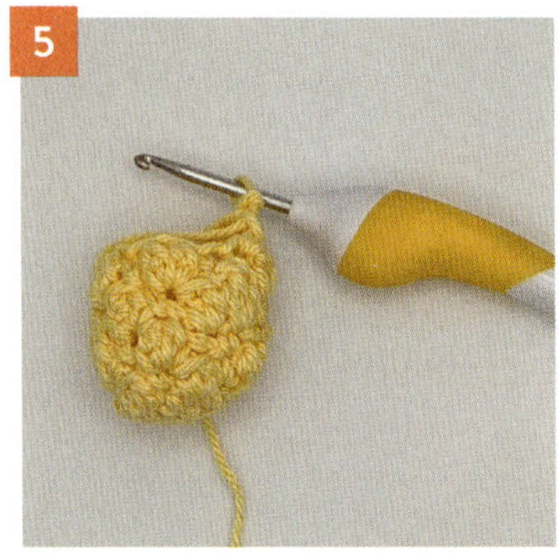

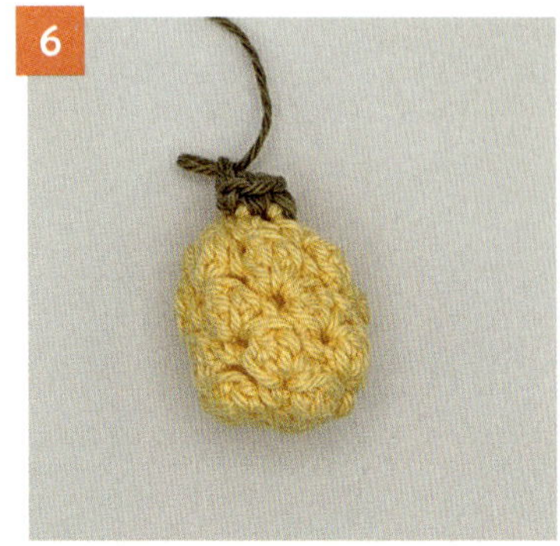

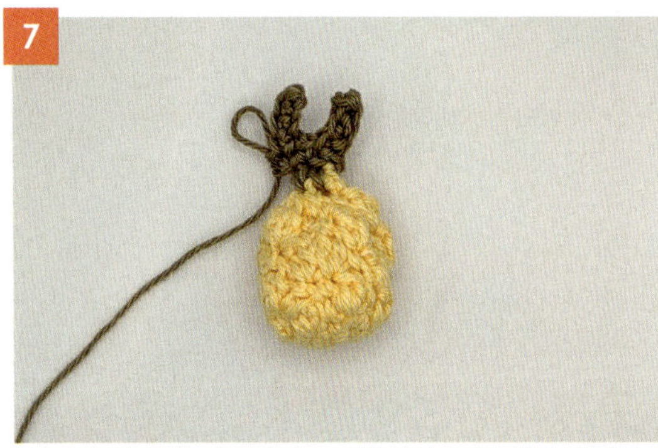

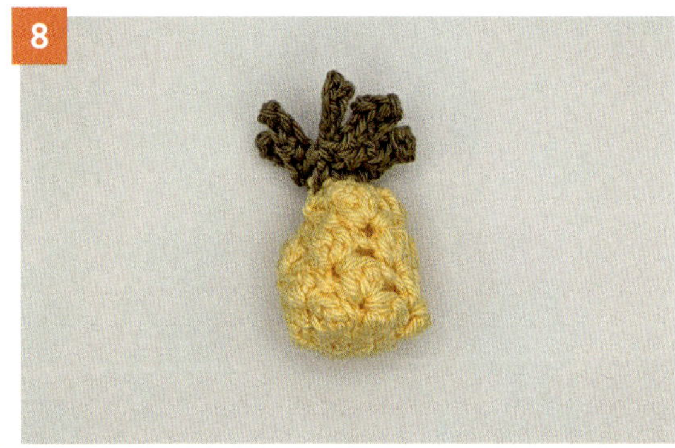

Schwanzfedern (in Soft Rose)

Folge dazu der Anleitung der Schwanzfedern des Tukans auf S. 150.

Ananas

(3 x in Primrose und Willow)

Häkle in Spiral-Rd. Beginne in Primrose. Die Ananas fortlaufend mit Füllwatte ausstopfen.

1. Rd: 6 fM in einen Fadenring häkeln. [6]

2. Rd: 6 x 1 M zun. [12]

3. Rd: *1 N aus 2 Stb, 1 fM*, von * bis * noch 5 x wdh. [12]

4. Rd: *1 fM, 1 N aus 2 Stb*, von * bis * noch 5 x wdh. [12]

Hinweis: Achte darauf, dass die N in den Rd immer versetzt zueinander liegen.

5.–6. Rd: Rd 3–4 noch 1 x wdh. [12]

7. Rd: 6 x 1 M abn. [6]

Fb-Wechsel zu Willow.

8. Rd: 6 fM häkeln.

Hier beginnt der Strunk. Ohne abzuketten, wie folgt weiterhäkeln:

8. Rd: *5 Lm anschl, in die 2. Lm von der Nd aus einstechen und 4 fM entlang der Lm-Kette häkeln, 1 fM zurück in die Ananas häkeln*, von * bis * noch 5 x wdh. **(Bild 4–8)**

Den Faden lang abschneiden, durch die vorderen M-Glieder der letzten Rd fädeln, festziehen und vernähen.

Mobile fertigstellen

Folge dazu der Anleitung zum Fertigstellen des Mobiles auf S. 19 der Grundanleitungen.

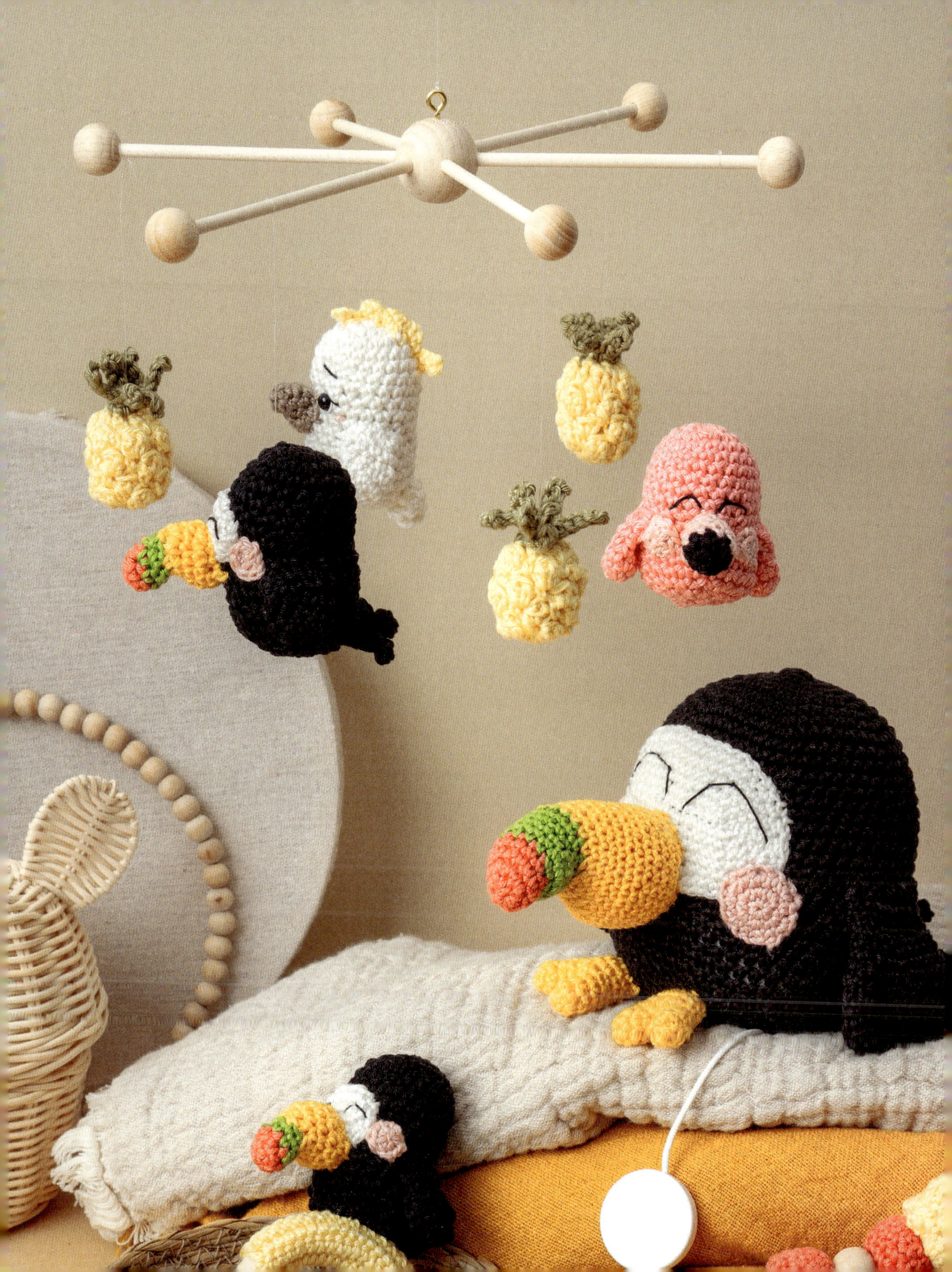

Schnullerkette

Material

» Scheepjes Catona (100 % Baumwolle, LL 125m/50 g) in
- Primrose (Fb 522), 5 g
- Willow (Fb 395), ein Rest
- Watermelon (Fb 252), ein Rest

» Holzclip Ø 37 mm
» 4 x Rohholzkugeln gebohrt Ø 15 mm
» Fädelschnur
» Füllwatte
» Häkelnadel 2,5 mm
» Stecknadeln zum Fixieren
» Stopfnadel zum Vernähen

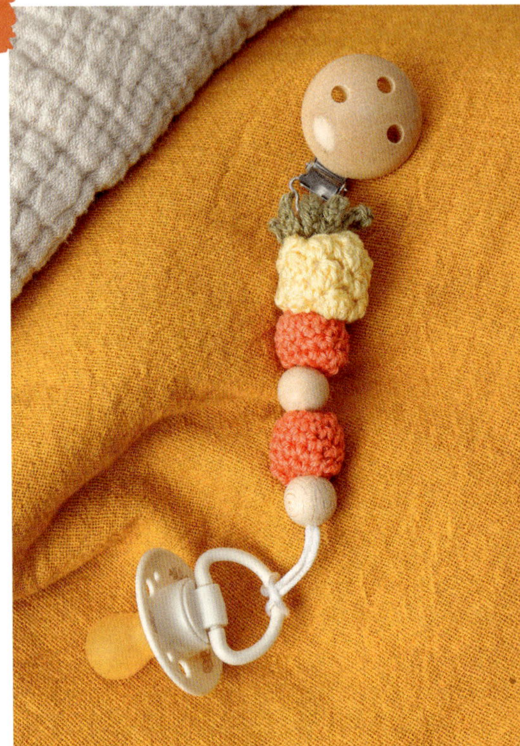

Ananas

(in Primrose und Willow)
Folge dazu der Anleitung zur Ananas im Mobile auf S. 152.

Kugeln umhäkeln (2 x in Watermelon)
Folge dazu der Anleitung Kugeln Umhäkeln auf S. 17 der Grundanleitungen.

Schnullerkette fertigstellen
Folge dazu der Anleitung zum Fertigstellen der Schnullerkette auf S. 18 der Grundanleitungen.

Greifring

Material

- Scheepjes Catona (100 % Baumwolle, LL 125m/50 g) in
  - Jet Black (Fb 110), 15 g
  - Primrose (Fb 522), 8 g
  - Bridal White (Fb 105), 5 g
  - Yellow Gold (Fb 208), 5 g
  - Kiwi (Fb 205), ein Rest
  - Watermelon (Fb 252), ein Rest
  - Old Rose (Fb 408), ein Rest
- Filetgarn in Schwarz
- Opry Holzring Ø 70 mm
- Füllwatte
- Häkelnadel 2,5 mm
- Stecknadeln zum Fixieren
- Stopfnadel zum Vernähen

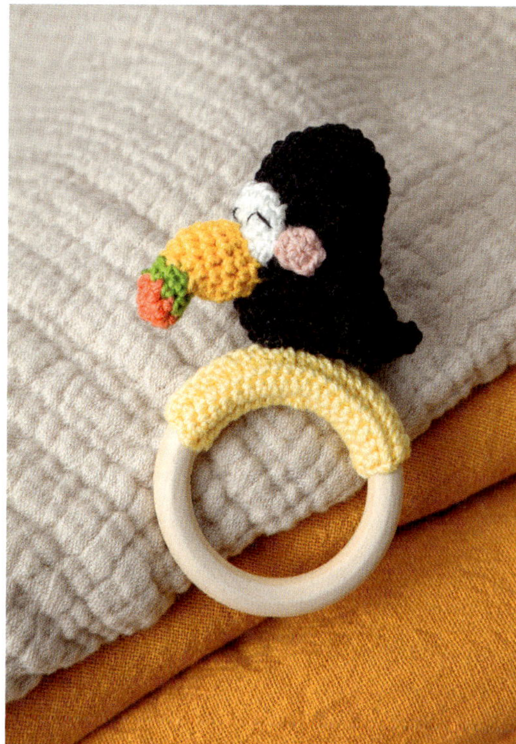

Ring umhäkeln (in Primrose)

Häkle in R. 21 Lm anschl, in die 2. Lm von der Nd aus einstechen und wie folgt häkeln:
1.–8. R: 20 fM, 1 Lm, wenden. [20]
Den Faden lang abschneiden und das Häkelstück um den Ring legen. Die gegenüberliegenden Enden M für M zusammennähen, um das Häkelstück so am Ring zu befestigen. Achte darauf, beim Zusammennähen immer nur von einer Seite aus einzustechen (also nicht über Kreuz). Den Faden abschneiden und vernähen.
Hinweis: Eine bebilderte Anleitung zum Umhäkeln des Rings findest du in der Anleitung Greifring Wal auf S. 31.

Tukan

Folge dazu der Anleitung zum Tukan im Mobile auf S. 149–150. Nähe den Tukan anschließend mit einem Restfaden in Jet Black auf dem umhäkelten Ring fest.

Spieluhr

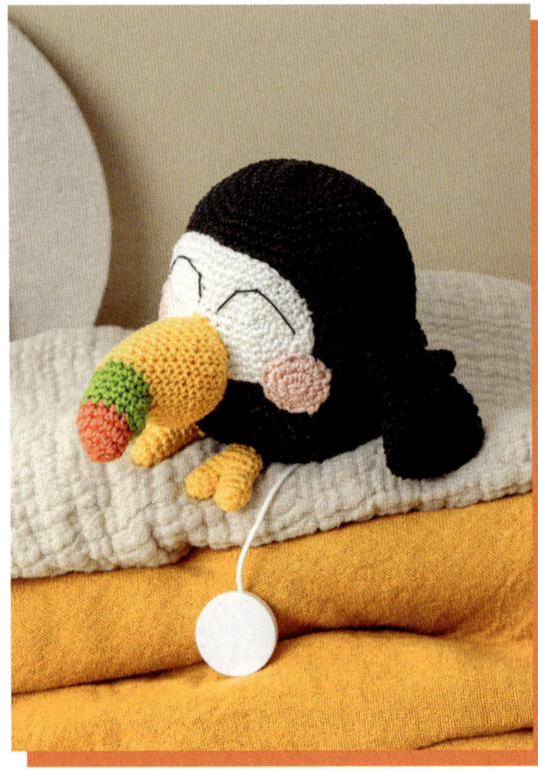

Material

» Scheepjes Catona (100 % Baumwolle, LL 125m/50 g) in
  - Jet Black (Fb 110), 40 g
  - Yellow Gold (Fb 208), 15 g
  - Kiwi (Fb 205), 8 g
  - Bridal White (Fb 105), 8 g
  - Watermelon (Fb 252), 5 g
  - Old Rose (Fb 408), 5 g

» Filetgarn in Schwarz
» Spieluhr „Brahms Wiegenlied“ von Glückswolke
» Füllwatte
» Häkelnadel 2,5 mm
» Stecknadeln zum Fixieren
» Stopfnadel zum Vernähen

Körper (in Jet Black)

Häkle in Spiral-Rd.

1. Rd: 6 fM in einen Fadenring häkeln. [6]

2. Rd: 6 x 1 M zun. [12]

3. Rd: *1 fM, 1 M zun*, von * bis * noch 5 x wdh. [18]

4. Rd: *2 fM, 1 M zun*, von * bis * noch 5 x wdh. [24]

5. Rd: *3 fM, 1 M zun*, von * bis * noch 5 x wdh. [30]

6. Rd: *4 fM, 1 M zun*, von * bis * noch 5 x wdh. [36]

7. Rd: *5 fM, 1 M zun*, von * bis * noch 5 x wdh. [42]

8. Rd: *6 fM, 1 M zun*, von * bis * noch 5 x wdh. [48]

9. Rd: *7 fM, 1 M zun*, von * bis * noch 5 x wdh. [54]

10.–33. Rd: 54 fM häkeln.

Fülle etwa ein Drittel des Körpers mit Füllwatte. Stecke die Spieluhr in den Körper, mit der Schnur nach unten zeigend. Stopfe nun weitere Füllwatte rund um die Spieluhr, bis sie von außen nicht mehr zu fühlen ist. Drücke die

1

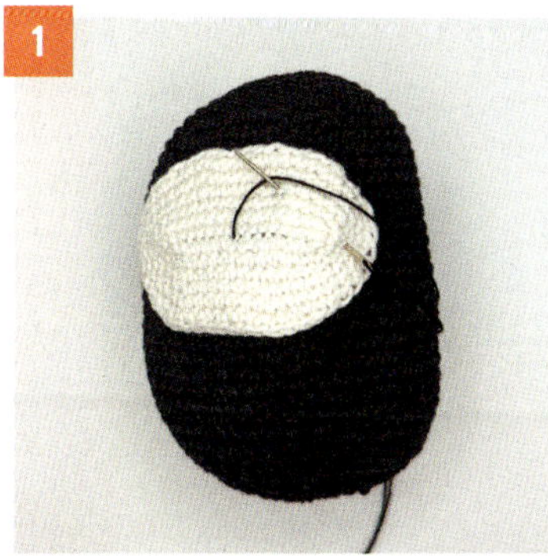

2

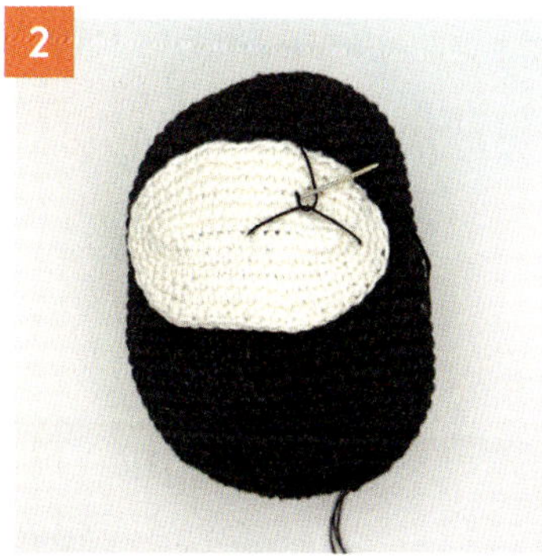

3

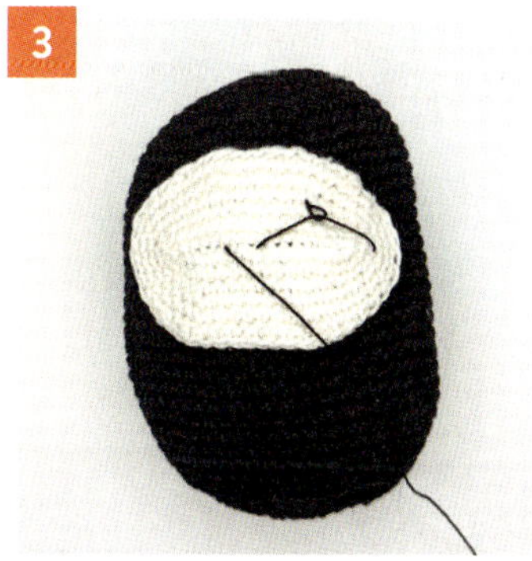

4

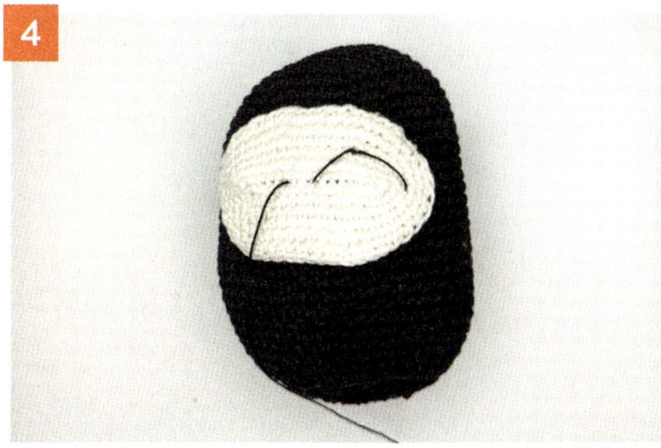

Spieluhr in den weiteren Rd nun immer wieder nach oben und stopfe Füllwatte nach. Führe die Schnur dabei immer weiter mit und lege sie am Ende in der letzten Rd mittig nach außen.

34. Rd: alles ihM, *7 fM, 1 M abn*, von * bis * noch 5x wdh. [48]

35. Rd: *6 fM, 1 M abn*, von * bis * noch 5x wdh. [42]

36. Rd: *5 fM, 1 M abn*, von * bis * noch 5x wdh. [36]

37. Rd: *4 fM, 1 M abn*, von * bis * noch 5x wdh. [30]

38. Rd: *3 fM, 1 M abn*, von * bis * noch 5x wdh. [24]

39. Rd: *2 fM, 1 M abn*, von * bis * noch 5x wdh. [18]

40. Rd: *1 fM, 1 M abn*, von * bis * noch 5x wdh. [12]

41. Rd: 6x 1 M abn. [6]

Den Faden lang abschneiden, durch die vorderen M-Glieder der letzten Rd fädeln, festziehen und vernähen.

Gesicht (in Bridal White)

Häkle in Spiral-Rd. 16 Lm anschl, in die 2. Lm von der Nd aus einstechen und wie folgt um die Lm-Kette herumhäkeln:

1. Rd: 14 fM, 3 fM in eine M, 13 fM, 1 M zun. [32]

2. Rd: *1 M zun, 15 fM*, von * bis * noch 1x wdh. [34]

3. Rd: *1 M zun, 16 fM*, von * bis * noch 1x wdh. [36]

4. Rd: *5 fM, 1 M zun*, von * bis * noch 5x wdh. [42]

5. Rd: *6 fM, 1 M zun*, von * bis * noch 5x wdh. [48]

6. Rd: 48 fM häkeln.

Mit 1 Km in die 1. M beenden, den Faden lang abschneiden und damit das Gesicht über Rd 11–22 des Körpers festnähen. Die Augen mit schwarzem Filetgarn über 10 M Breite auf das Gesicht aufsticken und mit einer Schlaufe 4 Rd nach oben ziehen. **(Bild 1–4)**.

Schnabel (in Watermelon, Kiwi und Yellow Gold)

Häkle in Spiral-Rd. Beginne in Watermelon. Den Schnabel fortlaufend mit Füllwatte ausstopfen.

1. Rd: 6 fM in einen Fadenring häkeln. [6]
2. Rd: 6x1 M zun. [12]
3.–4. Rd: 12 fM häkeln.
Fb-Wechsel zu Kiwi.
5. Rd: 5 fM, 2x1 M zun, 5 fM. [14]
6. Rd: 5 fM, 4x1 M zun, 5 fM. [18]
7. Rd: 5 fM, 4x1 M abn, 5 fM. [14]
8.–9. Rd: 14 fM häkeln.
Fb-Wechsel zu Yellow Gold.
10. Rd: 6 fM, 2x1 M zun, 6 fM. [16]
11. Rd: 7 fM, 2x1 M zun, 7 fM. [18]
12. Rd: 8 fM, 2x1 M zun, 8 fM. [20]
13. Rd: 9 fM, 2x1 M zun, 9 fM. [22]
14. Rd: 10 fM, 2x1 M zun, 10 fM. [24]
15.–19. Rd: 24 fM häkeln.
20. Rd: *11 fM, 1 M zun*, von * bis * noch 1x wdh. [26]
21. Rd: *11 fM, 1 M abn*, von * bis * noch 1x wdh. [24]

Mit 1 Km in die 1. M beenden, den Faden lang abschneiden und damit den Schnabel unter den Augen festnähen.

Wangen (2x in Old Rose)

Häkle in Spiral-Rd.

1. Rd: 6 fM in einen Fadenring häkeln. [6]
2. Rd: 6x1 M zun. [12]
3. Rd: *1 fM, 1 M zun*, von * bis * noch 5x wdh. [18]

Mit 1 Km in die 1. M beenden, den Faden lang abschneiden und damit die Wangen festnähen.

Flügel (2x in Jet Black)

Häkle in Spiral-Rd. Die Flügel nicht mit Füllwatte ausstopfen. 13 Lm anschl, in die 2. Lm von der Nd aus einstechen und häkle wie folgt um die Lm-Kette herum:

1. Rd: 11 fM, 3 fM in eine M, 10 fM, 1 M zun. [26]
2.–5. Rd: 26 fM häkeln.
6. Rd: *11 fM, 1 M abn*, von * bis * noch 1x wdh. [24]
7. Rd: *10 fM, 1 M abn*, von * bis * noch 1x wdh. [22]
8. Rd: *9 fM, 1 M abn*, von * bis * noch 1x wdh. [20]
9. Rd: *8 fM, 1 M abn*, von * bis * noch 1x wdh. [18]
10. Rd: *7 fM, 1 M abn*, von * bis * noch 1x wdh. [16]
11.–13. Rd: 16 fM häkeln.

Das Ende zusammendrücken und mit 8 fM zusammenhäkeln. Die Kante sollte dabei seitlich liegen, ggf. noch bis zu diesem Punkt weiterhäkeln. Den Faden lang abschneiden und damit die Flügel zwischen Rd 19–20 am Körper festnähen.

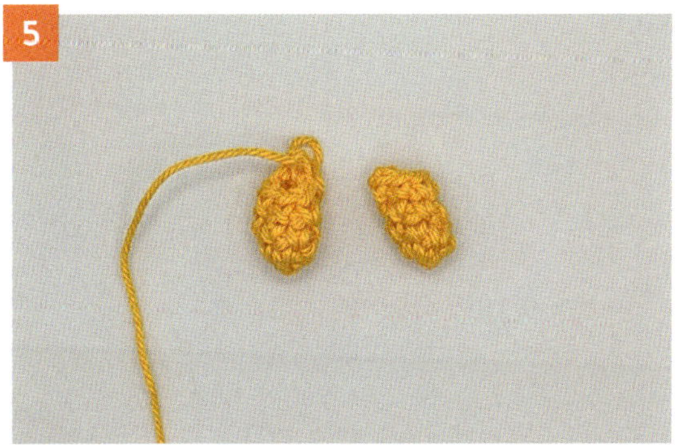

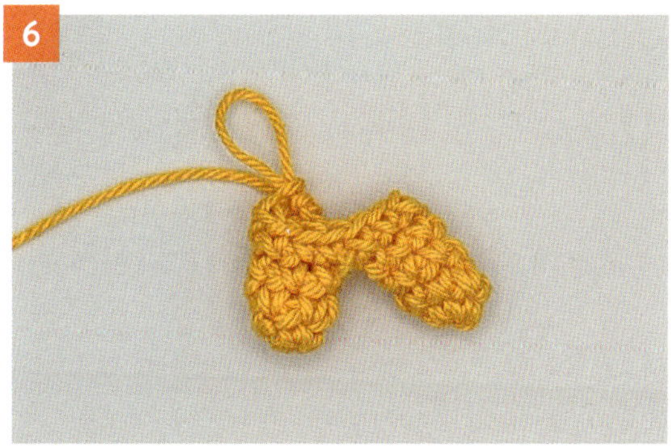

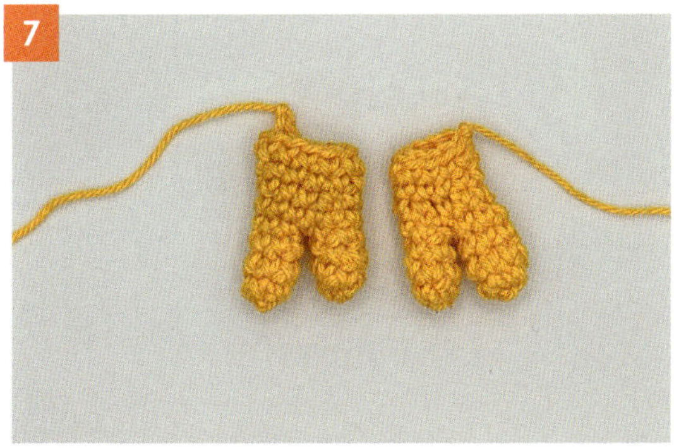

Schwanzfedern (in Jet Black)

Schlinge den Faden in Rd 30 des Körpers an, stich dabei von oben ein. *14 Lm anschl, in die 3. Lm von der Nd aus einstechen und 12 hStb entlang der Lm-Kette häkeln. 1 Km zurück in den Körper häkeln*. Von * bis * noch 2 x wdh. So insgesamt drei Schwanzfeder häkeln. Den Faden abschneiden und vernähen.

Hinweis: Eine bebilderte Anleitung zum Anhäkeln der Schwanzfedern findest du in der Anleitung des Tukans im Mobile auf S. 150.

Füße (2 x in Yellow Gold)

Häkle in Spiral-Rd. Die Füße fortlaufend mit Füllwatte ausstopfen. Beginne mit den Zehen.

1. Rd: 6 fM in einen Fadenring häkeln. [6]

2.–4. Rd: 6 fM häkeln.

Den ersten Zeh abketten und den Faden vernähen. Den zweiten Zeh nicht abketten. Stich in 1 M der 4. Rd des ersten Zehs ein und häkle wie folgt weiter **(Bild 5–6)**:

5. Rd: 6 fM um den ersten Zeh, 6 fM um den zweiten Zeh. [12]

6. Rd: 12 fM häkeln.

7. Rd: *1 M abn, 4 fM*, von * bis * noch 1 x wdh. [10]

8.–9. Rd: 10 fM häkeln.

Den Faden lang abschneiden **(Bild 7)**. Die Füße so an den Körper nähen, dass sie flach nach vorne zeigen.

Über die Autorin

Linda Urbanneck stammt aus einer Familie voller Kreativität, doch den Hang zur Häkelnadel entdeckte sie erst 2019, als sie zum ersten Mal ein Video zu einem Amigurumi sah. Nach und nach brachte sie sich das Häkeln selbst bei. Zunächst als Hobby, später sollte sich diese Leidenschaft mehr und mehr in die berufliche Richtung entwickeln. Im Jahr 2020 folgte die erste eigene Anleitung und kurze Zeit später noch einige mehr. Linda gründete ihr erstes eigenes Label unter dem Namen Haekellobby. Das Leben jenseits der Häkelnadel verbringt Linda im Saarland. Dort lebt sie gemeinsam mit ihrem Mann und ihren drei Söhnen. Einblicke in ihr Leben gibt Linda täglich in ihrem Instagram-Account @haekellobby, wo sie kreativen Menschen einen Blick in ihr Leben als Designerin und Autorin erlaubt.

Danksagung

Eine Welt voller Welten. Welten, in denen jede*r so sein kann, wie er oder sie möchte. Ein jedes Kind hat die Möglichkeit, seine liebsten Tiere zu bestaunen und Augen und Hände zum Befühlen und Beobachten zu nutzen. Es war ein Genuss, dieses Buch für euch zu kreieren! Und natürlich bleibt mir auch hier nichts anderes als ein großes Danke auszusprechen.
Danke an alle Häkelfreund*innen da draußen. Danke, dass ihr euch für dieses Buch entschieden habt. Ich bin sicher, aus euren Nadeln sind die schönsten Projekte für eure liebsten Menschen entstanden!
Und wie immer natürlich das größte Dankeschön an mein Testerinnen-Team. Danke an Nele, Alexandra und Tine für euren immer wiederkehrenden Einsatz. Es ist unglaublich, was ihr in den letzten Monaten und Wochen wieder geleistet habt. Danke, dass ihr noch immer an meiner Seite seid! Ebenso natürlich ein großer Dank an meine Schwestern Sarah und Laura, die auch diesmal die Nadeln mitgeschwungen haben, um das Testerinnen-Team und mich bestmöglich zu unterstützen. Natürlich muss ich an dieser Stelle auch meiner Mutter danken, dafür, dass sie uns so eine kreative Familie geschenkt hat, in der ich sogar Testerinnen für meine Bücher finden kann.

Zu guter Letzt natürlich einen ganz besonderen Dank an die Sponsoren dieses Buches, ohne die all diese tollen Projekte nicht möglich gewesen wären. Danke an Schachenmayr, Scheepjes, Rayher und Glückswolke für die Unterstützung!